中国传媒大学青年学者译丛
媒介与传播系列　段　鹏　主编

媒介素养导论

[美]W.詹姆斯·波特
（W. James Potter）著

叶明睿　译

Introduction to
Media Literacy

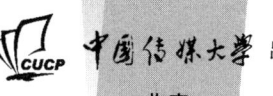
中国传媒大学出版社
·北京·

中国传媒大学青年学者译丛

总 序

从广播电视到互联网、移动互联网，传媒让这个世界变得绚丽多姿、神奇诡秘。传媒正在急速地改变这个世界，通过新闻传播，人类分享现实中的信息资讯，通过艺术，人类分享脑海中的想象力。基于传播科技百年激荡的新闻传播和艺术学，推动着历史发展，也影响着历史发展。

中国传媒大学是中国传媒人才的摇篮，建校六十多年来，为信息传播领域输送了大批高层次人才。从培养高层次、复合型创新人才的社会责任出发，中国的传媒事业亟须高校培养出一批谙熟新闻传播规律和艺术传播规律并具有创新意识和创作才能的新闻人才和艺术人才。

在全国众多高校中，中国传媒大学以在信息传播领域"小综合"的学科特色而闻名，2017年入选首批"世界一流学科建设高校"，新闻传播学、戏剧与影视学入选教育部"双一流"建设学科名单。同年12月，在教育部学位与研究生教育发展中心公布的全国第四轮学科评估结果中，新闻传播学、戏剧与影视学这两个一级学科均拿到了A+名次。从"双一流"学科建设的教育使命出发，中国的传媒事业亟须高校在媒体融合发展的顶层设计下，推进理论体系、教学理念、教学内容、方法手段、体制机制等全方位的创新研究，成为国家传媒事业发展强有力的理论支持和智力支持力量。

因此，在整个世界传统媒体与新兴媒体融合发展的时代大背景下，我校文科科研处于2015年着手组织翻译出版一套"中国传媒大学青年学者译丛",借此整理西学前沿著作,以期对当代中国新闻传播和艺术学在理论建设和成果创新方面提供借鉴,帮助广大传媒学者和媒体一线从业者寻找解决问题的途径。

此套丛书的译介工作由中国传媒大学与新闻传播领域的国际权威出版机构SAGE国际出版集团合作,遴选了两批共计18册由SAGE出版并经过教学与实践严格检验的优秀书目,力求全面、系统地反映出当下新闻传播和艺术学在理论研究、方法研究以及实务研究等方面所进行的最新探索。译丛是我校与SAGE国际出版集团继合作出版《全球媒体与中国》(Global Media and China)英文期刊之后,又一个重要的合作项目,前后筹备四载有余,最终完稿、付梓,倾注了新闻传播学和艺术学领域的知名教授和青年学者的大量心血,力争为每一本书做出"信、达、雅"的翻译。

自"五四"以来,译丛便是中国知识分子和青年学生获取西方最先进理论知识的重要桥梁之一。中国传媒大学在20世纪80年代就已开始译介、学习和研究国外新闻传播学、艺术学的方法和成果,建立与世界新闻传播学、艺术学界对话的共同经验范围。毋庸置疑,我们的工作是卓有成效的。

正如习近平总书记在哲学社会科学工作座谈会上所强调的,"不忘本来,吸收外来,面向未来"。借船出海、借梯登高,主动接轨,优势互补,共同发展,为尽快赶上国际先进水平,尽早实现"双一流"学科建设争创世界一流的伟大目标,我们应该虚心学习和推介国外前沿的新闻传播理论与优秀的实务指导教材,以培养出更多国际化的新闻传播人才和艺术人才。译丛带来的新鲜理论和鲜活实务,也有助于我校在"双一流"学科建设中,进一步优化学科结构,凝练学科发展方向,突出学科建设重点,增强学校在国际上的竞争力。

但值得注意的是,我们应当以批判的态度保持与西方新闻传播和艺术学对话的姿态,在借鉴西方优秀教材和经典专著时不妨思考,有哪些是缘木求鱼,有哪些是举一反三,想想本土社会中产生的经验与问题在哪里。我们应该明确,我们的目标是制定具有中国特色的新闻传播和艺术学学科标准,积极建设和探索新闻传播学、艺术学本土化发展的道路。

所以,在译丛工作完成之后,我们还要推进"西方理论—中国问题"向"中国实践—中国理论"的转型,立足本土,跨越东西,高效地将科研成果结合当代中国传媒行业发展诉求,转化为服务社会发展的实在生产力,最终实现"中国特色,世界一流"。

最后，希望本译丛还可以成为一个促进思想交流、激发智慧灵感的载体，增进东西方在新闻传播和艺术学领域的深度学术交流，接收来自全世界新闻传播和艺术学领域多元化的声音，促进新闻传播和艺术学研究在媒体融合时代更大的繁荣，让新闻传播和艺术学成为改变世界的最大正能量。

丛书主编

前　言

媒介素养是一个巨大的话题。如果你在网上搜索"媒介素养",你将会得到超过1600万的网站点击量。如果你每天24小时不间断地每分钟浏览一个网站,那么你需要30多年才能浏览完所有的网站。显然,有太多内容可供每个人去阅读和吸收。这种情况可能会让你产生疑问:媒介素养的核心本质是什么?

大概25年前,我在设计我的大众传媒课程时,曾问过自己这个问题,当时我想采取一种媒介素养的方法,而不是那种简单地罗列一长串事实的传统学术方法。大众传媒是一种不同于外语、历史或数学这样一些学科的领域。大众传媒深度融入每个人的日常生活,以至于我们都认为它们是理所当然的存在。同时,媒体的变化又如此之快,快到我们并不确定一些事情是否会持续很长一段时间。因此,我需要一种不同的方法来教授这些动态的日常现象。因为大众传媒是每个人生活的一部分,我需要用一种结合实际的方法来呈现信息,而不是以一种基于学术理论的方式。我需要找到一种方法来呈现那些学生已经习以为常的事,所以我要让他们对每天发生在他们生活中的许多事情保持敏感。这便让我产生了这样的疑问:大众传媒如何影响学生们自身,他们究竟需要知道些什么?哪些内容是他们需要知道的?关于传媒行业,他们又需要知道些什么?找到这些问题的答案并不困难,因为即使在过去那个时代也有很多关于大众传媒的报道。而对于我的挑战在于决定哪些才是最重要的。所以我花了几年的时间准备讲授这些课程的备课笔记。最终,我把这些笔记重新整理成一本书,出版于1994年。2013年冬天,在那本书的第七版出版之后,我的编辑建议我再写一个突出导论特点的版本,于是我就着手写了这本《媒介素养导论》。

这本书与那本《媒介素养》(*Media Literacy*)的区别在于,它的篇幅要短得多(大概是前者的一半),而且在方法上更实用。换句话说,它提供的有关传媒行业、传媒行业内容、受众及其影响的信息相对少了些，但另一方面则将重点更多地放在学生需要了解的基本事实上，然后将这些想法转化为学生可以加以利用的训练，从而提高他们对媒介素养的认识。

这本书将为你呈现一个媒介素养的视角，并且为你铺设好一条路径，让你不为媒介所利用去实现它们的目的，而是更强有力地利用媒介来实现你自己的目标。

本书结构

本书一共包含九个章节,以及四个附录。这九章将为你提供构成媒介素养的基本要素,你可以用它来发展形成你自己对媒介素养的观点,继而利用这些观点来讨论附录中所提出的四个问题。

在第一章中,我将向你展示为什么媒介素养非常重要。第二章介绍了我称之为"媒介素养"的方法。接下来的六章讨论了关于媒介素养的四个方面的基本内容:传媒行业、受众、内容和效果。第三章帮助你从历史的角度来看待传媒行业,这样你就能理解它们克服了哪些挑战才发展到了如今这个阶段。之后第四章向你展示了为何从经济视角来理解媒介素养是如此重要。第五章从行业的角度关注受众。第六章从个人的角度来审视受众。第七章对媒介内容进行了分析,指出所有类型的内容都建立在"一步删除"的现实基础之上。第八章将帮助你拓宽视野,了解什么是大众媒介效果。最后第九章总结了书中最重要的观点,为你提供了十二条指导方针,你可以在日常生活中使用它们,从而提升你的媒介素养。

每一章都在开始部分突出强调了统领本章内容的主要观点。然后我会在接下来的文字中详细阐述这些观点,并且帮助你做好充分的准备,在结尾部分利用本章内容,以媒介素养的视角进行思考。大多数章节都提供了一些练习来帮助你更深入地思考本章节中所呈现的观点,并将它们运用到你自己的生活中。在每一章的末尾都有一个列表,你可以在那里获取更多关于本章主题的信息,并在我们迈向未来的过程中保持与时俱进。

附录一共包含四个部分,每一部分都侧重于不同的媒介相关问题。你可以在阅读各个章节的过程中穿插浏览这些附录,也可以将它们留到你把全部九章内容转换成你自己的媒介素养知识结构之后再去阅读。每个附录的开头都陈述了该问题如何成为一类争议的代表。然后,我简要地阐述了人们在解决这个问题时通常会提到的观点。我会对这种情况加以描述,那将是人们通常用来作为论据的一些事实,以及支持他们观点立场的信息。每个附录的核心都是其中的分析性段落,我将告诉你如何逐层挖掘问题表面,进而揭示其复杂性。由于每个附录的篇幅有限,我没有办法提供一个完整的分析来揭示出每个问题的全部层次和其中的复杂性,但你可以将我所提供的方法作为一个参考模型,在你接着对该问题进行自己的分析时,指导你如何继续下去。

如何充分利用本书

当我们面对新的信息时，我们首先要面对的挑战就是动机何在。我们问自己：为什么要耗费所有精力来学这个？学习这些知识如何能让我学有所偿？

对于这些问题，一开始你可能会觉得并不值得付出努力来学习媒介素养，因为我们认为自己已经对媒介有了足够的了解。我们对于很多网站、应用、音乐人、明星已经非常熟悉。我们已经能够广泛地获取信息，或者满足娱乐需求，那么，为什么我们还需要更多地去了解媒介呢？

这本书将告诉你关于这个问题的答案，介绍一些你所不了解的大众媒介的关键见解，帮助你将视野拓展到新的领域。你不断增长的洞察力会让你对媒介接触行为有更多的控制力，从而使你能从这些信息中得到更多的价值。

你在阅读这些章节时需要有自己的策略。从学习目标（Learning Objectives）开始，提醒你这一章的学习目的。同时，回答本章开头的"知识测试"（Test Your Knowledge）提出的问题。你的回答可以让你了解在你现有的知识结构中，优势和劣势都在哪里。接下来，利用你从本章学习目标中了解到的信息，以及你对知识性问题的回答，形成你自己的问题列表，这将成为你的阅读策略。

现在你已经准备好主动阅读了。关于主动性，我的意思是不要只阅读那些文字和句子。相反，你应该把你的问题列表记在脑子里，并专注于那些为你的阅读策略中遇到的问题提供答案的章节。读完这一章后，合上书，看看你是否能清晰地表达出这一章的主要观点。打开书，看看那一章结尾列出的主要观点，再来回顾一下，你能记住的只是一堆随机的事实吗？或者你能想象出由你的问题构成的一系列有序的知识吗？

如果你的所有问题在本章中都没有得到解答，那么你可以通过阅读章节结尾提供的延伸阅读的内容来继续这个话题。此外，你可能想用更新鲜的信息来更新自己的知识结构，那么就请查看"保持更新"（Keep Up To Date）提供的建议。由于大众传媒在很多方面都变化很快，在我写这本书的时候，我试着收集最新的实例，但是当你读这本书的时候，其中一些事实和数据可能已经过时了。

媒介素养更多的是关于使用信息而不是简单地记住事实，所以本书的每一章都提供了两种形式的内容来帮助你消化这一章的观点。"应用技能"（The Applying Skills）让你有机会更充分地理解文本中的观点，学会利用七种媒介素养技能中的每一种。此外，"应用媒介素养"（The Applying Media Literacy）这个版块为你提供了扩展练习，让你一步一步地将文本中的知识与你自身的经验相互加以关联。

最后，如果你试着把学到的知识和自己的经验结合起来，那么你会从每一章中得到更多。不要陷入这样一种思维模式：只要记住每一章的内容就够了，然后就不再去想其他内容。仅仅记住事实并不能帮助你提高你的媒介素养。相反，你需要把这些信息充分消化，让它们融入你自己的经历中，并且不断地问自己："这些新的知识如何与我了解的内容相匹配？""我能在自己的现实生活中找到一个这样的例子吗？""当我与媒介打交道时，我该如何应用这些知识？"你越尝试运用你在书中所学到的东西，你就会把信息内化得越多，从而使它们更自然地成为你思考方式中的一部分。

小 结

这本书是一本导论。它向你展示了一个宏观图景,从而让你能够有效地提升自己的媒介素养。现在就开始是非常重要的。世界正在迅速变化,拜新兴信息技术所赐,你除了能够接触到各种想得到的话题之外,还可以自己创造和分享你的知识。

我希望你会喜欢读这本书,希望它能让你从新的视角来看待媒体。如此一来,你将会对你过去的习惯和理解有新的认识。如果是这样,我希望你能和我分享你的新见解和你的感受与经历。这本书的大部分内容反映了我的学生们在我的媒介素养课上碰到的一些问题和思考。我从他们身上学到了很多,我也希望能够更多地向你学习。所以请告诉我你的想法并发送到我的邮箱:wjpotter@comm.ucsb.edu。

让我们路上见!

致 谢

感谢马特·伯尼(Matt Byrnie)建议我写《媒介素养导论》来满足我的《媒介素养》那本书之外的不同类型读者的需求,那本书现在即将出版第八版,在过去的二十年里已经被翻译成了六种语言。感谢马特和业务开发编辑娜塔莉·科诺普斯基(Natalie Konopinski),他们指引着我完成了这项极具挑战性的任务,在不丢失任何重要观点的情况下将《媒介素养》那本书的篇幅减半,并且帮助我将这些想法转化为更实在的表述,同时不至于忽略研究基础的严谨性。感谢你们帮我完成了这本书,吸引了那些对媒介素养感兴趣却想要以另一种不同的方法来阅读的读者。

我要感谢以下这些审稿人为本书所做出的贡献:太平洋大学的特蕾莎·伯格曼(Teresa Bergman),东卡罗来纳大学的迈克尔·A.卡瓦纳(Michael A. Cavanagh),伊斯特菲尔德学院的洛丽·丹恩(Lori Dann),威诺纳州立大学的汤姆·格里尔(Tom Grier),南伊利诺伊大学卡本代尔分校的雷切尔·艾丽西亚·格里芬(Rachel Alicia Griffin),明尼苏达州立大学的拉切尔·亨乃尔(Rachael Hanel),萨福克大学的尼娜·亨特曼(Nina Huntemann),西俄勒冈大学的弗兰克·尼维斯(Frank Nevius),福特汉姆大学的迈克尔·普拉格(Michael Plugh),普渡大学北中央分校的杰夫·夏尔斯(Jeff Shires),杜克大学的比阿特丽兹·华莱士(Beatriz Wallace),密苏里大学圣保罗分校的肯·沃尔夫(Ken Wolfe),乔治梅森大学的凯瑟琳·赖特(Catherine Wright),以及霍夫斯特拉大学的吴静思。

我还要感谢SAGE出版社的许多其他富有才华的工作人员,他们让这本书得以问世。我要特别感谢马特的助理编辑贾内·马斯诺维（Janae Masnovi），他为马特做了照片的整理工作。对于线上学习部分的编辑加布里埃尔·皮奇尼尼（Gabrielle Piccininni）来说，他制作了辅助阅读这本书的很多数字工具，还有营销经理阿什莉·布伦克（Ashlee Blunk）。最后还要感谢同样重要的两个人，他们做了在读者看来理所当然的很多细致的工作，他们负责这本书的外观质量和文字排版，他们是制作编辑劳拉·巴雷特（Laura Barrett）和文字编辑梅根·马卡尼奇（Megan Markanich）。

目　录

总　序　/ 1

前　言　/ 1

本书结构　/ 3

如何充分利用本书　/ 5

小　结　/ 7

致　谢　/ 8

第一章　为什么要提高媒介素养？　/ 5
信息饱和的文化　/ 6
自觉程序　/ 8
提高媒介素养　/ 11

第二章　如何看待媒介素养　/ 19
清除垃圾：消除对于媒介素养的错误观念　/ 20
提高媒介素养　/ 23

第三章　大众传媒产业：历史视角　/ 37
早期的大众传媒　/ 38
大众传媒的发展　/ 39
现状透视　/ 43
提高媒介素养　/ 54

第四章　大众传媒产业：经济博弈　/ 59
媒体游戏　/ 60
媒体产业战略　/ 66
提高媒介素养　/ 72

第五章　大众传媒受众：行业视角　/ 77
识别机会　/ 78
吸引受众　/ 82
调节受众　/ 85
提高媒介素养　/ 86

第六章　大众传媒受众：个人视角　/ 91
媒介接触与关注不同　/ 92
接触期间的决策　/ 98
提高媒介素养　/ 104

第七章　大众传媒内容　/ 113
信息程式和类型　/ 114
最通用的程式：进阶现实　/ 115
叙事　/ 118
电子游戏　/ 127
交互式信息平台　/ 131
提高媒介素养　/ 136

第八章　大众媒介效果　/ 147
持续发生的媒介效果　/ 148
媒介效果的四个维度　/ 150
影响媒介效果的因素　/ 160
提高媒介素养　/ 161

第九章　跳　板　/ 169
十二条指导方针　/ 170
有关媒介素养水平的例子　/ 179

附录简介　/ 183
分析素介素养议题　/ 183

附录A 媒介问题分析：职业运动员的薪酬是否过高？ / 185
薪酬增长 / 185
如今过高的薪酬 / 188
不可持续性 / 189
破坏体育运动 / 194
小结 / 196

附录B 媒介问题分析：媒体企业的所有权是否过于集中？ / 200
所有权固化 / 200
权力集中 / 201
竞争减少 / 205
接触受限 / 206
内容的变化 / 212
少数人获益 / 213
小结 / 213

附录C 媒介问题分析：新闻是否客观？ / 218
分析客观性观念 / 218
解析新闻质量观 / 223
对新闻标准的思考 / 232
小结 / 233

附录D 媒介问题分析：媒体中是否存在太多暴力内容？ / 238
媒体上充斥着大量的暴力内容 / 238
有些人比其他人更脆弱 / 243
小结 / 249

知识测试答案 / 253

词汇表 / 254

参考文献 / 261

索　引 / 268

媒介素养增强了你对日常媒介接触中所遇到的大量信息的控制能力。

知识测试：判断对错

在阅读本章之前，请判断以下陈述哪些是正确的，哪些是错误的。

1. 如今在我们的文化中存在着大量的信息，而人们正在减少他们的媒介接触时间。

2. 我们应该尽可能保护自己，避免受到媒介的有害影响。

3. 自觉程序的缺点远大于优点。

4. 提升自身媒介素养的最好办法是停止无意识地不断接触媒介，而是有意识地处理每一条消息。

（答案见书末。）

第一章

为什么要提高媒介素养？

学习目标

阅读本章后，你将会有以下几点收获：

◇ 探究媒体不断的信息输入是如何使我们的文化变得饱和的。

◇ 认识到自觉程序是如何在不知不觉中为你过滤信息，并向你输入大量信息的。

◇ 描述我们的心理代码是怎样受父母、机构、日常经历和大众媒介影响的。

◇ 分析你自己的媒介接触和产品购买习惯。

◇ 用怀疑的眼光去分析、看待大众媒介如何通过改变你的日常习惯去实现它们自身的目标。这种目标的实现往往以牺牲你的个人目标为代价。

信息饱和的文化

在我们的文化中充斥着大量的信息。这些信息大部分是从激烈争夺我们的注意力的媒体中获得的。好莱坞每年发行700多个小时的剧情片,而它们已经有了超过10万小时的电影的基础。商业电视台生产约4,800万小时的视频信息,在全世界范围内,电台每年播出6,550万小时的原创节目。此外,YouTube等视频平台的用户每天每分钟上传超过100小时的新视频(YouTube,2014)。我们现在有超过1.4亿本书,另外还有1,500本新书正在全世界范围内出版发行。然后就有了互联网,它如此庞大,以至于没有人知道它到底有多大。谷歌大约十年前就开始索引网页,现在已经有了超过134亿页目录(de Kunder,2013),这是一个非常庞大的数字。然而,谷歌几乎没有触及互联网的表面,因为据估计,这134亿个网页只占所有网页的1%(Sponder,2012)。

增长正在加速

虽然媒体信息已经饱和,但它的生产速度还在加速。过去两年增长的信息比之前所有的总和还要多(Silver,2012)。而且这个比率还在加速增长!

为什么会产生这么多的信息?一个原因是现在有更多人制造和分享信息,这比以往任何时候都多。有史以来的科学家有一半还活着,并且正在创造信息。另外,在这个国家,认为自己是音乐家的人在过去的40年里翻了一番,艺术家的数量增长了三倍,作家的数量增长了五倍(美国人口普查局,2013)。

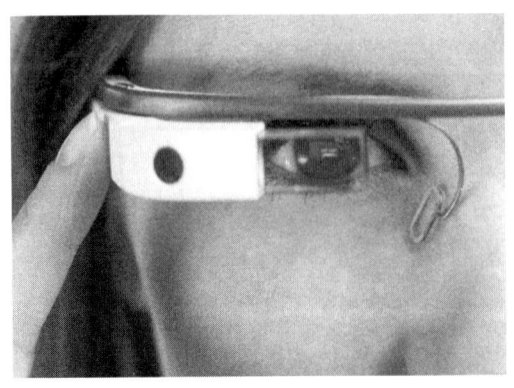

谷歌眼镜(Google Glass)通过其联网眼镜将信息直接投射到佩戴者的视线中。
图片来源:©iStockphoto.com/ Wavebreak

另一个原因是现存的技术为创造和分享信息提供了易于使用的平台。例如,在过去,如果你想出一首歌的专辑,并与大量听众分享,你必须雇用音乐家并且租一间录音棚。接下来,你需要做出样本（通常是黑胶唱片、盒式磁带或 CD），然后到唱片店去说服那些经理为你的专辑备货。之后你不得不说服电台的节目经理，让电台播放你的歌曲，这样听众就会听到并且想要购买它。而现如今，你所需要的只是一台带有一些易于使用的软件（如 GarageBand）的电脑，用来制作一段高产值的歌曲录音，然后上传到众多音乐分享平台之一。你还可以是一名摄像师，一名记者、小说家、摄影师，甚至视频游戏设计师，让人们更容易接触到你的作品，就像专业艺术家一样。或者你可以生成和分享小规模的信息，比如电子邮件和推文。现在全世界有 20 亿互联网用户，每天收到 3,000 亿封电子邮件；Twitter 每天收到 5 亿条推文；据 Facebook 报道，每天有 1 亿张照片被上传（Pingdom, 2014）。

高度接触

在过去的三十年里，每一个关于媒介使用的新调查都表明人们平均每年都在增加他们的媒介接触时间。在你有生之年，媒介接触率的增长主要源自电子游戏和电脑使用，同时还有听音乐和看电视（Roberts & Foehr, 2008）。

现在媒介接触增长最快的领域是社交媒体，计算机端每年增长 37%，移动设备端每年增长 63%（Nielsenwire, 2012）。很明显，媒体是我们日常生活中极其重要的一部分。

社交媒体是媒介接触增长最快的领域，并且大部分都发生在移动设备上。
图片来源：©iStockphoto.com/ Csondy

对策

我们怎样才能跟上信息大潮？一种应对方法是多任务处理。最近一项关于媒介使用的研究发现，青少年（8岁到18岁）的平均媒介接触时间约为8个小时，但实际接触时间却少于6小时，这说明他们进行了相当数量的多任务处理（Roberts & Foehr，2008）。通过多任务处理，一个人可以一边听音乐专辑，一边发短信给朋友和在弹出窗口上观看视频，这些事都可以同时做，因此每个小时相当于可以有3小时的媒介接触。

然而，多任务处理并不足以让我们跟上信息大潮。还记得到目前为止134亿个网页索引的数字吗？如果你想查看所有页面，就算每天每小时每分钟无休止地浏览，你也要花25个世纪才能看完！即使你一心多用同时浏览5个网页，也仍然需要5个世纪才能把它们都看完。这还只是网页。虽然多任务处理有助于增加我们的媒介接触，但这仍不足以帮我们应对信息过剩。

自觉程序

自觉程序（Automatic routines）是一个帮助人类大脑摆脱所有这些混乱的强大工具，即从实践中得到经验，然后不费吹灰之力地反复应用。一旦你学会了一道程序——比如系鞋带、刷牙、开车去学校，或者在吉他上演奏一首曲子——相比于你刚开始学会它们时所付出的努力，后面按照程序做就容易多了。这个过程就像我们在大脑中记录指令一样，也像计算机程序员编写代码告诉计算机该做什么。一旦我们在大脑中编写了这些代码，之后就可以将它们加载到我们的大脑中并自动运行，引导我们完成任务，不需要花费太多精力。

我们已经开发了自觉程序来帮助我们过滤掉几乎所有的大众媒介信息，筛选出其中一小部分。因此，我们用这种自觉程序处

搜索引擎可以帮助用户从数十亿个网页中筛选信息，但仍然可能会留下过多的选项，造成一种"信息过载"的感觉

图片来源：©iStockphoto.com / Yongyuan Dai

理几乎所有的媒介信息,也就是说,我们把注意力放在"自觉导航"(automatic pilot)上,我们的大脑会自动过滤掉几乎所有的信息选项。我知道这听起来很奇怪,但是仔细想想,我们不可能考虑每一个可能的信息,并有意识地决定是否应该去关注它。需要考虑的事情太多了。因此我们的大脑开发了自觉程序,让整个过滤过程迅速且有效地进行,这样我们就不用花太多精力。

为了更清楚地说明这一点,请设想一下你去超市买东西时所做的事情。假设你走进一家商店,拿着一张购物清单,上面记录着你要买的12件商品,15分钟后,你带着这12件商品走出商店。在这种情况下,你做了多少决定?你可能会说是12个决定,因为12件物品,每买一个物品就需要做出一个决定。但是那些你决定不买的东西呢?如今,普通超市的货架上大约有4万件商品。所以你在相对较短的时间内做了4万个决定——12个购买商品的决定和39,988个不购买商品的决定。你是如何在这短的时间内完成这么复杂的任务的?你所依赖的是潜意识里的自觉程序,这表现为你的购买习惯。

我们的文化就是一个媒介信息的大超市。不管我们是否意识到,这些信息都无处不在,而且比任何超市里的商品都多。在我们的日常生活中,比如当我们走进一家超市时,我们在大脑中加载了一道自觉程序,告诉它要寻找什么,并忽略其他的。这种自动化处理引导了绝大部分——但当然不是所有的媒介接触。通过这种自动化处理,我们接触到大量的媒介信息,却没有给予太多的关注。我们能感觉到我们过滤掉了它们,因为我们没有有意识地去关注它们。每隔一段时间,信息环境中的某些事物会触发我们对特定信息的意识,我们会给予关注,但大多数信息都被无意识地过滤掉了。

在超市购物与消费媒介内容之间有何相似之处?
图片来源:©Jupiterimages / Creatas / Thinkstock

优势和劣势

虽然这种自动化处理优点很多,但也不乏一些致命的缺点。想想你是如何使用互联网搜索引擎(如Google,Bing,Yahoo,Ask)的。搜索引擎是一个很好的工具,它可以帮助我们整理互联网上的所有资料,并提醒我们留意最符合我们需要的信息。只要输入几个关键词,我们就可以用搜索引擎在海量信息中找到我们想要的东西。例如,如果你在谷歌上搜索"信息超载",0.07秒内就能得到730万个结果。虽然谷歌搜索能将134亿个网页过滤至730万个——达到99.95%的过滤率——但仍旧给我们留下了730万个选择。不过,谷歌并没有止步于此,它还会继续对这730万个页面进行排名,只将最好的选择留在首页。这么大规模的信息过滤是如何做到的呢?它使用的是特殊的算法,在排序时考虑了三个因素:一是网站的受欢迎程度(由其他人访问网站的次数决定);二是根据你的搜索记录判断该网站是否适合你(数据由谷歌收集);三是付费越多的网站,排名越靠前。这种算法使搜索变得非常有效——从730万个相关网站下降到"前20"。但是这种算法能给你提供最可靠的信息吗?答案是否定的。因为过滤算法主要考虑的是受欢迎程度,并不是诸如可信度、洞察力,或者新鲜度等标准。为了理解算法的价值,我们必须了解算法使用的标准与我们自己接收信息的标准的匹配程度。

我们无法避免使用自觉程序,因为它会让我们心理很放松。不过,有时我们可能过度依赖自觉程序。在这种情况下,我们就会陷入信息茧房,只能看到同类信息。这会缩小我们的认知范围。如果我们过度依赖自觉过滤程序,我们就无法成长,无法增加个人经历,认知也越来越狭隘。我们再用前面的超市例子来理解一下这个问题。假设你是一个非常注重健康的人。如果你不那么注重效率,你会考虑更大范围的产品,阅读它们的成分标签。并不是所有的低脂产品都有相同的脂肪含量,也不是所有添加了维生素的产品都含有相同的维生素或成分比例。或许你对价格非常敏感,你就会考虑更大范围的同类产品,谨慎比价,买到性价比更高的东西。过于注重效率只会使我们失去丰富经验和机会去做出使自己更健康、更富有、更快乐的决定。

编写自觉程序

自觉程序是由一系列记忆引导的。想象一下,这些记忆序列就像心理程序一样不断地在你的大脑里运行——也就是你的潜意识。这些心理程序就像电脑程序一样。你的电脑依赖于许多程序来自动完成各种各样的事情，这样你就不必每天从头开始编程了。同样，你的大脑依赖于许多心理程序来引导你完成每天的例行公事，从而让你有时间去想其他事情。

这就引出了一个重要的问题：是什么对你的大脑进行了编程？答案是复杂的社会化过程，也就是说，在日常生活中，各种权威（例如家长、教师、宗教领袖、政治领袖等）不断告诉我们该怎么思考各种各样的事情。而其中一个权威就是大众媒介与它们的信息流，它们不断指引我们思考如何成名、成功、快乐、变得诙谐迷人，等等。它们发布特定的信息，告诉我们什么是重要的，什么是不重要的。它们通过讲述娱乐故事向我们展示了在不同情况下该怎么做。它们通过广告塑造着我们对个人问题的看法，以及我们如何通过消费来迅速解决这些问题。因此，媒体总是在不断修补着我们的思维程序，塑造着我们思考和行为的方式，服务于它们的目标。因为它们编码的程序是在我们的潜意识中自动运行的，我们通常无法察觉到这种微妙影响。除非我们定期分析这个程序，否则我们无法知道媒体控制我们的程度。当我们发现媒体使我们养成了一个利用我们去满足它们的需求的习惯时，我们就需要重新编程，使其能够帮助我们，而不是伤害我们。

提高媒介素养

这本书的目的是帮助你提高你的媒介素养水平。为了做到这一点，我需要向你们介绍许多不同的概念。然而，信息本身并不能让你更懂媒介，你需要的是学会运用这些信息。所以在本书的每一章里都有这样一个部分——"提高媒介素养"——我会给你提供一些指导建议，帮助你运用每一章的知识。每一章都设置了一些应用媒介素养的练习，帮助你学会运用这些知识并产生新的见解。你对练习中的问题思考得越多，你就越能明白大众媒介是如何运作的，它们又是如何微妙地影响着你的日常生活的。这种不断深化的理解是迈向成功的关键的第一步，你要学会更好地利用媒介去实现自己的目标，并减少媒介带给你的负面影响。

你越了解大众媒介是如何运作的，以及它们是如何影响你的，你就越能控制这些影响，从大众媒介的控制中解脱出来。提高你的意识的第一步就是检查你可能认为理所当然的两个习惯：媒介接触习惯和产品购买习惯。

媒介接触习惯

大众媒介通过给我们提供信息来塑造我们的媒介接触习惯。它们不断揣摩我们的兴趣,提供我们感兴趣的信息来吸引我们,然后尽其所能地鼓励我们不断地回到这些信息上,习惯性地一遍又一遍接触。

你有什么媒介接触习惯?首先估计一下你每周一般花多长时间使用媒体。不用纠结准确性,大胆估测一下。关于"应用媒介素养"我们在第一部分会仔细加以研究。

产品购买习惯

许多人批评媒体,尤其是上面的广告让我们购买了一些不必要的东西。虽然这种批评表面上听起来很有道理,但其实是错误的。媒体并没有强迫我们把钱花在我们不需要的东西上,相反,媒体改变了我们对自身所需的观念。它们改变了我们仅仅着眼于生存必需品的观念,让我们相信自己还有其他方面的重要需求。例如,媒体让我们相信我们有多种社会需求,比如,我们的外表,我们做事的方式,甚至我们的味道都要遵照某个特定标准,否则别人不会喜欢我们。媒体让我们相信,我们需要按照某种方式生活,才能变得成功、富有魅力并且快乐起来。

应用媒介素养1.1

你在媒体上花费多少时间?

这个练习需要你尽可能准确地记录你每周和各种媒体打交道的时间。在下面列表中,在每种媒体旁边写下你接触它们的小时和分钟数。想想平均一周多长时间。记住,你同时可以使用多种媒体。

____阅读杂志

____阅读报纸

____阅读课本及其他教材

____兴趣阅读

____听收音机(在你的车里、便携式播放器、在家里,等等)

____听录音(非收音机、MP3播放器、家庭立体声系统,等等)

> ＿＿＿＿在电影院看电影
> ＿＿＿＿看电视（家里的电视上有各种各样的节目）
> ＿＿＿＿观看视频（在你的电脑、智能手机和其他屏幕上）
> ＿＿＿＿在电脑上工作（文字处理、做研究，等等）
> ＿＿＿＿在电脑上交流（电子邮件、短信、社交网络，等等）
> ＿＿＿＿玩电脑（游戏、浏览娱乐网站，等等）
> ＿＿＿＿合计（列中所有数字的总和）
>
> 现在，你已经完成了这个详细列表，将这些数据和你在开始这个练习之前的猜测进行比较。
>
> ★ 这两个数字相同吗？
> ★ 如两者不同，哪一个数字比较大？
> ★ 这让你感到惊讶吗？为什么？
>
> 接下来，从你的列表中找出你花在不同媒介上的时间的差异。
>
> ★ 是否有几行显示为"0"？
> ○ 如果有，你为什么不使用这些媒介？
> ○ 在过去你是否有过与这些媒介打交道的不愉快经历？
> ★ 哪一行的数字最大？
> ○ 你为什么花这么多时间在这些媒介上？
> ○ 这纯粹是一种习惯吗，还是这些媒介一直带给你美妙的体验？
>
> 现在问自己一个重要的问题：我是不是把大部分时间花在了那些最能满足我自身的自然需求、提供信息和娱乐的媒介上？

一旦它们让我们相信这些需求的重要性，我们就会去购买那些广告产品，以满足日益增长的个人需求。广告商已经让很多人养成了特定的消费习惯。美国人大约每周去一次购物中心——比去教堂做祷告还频繁。现在美国人的购物中心比高中还要多。据调查，十年前，93%的10-20岁的女生认为购物是她们最喜欢做的事情（Schwarta, 2004），这一数据至今未变。广告通过塑造我们的个人习惯使购物成为我们最爱做的事。

让我们看看我们都买了什么，分析一下自己的消费习惯。在应用媒介素养1.2这部分，我们从分析食品消费习惯开始。如果只是为了填饱肚子，那么我们每天只需要买一些面包和饮用水。但是，多数人购买食物显然不是为了填饱肚子，我们还需要丰富多彩的花样，想品尝不同口味和原料的食物。我们对食物有生理性需求，比如说，无聊的时候需要一些食物来振奋精神，伤心的时候需要一些食物来安慰自己。然而，媒体让我们产生的对食物的需求通常只持续到购买这个东西时。当我们把食物买回家后，我们往往意识到我们并不真正需要它，它就被闲置了。你的厨房里有没有放了一两个星期的食物？如果有的话，思考一下你当时为什么想买它，以及之后它又为什么被闲置。

再来看看清洁用品，一般来说，一块肥皂、一把牙刷就够了。但这些真的够吗？你对清洁用品有多少不同的需求？跟你的朋友们相比是多还是少？你有没有在广告的怂恿之下买过什么东西却从来没用过它们？

至于衣服，除了身上穿着的，再有一套替换的就够了。但我猜你肯定有不止两套衣服。为什么呢？根据需求对它们进行分类——哪些是你在社交场合穿的，哪些是上下班穿的，哪些又是去健身房穿的，等等。哪一类衣服你拥有的最多？为什么？你有没有极少或从来没有穿过的衣服？你当初为什么购买了它们？让我们在应用媒介素养这一部分解决这个问题。

9 你的需求是什么？

现在你已经对你的媒介使用习惯和产品购买习惯进行了分析，接下来，让我们开始准备分析你的个人需求。拿出一张纸，写下你的需求。如果你之前没有想过，这可能会很困难，但我们还是开始吧。首先，简单地列出最先浮现在你脑海中的所有需求。简单思考，并尽可能列出所有你能够想到的。你可以把这个列表随身带几天，这样当想到其他需求时你就可以及时地把它们添加进去。

应用媒介素养1.2

你的产品购买习惯是什么？

1.首先，检查你的厨房橱柜和食品储藏室。

· 与天然食品（牛奶、新鲜水果、新鲜蔬菜等）相比，你有多少预制食品（在盒子、罐子和袋子里）？

- 在这些物品中，有多大比例是品牌商品，有多大比例是没有做广告的或是普通的商品？
2. 接下来，检查你的浴室。
- 你有多少种健康美容工具？
- 在这些物品中，有多少是为了满足基本的健康需求，有多少是为了改善形象？
- 在这些物品中，有多大比例是品牌商品，有多大比例是没有做广告的或是普通的商品？
3. 现在检查一下你的衣橱。
- 你有多少套换洗的衣服？
- 你有多少双鞋？
4. 最后，想想你是如何支配你的时间的。
- 你每天花多少时间洗漱、梳洗和穿衣打扮？
- 你花了多少时间（多少次）吃饭和吃零食？
- 你的业余时间都做些什么？你是否积极地满足自己的需求，或者是否正在被动地坐在电视机前，或者听着音乐，然后等着别人告诉你，你的需求是什么？

接下来，把你的列表归类，将所有相似的需求放在一起。比如说，你可能有几个社交需求（例如，交更多的朋友、变得更受欢迎）、健康需求（减肥、多锻炼等）、事业需求、家庭需求、学业需求，等等。

分类之后，对这些组进行排序。哪些需求对你来说是最重要的？排第二的以及后面的都是什么？

这些分析最终是为了将这些需求与你所拥有的产品进行比较，看看是否适度。你是否把最多的钱花在你最重要的需求上？你的时间规划如何，换句话说，你把大部分时间都花在满足你最重要的需求上了吗？你购买和使用的产品是怎样满足你的需求的？

想想到目前为止你在"应用媒介素养"这部分中所做的练习，然而这只是一个开始。在接下来的日子里，多想想你的需求，并不断明确你的需求。然后，随着你的需求变得越来越清晰，将它们和你所花费的时间和金钱进行比较。这种对比会告诉你，你在哪些地方利用资源来满足你真正持久的需求，在哪些地方把资源浪费在不能满足你的事情上。然后调整你的习惯，使它们能够更好地满足你最重要的需求。这样你就能更好地控制自己的思维代码。

◎ 核心观点

- 我们生活在一个信息饱和的文化环境中，新的信息正在加速生成。
- 我们无法从身体上抵抗来自大众传播媒介的信息洪流，所以我们形成了自觉程序来过滤掉几乎所有信息。
- 这些自觉程序是由心理程序控制的，受到我们的父母、机构和日常生活经验的影响。
- 大众传播媒介也通过我们每天持续不断的媒介接触来影响我们的心理程序。
- 当我们的自觉程序真正满足我们自己的需求时，它们就会很有价值，因为它们很有效率。然而，当我们的自觉程序是为了满足其他人（例如广告商和媒体人）的需求时，这就会让我们不开心，对我们不利。
- 当我们定期分析我们的自觉程序时，我们可以将有利与有害的心理程序区分开来。

◎ 深入阅读

Silver，N.（2012）. *The signal and the noise：Why so many predictions fail—but some don't.* New York，NY：Penguin Press.（全书534页，包括索引）

作者记录了过去几十年信息的急剧增长，并认为这其中的大多数信息都是噪音，这使得我们更难以而不是更容易做出准确的判断和预测。

Wright，A.（2007）. *Glut：Mastering information through the ages.* Washington，DC：Joseph Henry Press.（全书252页，包括索引）

这位作者将自己定位为一个信息工程师，用历史的方法来展示人类是如何进化出产生、组织和使用信息的方法的。

他认为所有的信息系统要么是非民主的、自上而下的（等级制度），要么是同等的、开放的（网络）。他从神学、图书馆学、生物学、神经学和文化的角度来追溯人类信息的发展，并用这一历史背景来批判互联网上信息的本质。

◎ 内容更新资源

在某些章节中,我所探讨的资料是非常不固定的,而且变化很快。因此,当你读到某一章节时,我所提供的一些事实和数据可能已经过时了。为了帮助你了解最新信息,我已经收录了一些你可以浏览并获得最新数据的信源。

Infoniac.com(www.Infoniac.com/hitech)

这个网站提供了世界上关于信息增长的信息,更广泛地说,它提供了有关技术新发展的信息。

Pingdom(royal.Pingdom.com)

这是一个由 Pingdom 团队成员撰写的关于互联网和网络技术的各种问题的博客。Pingdom 是一家为世界各地用户提供互联网服务的公司。

Statistical Abstract of the United States(www.census.gov/compendia/statab)

美国商务部每年都会发布一份新的统计摘要。如要更新本章中的材料,请访问信息与通信部分。

Worldwidewebsize.com(www.worldwidewebsize.com)

从被主要的搜索引擎索引的网页数量来看,这个网站在不断地更新网页的大小。

SAGE edge™

在 edge.sagepub.com/potterintro 使用 SAGE edge 提升你的技能。

SAGE edge for Students 提供了一种个性化的方法,帮助你在一个便捷的学习环境中完成课程目标。

更加精通媒介可以让你掌控自己的工作,从而实现自己的人生目标。

图片来源:©iStockphoto.com/PeopleImages

知识测试:判断对错

在阅读本章之前,请判断以下陈述哪些是正确的,哪些是错误的。

1. 人们经常批评媒体犯的错。
2. 媒介素养本质上是一种批判性思维。
3. 每个人都有一定程度的媒介素养。
4. 有些人已经非常了解媒体,没有提高的空间了。

现在阅读这一章,看看你的判断是否正确,或者你是否对媒介素养有一些错误的看法。

(答案见书末。)

第二章

如何看待媒介素养

学习目标

阅读本章后,你将会有以下几点收获:
◇ 分析有关媒介和媒介素养的错误观念,以免掉入错误思想的陷阱。
◇ 解释媒介素养的定义。
◇ 界定媒介素养的三个关键组成部分。
◇ 描述可以用来建立有用知识结构的七种技能。
◇ 评估你自己关于大众媒介的知识结构。

正如你在本书第一章中所了解到的,我们不断地被来自大众媒介的大量信息所淹没。我们必须从所有信息中筛选出一小部分的信息。为了帮助我们用最少的精力进行筛选,我们依靠自觉程序有效地过滤媒介信息,省去思考整个过程,直到某个特定的信息引起我们的注意。这个自觉处理是由心理代码控制的,这种心理代码受到媒介接触历史的影响。学习更多的媒介知识可以让你更好地理解这些代码,并重新编程,这样你就可以利用媒介及其信息来实现你自己的生活目标。

本章将向你展示什么是媒介素养。但首先,我们需要检查人们对媒介素养的一些假设,以便清除错误的观念。

清除垃圾:消除对于媒介素养的错误观念

每个人都对媒介抱有许多观点。其中一些观点是正确的,但也有很多都是错误的。错误的观念会让我们陷入困境,因为它们会误导我们去思考错误的事情,让我们觉得自己无力改变。这些陷阱导致人们只能原地兜圈子,阻止了他们利用媒介素养来改善自己的生活。

让我们来看看其中的五个陷阱。一旦你知道这些陷阱是什么,你就可以避免陷入错误的论断中。

媒介是有害的

也许最普遍的一种陷阱就是陷入媒介有害论中,并认为提高媒介素养的目的是让我们避开所有的媒介或至少帮助我们减少受到伤害的风险。陷阱在于认为媒介只有害处。当然,媒介接触也有风险,就像我们日常生活中所做的很多事情都有风险一样。但接触介体也会带来很多好处。因此,媒介素养并不是帮助人们避免所有的媒介接触,或是避开任何一种特定的媒介。相反,提高媒介素养的目的是帮助人们认识到有潜在危害和潜在利益的信息之间的差异。

当一种新的媒介吸引了公众的注意力,并且批评家们只会抱怨这种新媒介的危险因素而忽视了其潜在的积极优势时,这种陷阱就会经常出现。例如,最新的媒介已经引发了伦敦大学学院英语教授约翰·萨瑟兰(John Sutherland)等人士的批评,他认为Facebook强化了自恋式的胡言乱语,发短信使语言变成了一种"阴郁的、光秃的、悲伤的速记"（Thompson，2009）。他说，如今的通信技术鼓励甚至要求像Twitter这样的短信息，这缩短了人们的注意力持续时间，也因此限制了他们以较长时间思考如何编写一篇有理有据的文章的能力。

幸运的是，伴随着每一种新的大众传播媒介的到来，有时候人们会对这种新的大众传播媒介抱着更乐观的态度，并能发现它的积极作用。例如，斯坦福大学的写作和修辞学教授安德里亚·伦斯福德（Andrea Lunsford）确信，新的信息技术实际上提高了识字率。她说，"我认为我们正处于一场自希腊文明以来从未出现过的扫盲革命之中。"此外，她认为这些新的通信技术并没有扼杀我们的写作能力，而是将其推向了一个更加个性化、更有创造力和更加简明的新方向。这个结论是她花5年时间收集了14,000份学生的写作样本，并经过系统分析之后得出的。她认为现在的年轻人更善于理解受众的需求，能够用独特的信息吸引受众。对于今天的年轻人来说，写作是一个发现自我、提炼思想、塑造形象并说服读者的过程。

媒介素养不仅仅包含对媒介的恐惧和对受到潜在消极影响的担忧，它也培养我们鉴别和利用积极信息的能力。因此，我们要客观看待媒介及其影响。媒介素养帮助我们适应不断变化的世界，而不是忽视这些改变或否认这些正在发生的改变。

无论使用何种技术传播，媒介素养提高了一个人获取各种信息的能力。

图片来源：© Sven Hagolani/Corbis

媒介素养会毁掉我使用媒介的乐趣

关于媒介素养的另一个陷阱是，大量枯燥的分析会破坏受众使用媒介的乐趣。陷入这种陷阱的人将分析笑话与之进行类比，认为当我们分析笑话为什么有趣时，我们也就失去了幽默感。或者当我们过度分析我们所喜欢的角色在电影里的表现时，我们就会减少对这些角色的喜爱程度。对于这些人来说，分析会侵蚀他们的乐趣，所以他们尝试尽量避免分析。

这是一个陷阱，因为媒介素养不是用学术论述去消解信息；相反，它注重挖掘表面之下更深层次的东西。这通常会启发人们更深层次的理解，而不是减少乐趣。

媒介素养需要海量的事实记忆

认为媒介素养仅侧重于获取大量事实信息是一个陷阱。这是错误的，原因有以下几点。首先，媒介素养更注重知识而不是事实。一堆木材并不等同于一座房子，事实与知识也是这个关系。知识需要结构提供语境，从而展现其意义。事实只是昙花一现，而知识是永恒的。事实很快就过时了。如果你受到的教育只是简单地获取大量事实，那么随着越来越多的事实过时，你的教育就会失去价值。但是如果你受到的教育教会你如何将事实转化为知识，那么你就拥有了每年都在增值的知识架构。高媒介素养的一个评判标准是将信息转化为知识结构的能力以及训练这种能力的意愿。

还有另外一个原因是，媒介素养需要的其实不仅仅是知识，它还需要加强个人技能和制订个人规划。这是因为知识不能仅仅被记住，还需要由你主动构建。而构建过程依赖于工具（个人技能）和计划（个人规划）。

媒介素养是一项特殊技能

人们通常把媒介素养看作是一种"批判性思维"。这个术语在定义媒介素养时用处不大，因为它有很多不同的含义。一些人认为批判性思维仅仅是批判媒介，而另一些人则认为它有许多不同的含义（见专栏2.1）。虽然这些定义元素中的每一个都有助于提高人们对媒介素养的理解，但当我们把它们全部加载到一个术语中时，它的定义就会变得不那么清晰。

从更广泛的意义上说，我们不该把媒介素养看作某种特殊的技能；相反，它的益处来自一系列技能的使用。而且最有用的技能是我们已经拥有并且每天都在使用的技能。

这些技能包括分析、评估、分组、归纳、演绎、综合和抽象（见图2.1）。我们每个人都具备这样一些能力和技能，所以媒介素养对我们的挑战并不是获得这些技能，而是如何在媒介信息面前更好地运用这些技能。

媒介素养需要付出太多努力

关于媒介素养的第五个陷阱是觉得它需要付出太多的努力，因为培养媒介素养涉及太多方面的内容。如果你认为媒介素养是一个类目、一个既定范畴，而不是一个连续体,那么你就陷入了这个陷阱。并不是必须做1000件困难的事情才能提高媒介素养。

媒介素养不是一个类目——就像一个盒子——你要么属于这个类目,要么不属于。例如,你要么是高中毕业生,要么不是;要么有驾照,要么没有。相反,媒介素养被认为是一个连续统一体——就像一个温度计——上面有不同的度数。我们都在媒介素养中占有一席之地。我们不能说有些人没有文化,也不能说一个人是完全有文化的,因为总是有提高的空间。

你永远有机会提高,而且很多时候并不费力。如果你了解了媒介素养的观点(将在下一节中解释),你就能在生活中发现提高媒介素养水平的各种各样的机会。

专栏2.1 批判性思维

批判性思维有许多不同的含义:
* 批评媒介以及不接受它们的许多做法
* 思想更开放
* 深入分析媒介信息,去理解它们的产生过程
* 更广泛地思考媒介及其对社会的影响
* 提升与媒介打交道的素质
* 更重视媒介的经济和政治影响
* 从更具文化色彩的角度看待媒介
* 用批评的态度看待媒介及其对个人的影响
* 运用媒介信息培养更高雅的审美品质
* 更积极地处理媒介信息,而不是被动接受

提高媒介素养

现在你已经了解了媒介素养的陷阱和避免落入陷阱的方法,是时候探究媒介素养到底是什么了。这一部分包括定义及其三个关键组成部分。

定义

媒介素养是一系列的视角,这些视角帮助我们积极接触大众媒介,解释我们所接触到的信息的意义。我们从知识结构中构建我们的观点。为了构建我们自己的知识结构,我们需要工具、原材料和意愿。工具就是我们的技能,原材料是来自媒介和现实世界的信息,而意愿来自我们的个人规划。

什么是视角?我将用一个类比来说明这一点。假设你想了解地球。你可以建一座100英尺高的塔,爬上塔顶,用这个视角研究地球。你的视线不会被树木遮挡,所以你在任何方向都可以看到好几英里远的地方。如果你的塔建在森林里,你会得出地球被树木覆盖的结论。但是如果你的塔位于郊区,你会得出这样的结论:地球上到处都是房屋、道路、建筑和购物中心。如果你的塔建在位于新奥尔良的梅赛德斯奔驰的超级巨蛋上,你又会得出完全不同的结论。不同的视角会让你对地球有不同的认识。对于哪个视角能够提供最准确或最好的信息,我们可能会陷入争论,但这样的争论其实是相当无用的。这些视角并没有好坏之分。我们应当建造许多这样的塔,这样我们就有许多不同的视角来扩大对地球的认识。并不是所有的塔都需要100英尺高,一些塔可以矮一些,这样你就可以更清楚地看到草坪上的叶片之间发生了什么。还有一些塔应该建在离地面几百英里高的地方,这样你就可以看出地球是一个球体,云层在地球上不断翻腾。你拥有的视角越多,你就越能了解和鉴别媒介和媒介信息,以及它们对你产生的影响。

三要素

媒介素养的三个关键组成部分是个人规划、知识结构和技能。这三点是构建更广泛的媒介视角的必要组成部分。个人规划提供精神力量和方向,知识结构就是你对于所学知识的组织整理,技能就是工具。

个人规划

个人规划由目标和动力组成。这些目标通过决定哪些信息被过滤、哪些信息被忽略来完成信息处理任务。你对自己的目标了解得越多,你就越能找到获取信息的方法。你获取信息的动力越强,你就越会为了达成目标而付出更多的努力。然而,当你没有什么规划时(例如,你没有意识到特定的目标,你的动力不足),你就会在接触和处理信息时陷入媒介的高度控制。

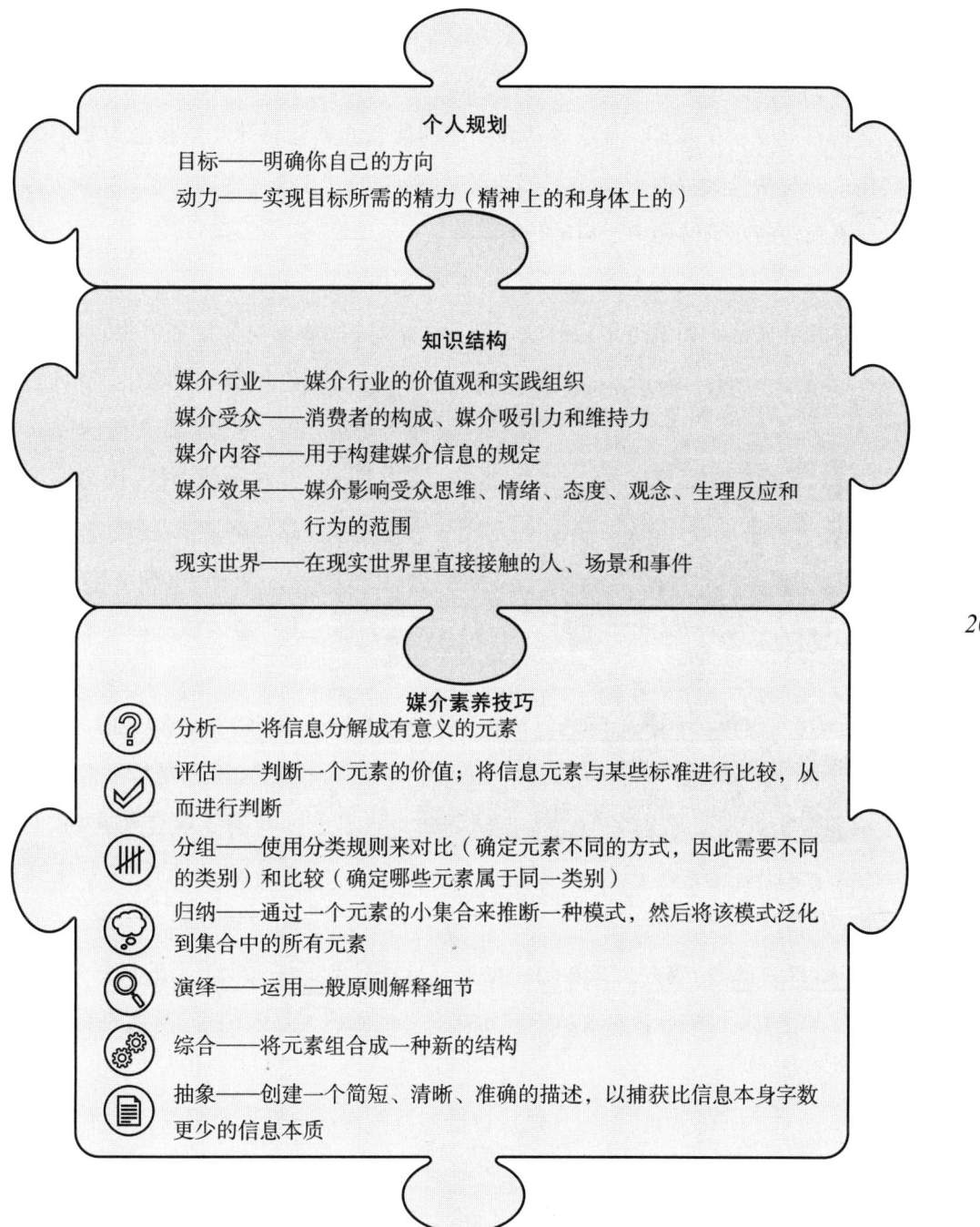

图 2.1 媒介素养的三个组成部分

你越明确你的个人规划，越主动塑造它，你就越能控制媒介对你的影响，提高自身的媒介素养。

知识结构

知识结构是存在于你记忆中的一系列有组织的信息。知识结构不是自发形成的,而是经过了谨慎而精确的构造。

它们不是事实的堆砌,而是对精心生产的信息的整体设计。结构会为我们提供一些模式。这些模式像地图一样,告诉我们在哪里可以获得更多的信息,以及在哪里可以检索我们的知识结构中已有的信息。

信息是知识结构的重要组成部分,但并非所有信息对构建知识结构都同样有用。有些信息相当肤浅。如果一个人只能识别表面信息,比如电视节目主题曲的歌词、角色和演员的名字、节目的设置,等等,那么他的媒介素养水平就很低,因为这类信息只解决了"是什么"的问题,更有用的是"为什么"和"怎么做"等问题。但请记住,在深入探究"为什么"和"怎么做"之前,你首先需要了解"是什么"。

培养媒介素养可以将许多零散的信息转化为有组织的知识结构。
图片来源:©iStockphoto.com/erikrei

有了媒介素养,我们需要在以下五个方面建立强大的知识结构:媒介行业、媒介受众、媒介内容、媒介效果和现实世界。只要具备了这五个方面的良好知识,你就能在寻找信息、利用信息以及从中构建意义方面做出更好的决定,从而更有利于实现自己的目标。

在这本书中,我将为你初步介绍前四种知识结构。它们聚焦于媒介的不同方面:行业、受众、内容和效果。第五种知识结构同样重要,然而,你需要通过实践建立起你自己对现实世界的知识结构,而不是依赖于媒介告诉你的东西。例如,了解政治竞选活动的最好方法不是在书上或网站上阅读有关竞选活动的信息,也不是看新闻报道,而是亲自参加竞选。当你竞选一个重要职位时,或者当你帮助别人竞选时,你会获得大量的现实世界的信息,它们会帮助你对有关政治竞选的媒介信息的可信度做出良好的评估。同样，参加过体育运动的人比那些没有接受过体育挑战的人更能深刻体会他们在电视上看到的体育成就。拥有广泛人际关系和家庭经历的人会对媒体中的这些描述有更深刻的理解和更深入的情感反应。

知识结构为我们提供了语境，帮助我们理解新的媒介信息。我们拥有的知识框架越多，就越有信心理解各种各样的信息。例如，你可能对某部电视剧有一个非常庞大、完善的知识结构。你可能知道那部电视剧里所有角色的名字，以及所有剧集中角色的所有遭遇。你甚至可能知道这些角色的扮演者及他们的经历。如果你能组织好这些信息，随时可以回忆起其中的任何一个，那么你就有了关于这部电视剧的一个很好的知识结构。你懂媒介吗？关于那部电视短剧，你很了解。但是，如果你只有这么一个知识结构，你就无法理解其他媒体生产的内容。你很难理解谁拥有和控制大众传媒，媒介如何随着时间的推移而发展，为什么某些类型的内容永远被忽视而其他类型的内容却在不断地重复出现，以及这些内容可能对你产生什么影响。如果你有了许多完善的知识结构，你就可以理解整个范围内的媒介问题，从而能够"看到大局"，了解为什么大众传媒是现在这个样子。

让我们看看你的大众传媒知识结构有多么完善（参见应用媒介素养2.1）。如果你回答不了这些问题，也无须太担心。大多数人都很难回答这些问题。然而，你需要努力解决这些问题，这样你就可能拥有更完善的大众传媒知识结构。以下六章将为你提供大量能帮助你完善知识结构的信息。

技能

我们需要使用技能来构建知识结构。什么技能对媒介素养最重要？很多人用这个模糊的短语来回答：批判性思维。这个术语在关于媒介素养的文章中非常流行，但问题是每个人似乎都对它有不同的定义（见专栏2.1）。虽然每一种定义都很重要，也很有用，但是如果把它们放在同一个术语中就会产生很多混乱。你可以通过七种特定的技能来避免思维混淆，这些技能（包括分析、评估、分组、归纳、演绎、综合和抽象）可以用作构建有用知识结构的基本工具。我们使用这些工具来挖掘大量的事实，找出我们需要的某些特定事实，并把其他的都过滤掉。一旦选择了我们所需要的事实，我们就可以整合这些事实信息，并谨慎地将这些信息放入知识结构中适当的位置。

应用媒介素养 2.1

评估你的知识结构

让我们快速评估一下你的大众传媒知识结构。现在，不要担心你的答案是否正确，你会在通读这本书的时候发现答案。相反，想一想这20个问题中有多少是你能够自信回答的。即使你不能自信地回答所有问题，也没关系。现在！你并不需要记住这些信息。

大众传媒产业

1. 现在有多少种大众传媒？
2. 你能按年龄将它们排序并列出吗？
3. 当今最主要的大众传媒是什么？
4. 当今塑造大众传媒的最有影响力的因素是什么？
5. 为什么广告被认为是推动大众传媒产业的发动机？
6. 大众传媒企业如何实现利润最大化？
7. 为什么大众传媒行业的风险这么高？

大众传媒受众

8. 什么是长尾营销？
9. 为什么大众传媒企业不再寻求广大的普通受众？
10. 大众传媒企业对受众的主要细分方案是什么？
11. 受众的接触与关注有什么不同？
12. 什么是不自觉接触状态？
13. 受众通常是如何做出过滤决策的？
14. 意义匹配与意义构建有什么不同？

大众传媒内容

15. 大众传媒信息生产者使用的最重要的内容准则是什么？
16. 你知道什么是流派吗？如果有，你能说出多少种流派？
17. 大众传媒内容的三个元类型分别是什么？

> **媒介效果**
>
> - 你能说出过程性效果和显著性效果之间的区别吗?
> - 态度改变和行为改变有什么不同?
> - 你能说出影响媒介效果的哪几种因素?

分析(Analysis)是将信息分解为有意义的元素的过程。我们可以简单地吸收表面信息,也可以通过将它们分解成小块并理解各个组成元素去更深入地研究信息。例如,对于一篇新闻报道,我们可以接受记者告诉我们的内容,也可以分析故事完整性——谁,什么时候,在哪里,为什么,做了什么,以及如何确定故事是否完整。

评估(Evaluation)是对一个元素的价值做出判断。这个判断是通过将信息元素与某个标准进行比较做出的。当我们在媒介信息中遇到专家表达的观点时,我们可以简单地记住这些观点并把它们变成自己的观点,也可以把信息元素的主旨和我们自己的标准进行比较。如果这些元素符合或超过了我们的标准,我们就认为该信息(以及其中表达的意见)是好的。如果这些元素不符合我们的标准,那么我们就认为该信息是不可接受的。

很多证据表明,人们只是一味地接受媒体灌输的观点,而没有做出自己的判断。一个例子是现在普遍认为美国的教育机制不是很好,其中一个很大的原因是孩子们现在花太多的时间在媒体上,尤其是电视上。举例来说,美国国家教育统计中心(NCES)是美国联邦政府的一个机构,每年通过标准化测试来评估美国青少年在阅读、科学和数学方面的学习水平,然后将他们的学习水平与其他65个国家的青少年进行比较。2012年的学生评估报告显示,美国青少年在阅读方面排名第24位,科学方面排名第28位,数学方面排名第36位(NCES,2012)。批评人士说,青少年花在媒体上的时间太多,导致大脑变得懒惰,丧失了创造力,成为没精打采的娱乐成瘾者。如果事实如此,孩子们将不重视成绩,也不会在学校好好表现。

这种观点是错误的,因为它将糟糕的成绩归咎于媒体,而不是孩子或家长。它也只关注媒体产生的负面影响,对潜在的积极影响没有给予任何赞誉。仔细观察研究证据,我们会发现一般的统计结果是错误的,再仔细观察,我们就会发现还有其他影响因素。例如,人们普遍认为看电视与学业成绩呈负相关。有相当多的研究得出了这个结论。然而，它的不严谨之处在于，这种相关性可以用另一种东西更好地解释——智商。学业成绩与智商之间有着不可分割的联系。而智商低的孩子看电视的时间也更多。所以智商是低分和高收视率的原因。把孩子的智商因素考虑在内的研究发现，两者之间没有整体的负相关；更有趣的是，这种消极的影响直到孩子每周看电视的时间超过30小时才会显现出来（Potter, 1987a）。超过30小时，孩子们看电视的时间越长，他们的成绩就会越差。这意味着，只有在看电视导致学习时间和睡眠时间减少时，成绩才会下降。每周看电视少于30小时并没有负面影响。事实上，适当观看电视是有积极影响的，也就是说，一个一周只看几小时或根本不看电视的孩子在学业上的表现可能不如一个每周看12到15小时电视的孩子。总之，完全不看电视的儿童在学校的表现不如适量观看电视的儿童；然而，当孩子看电视的时间太长，占用了必要的学习时间时，他们的学习成绩就会下降。电视、互联网以及所有其他形式的媒体都有潜在的积极和消极影响。看电视不能取代学习等有建设性的行为，但它可以扩展我们的社会经验，激发我们的想象力。阻止孩子看电视可以防止潜在的负面影响，但也会失去一些利益。

评估是一项基本的媒介素养技能。对于儿童的媒介使用与其学习成绩之间可能存在的联系，要权衡证据与流行观点之间的差异。

图片来源：©iStockphoto.com/aphrodite74　©iStockphoto.com/joebelanger

当被问到"看电视对孩子的学习成绩有什么影响"时，我们可以给出一个简单而通俗的答案：存在负面影响。但是现在你可以看出这个答案太简单了，它是一种误导，因为它强化了一种狭隘的观念，即媒介效果是负面的、两极分化的，而媒介是罪魁祸首。

错误的观念之所以如此危险，是因为它们本身就是强制性的。因为当人们不断地接触到错误的信息时，他们会更加确信这种错误的观念。他们越来越无法主动挑战自己。当有人指出他们的观念所依据的信息是错误的，他们不会接受这种批评，因为他们确信自己是正确的。因此，随着时间的推移，他们不仅不太可能去反思自己的观念，而且对其他观念的接受度也会降低。

分组（Grouping） 是一种对元素进行分类的技巧。它本质上要求对比和比较不同的元素，根据它们的不同点创建不同的组。然后，我们需要找到具有相同点的元素，把它们分在同一个组。

使用好分组技巧的关键是创立一个或多个分类规则，这些规则决定了在进行对比和比较时应该在元素中寻找哪些特征。例如，如果我们想对电视内容进行分组，把制作人员的意图作为分类规则的话，我们就应该寻找特征，分辨他们的意图是娱乐受众、告知受众还是说服受众。

媒体可以为我们提供分类规则，所以如果我们接受它们的分类规则，那么我们最终的分组就是它们所期望的。但是，如果我们努力挑选能够组织我们对世界的看法的最佳方式，最终将得到对我们更有意义和价值的分组。

归纳（Induction） 是通过少量元素总结出一种模式，然后将该模式推广到更大的集合中去，应用于所有元素。民意调查显示，许多人用媒介报道中的元素去推断现实生活的模式，这就造成了对现实生活的误解。例如，当人们被问及这个国家的医疗保健体系时，90%的成年人说医疗保健系统正处于危机之中；这是许多新闻报道和专家告诉公众的。但是当人们被问及他们自己的医疗保健情况时，几乎90%的人认为他们的医疗保健情况很好。大约63%的人认为别人的医生利欲熏心，而只有20%的人认为自己的医生如此。

人们正在利用他们从媒介信息中学到的元素去构建他们看待现实生活的模式。他们会接受错误的观念，是因为他们没将实际生活经验融入这种模式中，也就是说，他们不善于使用归纳，而更喜欢用大众媒介提供的信息去构建模式。

这种错误的归纳也出现在其他领域。例如，多年来关于犯罪的民意调查显示，通常只有六分之一的人认为犯罪是他们所在社区的一个大问题，而其余的人都认为犯罪是社会的一个大问题（Whitman&Loftus，1996）。人们之所以这样想是因为大多数人在他们自己的生活中没有经历过犯罪，所以他们不认为这是他们生活中的大问题。然而，他们却相信这是社会现存的大问题。公众怎么会有这样的想法呢？因为新闻十分关注犯罪。此外，相比普通事件，新闻媒体更喜欢报道耸人听闻的事件。因此，被报道的通常是暴力犯罪，遵循"坏信息才有销路"的新闻伦理。看突出犯罪和暴力的晚间新闻节目，导致人们推断犯罪率一定很高，而且其中大部分是暴力袭击。但现实中，只有不到20%的犯罪是暴力犯罪。超过80%的犯罪是财产犯罪，受害者甚至不在场。此外，自20世纪80年代中期以来，这个国家的暴力犯罪率一直在下降，但很少有人意识到这种下降。相反，大多数人认为暴力犯罪正在增加，因为他们不断地在媒体上看到犯罪报道和血腥的画面。他们对耸人听闻的事件发表了自己的看法，而这类信息并不能用来推断犯罪的准确情况。

错误的推理会导致错误的观念。例如，因为频繁接触媒体所报道的耸人听闻的犯罪案件，许多人认为暴力犯罪比犯罪率显示的更为普遍。

图片来源：©iStockphoto.com/belterz

至于教育，64%的人给国立学校的评级是C或D，但是，66%的人给他们自己的公立学校的评级是A或B。

至于宗教，65%的人认为宗教在美国正丧失其影响力，而62%的人认为宗教对自己的影响力正在增强。

至于责任感，近90%的人认为社会的主要问题之一是人们不遵守承诺，而超过75%的人表示他们履行了对家庭、孩子和雇主的承诺。近一半的人认为大多数家庭不可能实现美国梦，而63%的人认为他们已经实现或接近美国梦。40%到50%的人认为国家正在朝着错误的方向前进，但88%的美国人认为他们自己的生活和家庭正在朝着正确的方向前进（Whitman，1996）。

演绎（Deduction）是用一般原理来解释特殊情况——通常使用三段论推理。一个著名的三段论是：(1) 人皆有一死（一般原则）。(2) 苏格拉底是一个人（特别观察）。(3) 因此，苏格拉底是终有一死的（通过逻辑推理得出的结论）。

当我们的原则并不正确时，我们就会用错误的方式解释特定的事件。其中一个错误原则是，大部分人都会认为媒体，尤其是电视，对其他人有很强的负面影响。他们想当然地认为媒体会导致人的暴力行为。有些人认为，电视上播放有关使用安全套的公益广告，会导致孩子们认为这是被允许的，甚至是一件好事。这显然高估了媒体的影响力。与此同时，人们低估了媒体对他们自身的影响。当被问及媒体对他们个人是否有影响时，88%的人说没有。这些人认为，媒体主要是娱乐和消遣的渠道，对他们没有负面影响。理由是他们已经观看了数千小时的犯罪节目，却从未向任何人开枪或抢劫银行。虽然这可能是成立的，但这一论点并不完全支持媒体对他们没有影响的说法；这一论点基于一个错误的前提，即媒体只会引发引人注目的、容易识别的负面行为。但是还有很多其他方面的影响，比如让人们误认为犯罪十分严重，或者认为大多数犯罪都是暴力行为。

综合（Synthesis）是将各种元素组合成一种新的结构。这是我们在构建和更新知识结构时使用的一项基本技能。新的信息往往不适合现有的知识结构，所以我们必须调整知识结构来适应新的信息。因此，综合的过程就是利用我们所获取的新信息不断地重新构建、精炼和更新我们现有的知识结构。

抽象（Abstracting）是用比信息本身更少的字数来创建一个简短、清晰而准确的描述，用于捕捉信息的本质。因此，当我们向他人描述信息或在脑海中回顾信息时，我们使用了摘要的技巧。运用好这一技巧的关键是用尽可能少的文字捕捉到媒介信息的"全貌"或中心思想。

◎ 核心观点

- 在思考媒介素养时，你需要避免的五个关键陷阱如下：
  - 媒介总是有害的。
  - 提高我的媒介素养会破坏我对媒介的兴趣。
  - 提高我的媒介素养需要我记住大量的事实。
  - 媒介素养是一项特殊的技能。
  - 提高我的媒介素养需要付出过多的努力。
- 媒介素养是我们积极利用的一组视角，它让我们接触大众媒介，以解读我们所遇到的信息的含义。
- 媒介素养的三个关键组成部分是个人规划、知识结构和技能。

◎ 深入阅读

Adams, D., & Hamm, M. (2001). *Literacy in a multimedia age.* Norwood, MA: Christopher-Gordon. (全书199页，包括词汇表和索引)

有教育技术背景的作者认为媒介素养需要包括媒介分析、多媒体制作、协作查询和网络技术。作者提出了许多实际的想法，以帮助教师指导他们的学生学习如何最大限度地利用各种形式的媒介信息。

Potter, W. J. (2013). *The skills of media literacy.* Las Vegas, NV: Knowledge Assets, Inc. (全书224页，包括参考文献和词汇表)

本书详细介绍了媒介素养的七项基本技能，并用练习帮助读者培养这些技能。

SAGE edge™

在edge.sagepub.com/potterintro使用SAGE edge提升你的技能。

SAGE edge for Students提供了一种个性化的方法，帮助你在一个便捷的学习环境中完成课程目标。

视频内容已经从在传统电视上观看转变为在笔记本电脑和其他移动设备上通过 YouTube 等网站观看。YouTube 由查德·赫尔利（Chad Hurley）和史蒂文·陈（Steven Chen）创建（如图所示）。

图片来源：© ZUMA Press, Inc. / Alamy

知识测试：判断对错

在阅读本章之前，请判断以下陈述哪些是正确的，哪些是错误的。

1. 虽然人类文明已有4000多年的历史，但大众传媒的出现还不到两个世纪。
2. 电影是所有大众传媒中最古老的。
3. 在美国，大众传媒业是从业人数最多的行业之一。
4. 目前在大众传媒行业工作的女性多于男性。

（答案见书末。）

第三章

大众传媒产业:历史视角

学习目标:

阅读本章后,你将会有以下几点收获:

◇ 应用生命周期模式来组织有关大众传媒的信息,描述媒介的成长、成熟、巅峰、衰退和调整的过程。
◇ 了解每一种大众传播媒介的发展阶段。
◇ 了解每一种大众传播媒介中对其现阶段发展最有影响力的因素。
◇ 认识到大众传播媒介中劳动力规模的差异。
◇ 将你在本章中学到的内容应用于提高自己的媒介素养。

本章将为你介绍大众传媒行业是如何逐步发展到今天这一阶段的。本章第一部分介绍的是大众传媒产生的关键背景，然后我们来看看在生命周期模式下，大众传媒行业是如何不断发展的，在这两部分的基础上，我们就可以讨论大众传媒行业的现状了。最后一部分将帮助你学会用这些历史模式来提高自身的媒介素养水平。

早期的大众传媒

人类诞生之时，亦是人际传播之始。最初，这种沟通是通过言语和肢体语言完成的；然后人类开始创造可以保存的符号。已知最早的符号是大约公元前3万年在洞穴壁上的绘画。公元前4000年左右，人类开始书写。那时候的书写还是一项个人活动，一个人把自己的想法记录在一个物体表面（如黏土、羊皮纸）上，然后另一个人可以阅读它们。想要制作副本只能依靠手抄的方式。

直到15世纪，古登堡发明了活字印刷机，它可以相对快速地制作出多份副本。在接下来的几个世纪里印刷机得到了改进，但直到19世纪中叶，其他技术的出现才大大地提升了人类的交流能力。电报使信息得以在瞬间跨越千里；摄影技术的发明使人类第一次捕获、存储和共享图像。20世纪，大量的技术创新极大地提升了人类的通信能力，首先是电影、用无线电传输信息的广播，然后是电视，接着我们迎来了计算机和互联网，人们已经可以在世界范围内进行大量的互动。

20世纪出现的技术创新的数量远远超过在此之前人类历史上所有技术创新的总和，随之也开启了人类交流的大变革时代，这一变革如此迅疾，以至于至今我们仍在试图弄清楚它的意义。

学者们研究这些变化的方法之一是将有着上千年历史的人际传播与应用了新技术因而得以跨区域多向分发信息的间接传播区分开来。学者们将这种媒介传播形式称为"大众传播"，因为它大规模生产信息的方式就和工厂大规模生产产品的方式如出一辙。学者们进一步认为这些媒介有大规模的受众，这些受众并不仅仅是人数众多，更重要的是他们的同质性，也就是说，他们有相同的需求，会对媒介信息做出相同的反应。20世纪初的社会学家认为，社会已经变得十分工业化，有标准的工作、标准的产品和标准的生活方式，人们已经变成了大型公共机器的一部分，而且个体变得孤立，人与人关系疏远。他们认为，工业化程度很高的国家不仅仅为公众高速生产标准产品，而且还使他们成为被动的受众，塑造他们的一切。信息被迅速地传达给每个人，而每个人都只是简单地被灌输同样的信息。在大众传媒的影响下，人们变得不堪一击。

不过，社会学家慢慢注意到，并非所有人都以同样的方式应对媒介信息。因而这种大众传媒创造受众的观念逐渐被推翻了（Bauer & Bauer, 1960; Cantril, 1947; Friedson, 1953）。然而，"大众传播"（mass Communication）这一术语仍被广泛使用，但没有证据表明所有人都是同一类型受众。相反，受众的类型其实是多种多样的。如今，即使是黄金时段播出的电视剧，收视率也难以超过3%。即便举办"超级碗"等活动，也只有约35%的美国人会观看。更重要的是，观看"超级碗"的人反应也并不一致。一些观众会为自己支持的球队赢球而振奋，另一些人会为球队输球而感到沮丧；有些人开心是因为有了开派对的理由，还有些人根本不知道哪支球队正在参加比赛。大家的感受都不尽相同。此外，在观看过程中，人们也会互相聊天并给对方解释不懂的地方。

但这是否意味着人际传播和借助科技的传播之间就没有区别了呢？事实并非如此。事实上，这种差异并不取决于受众类型或技术渠道类型，而是使用这些渠道进行传播的媒体。这些媒体有大众媒体和非大众媒体之分。大众媒体是一种企业，它战略性地使用技术传播渠道来吸引某些类型的受众，对他们进行重复的传播，让他们服务于其经济目标。例如，马克·扎克伯格（Mark Zuckerberg）利用计算机和互联网技术为人们提供了一个名为Facebook的通信平台。他的目的是吸引尽可能多的用户，将他们转化为Facebook的黏性用户，这样他就可以实现他的经济目标，即从广告商和其他合作商家那里获得收入。相反，当你使用Facebook时，你的目标是与朋友保持联系。因此为大众提供平台的Facebook，是真正的大众媒体；而使用这个平台进行人际交流的你，并不是大众媒体。这个定义，我们可以总结出九种类型的大众媒体——书籍、杂志、报纸、录音、电影、广播、电视、有线电视以及电脑或互联网。虽然这些媒体都使用特定的技术手段向大众传播信息，但大众媒体并不是传播渠道，而是使用媒介平台实现经济目的的企业。

大众传媒的发展

如果你通过阅读大量书籍和访问网站了解大众传媒产业，你会发现大量的细节——日期、创始人的名字、企业名称、历史事件、商业操作、大量复杂的产权表以及财务数据,等等。你会很容易迷失在细节中,看不到大众媒体发展演变方式的整体相似性。本节我将通过生命周期模式展示这些相似性,从而将重点放在大局上。

这种生命周期模式由五个阶段组成:初创(或产生)、深化(或发展)、巅峰(成熟)、衰退和调整。

成功推出一种新的大众媒体不仅仅需要技术创新,营销创新也是必要的。

图片来源:©iStockphoto.com/mbortolino

初创阶段

每个大众传媒行业都始于开拓传播渠道的技术创新。例如,如果没有发明摄影机和投影仪,就没有电影业。然而,技术本身并不足以创造一种大众媒体。大众媒体不仅仅是一项技术发明;有许多技术创新最终没能成功应用。因此,在初创阶段,除了技术创新之外,还需要开拓市场。这意味着必须创建一个使用该技术传播信息的企业,并构建自己的受众群。

成功的营销创新始于企业家认识到受众的需求,然后使用新技术来满足这种需求,使人们开始认识到这个新兴媒介的价值和作用。要做到这一点,企业家必须要对人群有所定位，也就是说，他必须利用这个新渠道的潜力来吸引特定的受众，然后加强受众的重复接触。例如，20世纪初，在摄影机和投影仪问世之后，一些企业家将他们的起居室改造成了影院，并开始向人们收取观影费用。他们发现这种娱乐市场是存在的，所以他们通过出租店面培养更多受众来扩展这个市场；他们租用了音乐剧院，然后建立了自己的剧院用于电影放映。越来越多的大型影院增加了观影的需求，这刺激了其他企业家创建电影制作公司，为影院制作和分发电影。如果这些企业家没有意识到公众的需求并通过推广他们的服务使这种需求变成一种习惯，那么摄影机和投影仪的技术也就仅仅是个奇怪的发明。

 分析

你最喜欢的大众媒体是什么？是哪项技术创新推动了这种大众媒体的产生？

深化阶段

创新成果转化为一个大众媒体渠道之后，如果它想要成为一个有影响力的大众媒体，那么它需要吸引一个非常庞大、异质的人群。这被称为大众传媒的深化阶段。深化阶段的特点是公众对该媒体的接受度越来越高。公众对新媒体的态度基于该媒体满足现有需求或创造新需求的能力。

 评估

哪种媒体最能满足你的日常需求？

有时候，公众的某种需求已经被现有媒体满足，但是一种新的媒体出现了，它可以在某种程度上更好地满足这些需求。例如，在20世纪40年代，人们通过电影和广播满足自己的娱乐需求。但随后无线电视出现了。人们觉得电视比收音机更好，因为它不仅有声音，还能提供画面。人们觉得电视也比电影更好，因为它更方便。电视使人们能在家中享受娱乐，所以人们没有必要离开家、找一个保姆照顾孩子，再找一个停车场，更不用买票。

每一种传播媒介的发展过程都会受到某些因素的影响。这些因素包括公众对媒体的需求和渴望，能够改变其他竞争媒体吸引力的额外创新；政治和监管限制，以及拥有和经营大众传媒业务的私营企业的经济需求。

巅峰阶段

当一种媒体获得最多的公众关注并产生最多的收入时，就意味着该媒体进入了

巅峰阶段。这通常是媒体深化程度最高的时期。也就是说，这种媒体的普及率已经极高，且没有什么提升空间。当然，它可以继续占用受众大量的时间和金钱。例如，无线电视在抢夺了广播和电影的受众后，在20世纪60年代达到了巅峰，甚至还夺走了杂志和广播的全国广告投资商。直到20世纪90年代，作为最主要的大众媒体，无线电视仍处于巅峰状态，因为人们每天在电视上花费的时间比其他任何媒体都要多。此外，大多数人认为电视是他们主要的（甚至是唯一的）娱乐和新闻来源。

当一种媒体达到巅峰时，它已经最大限度地获得了受众的时间和金钱。

图片来源：©iStockphoto.com/djgunner

衰退阶段

最终，处于巅峰的媒体将受到新媒体的挑战并进入衰退期。在衰退阶段，从前的媒体受众规模遭到侵蚀，导致收入减少。这种规模的缩小并不是因为对特定类型的信息需求下降，而是因为新媒体能更好地满足这些信息需求。新媒体正在渗透发展并逐渐走向自己的巅峰。

调整阶段

当一种媒体开始重新定义其在媒体市场中的地位时，它就进入了调整阶段。当一种媒体原有的市场定位被其他媒体取代，而且它发现了自己适配的新的市场需求时，它就会调整升级。例如，在广播原有的受众被电视抢走之后，广播做了三个方面的调整：第一，它取消了肥皂剧、情景喜剧和推理剧等一般性娱乐节目，不再直接与电视竞争，而是让音乐节目主持人一首接一首地播放流行歌曲。第二，它放弃了试图吸引普通受众的策略，而是根据音乐品味对市场进行细分，每个频道都针对某一类特定的人群。所以现在每个广播市场都可能会有一个专门播放榜单前40位歌曲的电台、一个节奏布鲁斯电台、一个爵士乐电台、一个推荐摇滚音乐专辑的电台、一个怀旧金曲电台、一个乡村和西部音乐电台、一个古典音乐电台，等等。每个台都吸引不同的听众群体。第三，随着20世纪50年代晶体管收音机的发明，收音机可以随身携带，而电视则不能。因此，广播电台的播放列表着力于塑造背景情绪体验，让人们驾驶汽车、躺在海滩上或者打电话时都能拥有不同的体验。

在过去的几十年里，无线电视受到有线电视和电脑的挑战并且一直在衰落。无线电视正试图像20世纪50年代的广播一样，向更高的移动性和分众化迈进。

> **推理**
>
> 你可否根据每个发展阶段的定义推断出目前九大媒体各自处于什么阶段？

现状透视

让我们放眼当下整体格局，比较不同大众传媒行业的发展状况，以了解哪些是最新的，哪些是最强大的。

生命周期模式

查看图3.1中显示的生命周期模式。请注意，书籍、报纸和杂志等印刷媒体是最古老的，每一个都在一个多世纪以前度过了初创阶段。计算机是最新的大众媒体，它

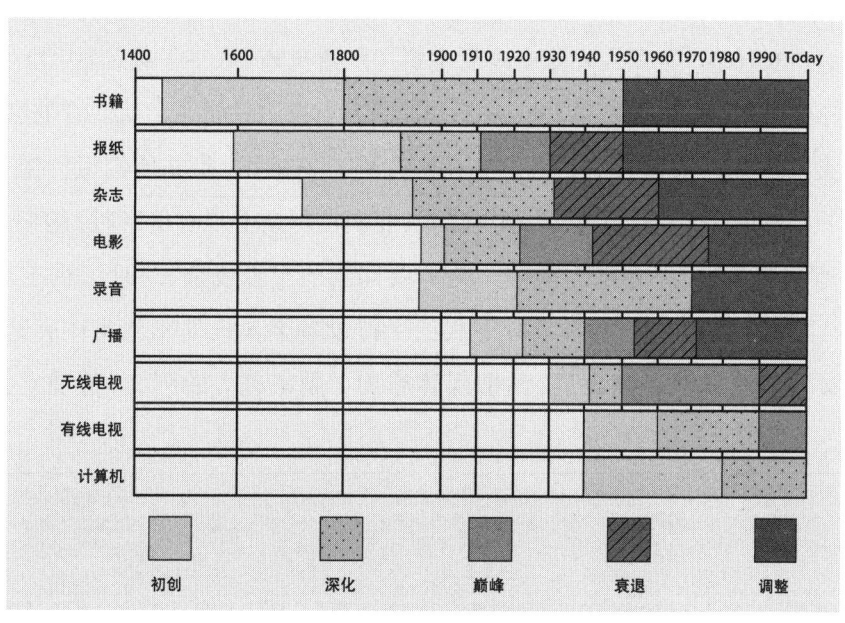

图 3.1 生命周期模式

大约在你出生的时候走出了初创阶段。另外请注意，除有线电视和计算机外，所有大众媒体目前都处于调整阶段。这意味着它们都在努力解决与其他新兴媒体竞争以及彼此共存的问题。

虽然生命周期模式是一个好模板，但它并不完美。例如，请注意几种媒体（书籍、杂志和录音）从未达到过巅峰。这并不意味着这些媒体不重要或不成功，它们只是从未在一定时间内成为最重要的大众传播媒介。

峰值指标

如今媒体行业的发展正处于一个有趣的时期。无线电视为期40年的巅峰时代已成往事，当时它几乎把持着所有电视观众。而有线电视一直在侵蚀无线电视的受众规模，现在无线电视受众已经下降到50%以下，收入也落后于有线电视。有线电视十多年来一直处于巅峰状态，但受到计算机媒体的威胁（其中包括在台式机、平板电脑、笔记本电脑、手机等设备上接收媒体信息）。计算机可以作为书籍、报纸、杂志、录音、电影和视频的传送系统；它可以通过有线或无线方式将这些信息传递到任何地方；它还提供交互的附加功能，以便用户可以轻松地复制、转换信息并将其传递给其他人。基于以上这些原因，计算机正在走向巅峰。

大众媒体的发展带我们进入了一个充满活力而又妙趣横生的时代。各种新兴计算机技术正在改变受众获取媒介信息的方式，赋予他们更多的控制权和选择权。以电影为例。2010年，美国人在家中观看电影（点播视频、数字下载和DVD）的花销几乎是去影院的两倍（"Unkind Unwind"，2011）。当人们只能在影院观看电影时，他们就只有大约十几个选择。他们必须坐在影院里看完整场，除非他们想要错过其中的一些情节。然而，当人们通过有线电视提供商或在网站上观看电影时，他们几乎可以无限制地选择电影，并且随看随停。与需要印刷的报纸或杂志相比，网上看新闻速度更快，更有时效性。把书或录音下载到手持设备上也比驾车到实体店速度更快。新兴媒体在深化阶段迅速发展，给旧媒体施加了越来越大的压力，迫使它们继续调整升级。

融合

要理解当今大众传媒行业的本质，关键是要认识到"融合"在过去十年的巨大影响力以及巨大潜力。从最普遍的意义上来说，融合只是意味着将本来各自独立的事物聚合起来。就媒体而言，融合意味着将以前分开的传播渠道整合在一起，这样，那些使信息渠道分化为多个媒体的本质特点将不断被消融。在本节中，我们将研究三种类型的融合，即技术融合、营销融合和心理融合，如何改变着大众传播媒介的本质。

从模拟到数字的转变，例如从黑胶唱片、盒式磁带到 CD 和 MP3，一直是技术融合的关键。
图片来源：©iStockphoto.com/SimmiSimons

技术融合

技术融合（Technological convergence）指的是存储和传输信息的技术创新改变大众传媒产业的方式。推动计算机融合的关键技术创新不是计算机本身，而是运行计算机的软件代码。这种软件代码是数字化的，也就是说，它被写入、存储和读取为离散的、单独的数字，这些数字按顺序排列成一定的传播模式。虽然计算机和数字代码已经存在了半个多世纪，但直到大约二十年前，媒体才开始摆脱模拟编码（analog coding）并使用数字编码（digital coding）。模拟编码是对依赖于介质物理属性的信息的记录、存储和检索。例如，早期的录音工程师使用模拟方法来存储录音。传输记录的主要媒介是黑胶唱片。记录以凹槽的形式被压入光盘，凹槽的深度和宽度都有微小的波动。当黑胶唱片在转盘上旋转时，唱针穿过凹槽移动。针头拾取凹槽中的微小波动并将它转换成电脉冲，然后发送到放大器和扬声器，在那里，这些脉冲被转换成扬声器中的运动，从而向人耳发送压缩空气波。在20世纪70年代，唱片公司开始从黑胶唱片转向磁带，但仍使用模拟编码系统。黑胶唱片和磁带都易磨损，信息质量会因使用而降级。之后在20世纪90年代，唱片公司开始将音乐翻译成数字代码并将该代码存储在可以用激光读取的光盘（CD）上，这大大减少了唱片的磨损。

数字信息指不依赖于任何一种媒介物理特性的符号或字节序列（通常是数字）。在模拟编码中，声音以与摄影图像完全不同的方式被存储和检索，因此不可能将两者存储在同一设备上或将其复制到另一个设备中。然而，当信息被转换成数字格式时，它们共享相同的基本编码系统，因此它们可以在各种媒体之间无缝传送。所以说，计算机不仅仅是一个让你在互联网上访问信息的通道，它还可以让你访问以前只能在纸张（报纸、杂志、书籍和照片）以及录音、视频和电影上获得的信息。因此，将不同媒体区隔成不同传播渠道的壁垒已经被打破。

将模拟信息转换为数字信息有几个主要优点，最大的优点或许是数字代码是标准的，可以被任何介质读取，而模拟代码对于每种介质来说都是不同的。这种标准代码可以轻松制作信息副本并支持许多不同类型平台的访问：MP3、计算机、智能手机、车载收音机、家庭电视等。另一大优势是数字代码可以被压缩，这样一张专辑中的所有音乐都可以放在一张CD上，CD比旧的黑胶唱片要小得多。压缩技术的进步使得拇指大小的设备可以存储数千张专辑。正是由于这些优势，所有的大众媒体记录、存储、传输和检索信息的方式都已经从模拟切换到了数字。

虽然促进媒体融合的最主要的技术是信息数字化，但也有一些其他重要的技术在发挥着作用。其一是在向电视和计算机发送信号时，从铜线到光纤的转换。随着数字化信息压缩和光纤的结合，在过去的几十年中，信息量和传播速度都提高了数千倍。这使得双向通信成为可能。现在，计算机用户可以在几秒钟内上传和下载很大的文件，比如巨大的软件程序和视频。

最新的技术创新是智能手机。现在典型的智能手机具有比阿波罗11号飞船载人登月时更强大的计算能力（Gibbs，2012）。它可以用来拨打电话、发送短信、播放音乐、阅读书籍、拍照和录制视频。你可以通过智能手机上的应用程序上网、玩游戏、出示优惠券、在实体店支付、跟踪GPS用户、交易股票，并实时跟踪流量。在美国，每10个成年人中有9个携带移动设备，初中二年级的孩子中，80%拥有自己的手机（Cloud，2012）。在世界上许多地方，人们可能无法使用自来水和厕所，但却可以使用智能手机。在所有智能手机用户中，20%的人每隔5到10分钟查看一次手机。在20岁左右的人群中，四分之三的人睡觉时枕边放着一部手机（Gibbs，2012）。

营销融合

营销融合（Marketing convergence）有着强大的影响力，它改变了媒体看待受众的方式以及媒体信息生产的方式。过去，媒体公司习惯用渠道来定义自己，比如，报纸只将自己视为印刷媒介。然而，技术变革迫使媒体摆脱分销渠道的差异，更多地关注信息和受众。因此，报纸现在更关注新闻的概念，并正在试图通过各种渠道传播其信息，而不仅仅是做一个印刷新闻的载体。

过去，电影制片厂只为影院制作电影；杂志社只印刷杂志；唱片公司只生产唱片。这种单一的渠道限制了它们的发行，并将它们封在一个"盒子"里，只与同一"盒子"里的其他同类公司竞争。但现在媒体公司的思维已经摆脱了渠道的桎梏，考虑通过尽可能多的渠道传播它们的信息，以拓展市场。

技术融合使渠道变得不再像以前那么重要。现在，信息本身比传输渠道更重要，因此大众传媒公司现在专注于识别不同类型人的信息需求，然后专门生产特定的信息以满足这些需求。它们将信息转化为尽可能多的形式，如电影、电视、网站等来吸引固定的受众。这种方法有两个主要优点：一是单个信息可以产生许多收入流，因此一旦媒体公司生产信息，就可以获得几倍的收入。二是当信息出现在某一个传输渠道中时，它会刺激受众接触其他渠道的信息。举例而言，阅读《哈利·波特》系列书籍的人会被激发去看电影中描绘的那些人物、场景和事件。他们想在杂志、报纸或粉丝网站上了解这些电影中的演员信息。

这种融合趋势也改变了媒体公司对受众的看法。过去，大型传媒公司会试图吸引尽可能多的受众。他们生产尽可能吸引所有人的内容，不会因为敏感的语言或主题而冒犯某些群体。因此，他们采用了最小公分母（lowest common denominator，LCD）的编程原理。编程现在已转向所谓的长尾营销（long tail marketing）。要了解长尾是什么，可以参考钟形曲线，这被统计学家和大学教授称为正态分布，他们"在曲线上评分"。根据身高、体重、智商、测试分数等因素，人们从低到高分布在曲线上，大多数人聚集在曲线的中间。例如，以高度为标准，成年男性的身高从4英尺到7英尺不等，上下范围大约是40英寸。在整个范围内，大约三分之二的成年男性聚集在中间的5英尺7英寸和6英尺之间，这就形成了曲线的膨胀部分。在这个膨胀部分的

《哈利·波特》的作者 J. K. 罗琳和索尼合作创建了一个互动网站"Pottermore",它可以让用户通过电影和书籍之外的其他渠道与该系列的产品进行互动。

图片来源:AP Photo/Pottermore

两侧是少数比大多数人更高或更矮的人,被称为尾部区域。两侧的尾部都很短,因为几乎没有成年男性的身高超过7英尺或低于4英尺。然而,当涉及个人兴趣,如对音乐或娱乐的偏好时,膨胀部分并不那么多;与拥有相同身高的人相比,拥有相同需求的人数较少。例如,收视率最高的电视剧也只吸引了不到3%的美国人口,而其他所有人的娱乐偏好都呈长尾分布。因此,长尾营销指的是找出形成长尾的许多小众受众的特殊需求。

过去,媒体公司会把重点放在膨胀部分,因为这是大多数人所在的区域。但现在,精明的媒体公司知道曲线的"膨胀"部分并不是很大;相反,大多数人都排列在一条很长的尾巴上,也就是说,人们分散在很多不同的兴趣之中。因此,为了盈利,媒体公司需要为不同类型的受众开发内容。

长尾营销现在被认为是一种可行的营销策略。大型传媒集团财力雄厚,能够负担得起为发现这些新的小众爱好所必需的研究,承担开发新内容的风险。互联网能承受更多的实验和创新。举例来说,传统实体书店的货架空间有限,因此它们必须有选择地存储书籍。但亚马逊是基于网络的,它可以销售任何书籍;因此,在整个利益长尾中,不论是多么微小的细分市场,亚马逊都可以提供一些东西。这意味着亚马逊不需要只关注畅销书(销量排名前十的书)。相反,亚马逊通过长尾营销建立了自己的业务。也就是说,超过一半的亚马逊的销售额来自排名低于13万的书籍(Bollier,2008)。由于亚马逊在每个可以想到的主题上都提供了成千上万本书籍,因此对于亚马逊来说,与其努力实现单本书100万册的销量,不如把不同的10万本书每本卖出10册,这样更容易创造出100万册书籍的销量。

心理融合

融合不仅仅是一种技术或营销力量,它也深刻地改变了受众的心理(Jenkins,2006)。心理融合(Psychological convergence)指的是人们对一些存在沟通障碍的看法的转变。这些障碍曾经存在,但已经随着媒体的变革而消除。这种转变有助于人们以不同的方式看待事物,并为他们提供了应对变化的工具。这些观念的变化之一与地理有关:地理差异不再是沟通的障碍。通过电子邮件、即时信息、社交网站(SNS等)和移动电话,人们可以在心理上有与朋友和同事保持密切联系的感觉,即使这些人并没有真正出现在眼前。社会学障碍也已经破裂,例如社会阶层或种族差异。在新的媒体平台上,人们可以跨越所有这些障碍与其他任何人接触,这种交流通常可以忽略社会阶层或种族。随着这些地理和社会障碍的消除,人们重塑了自己的社交圈。

融合已经改变了人们对媒体的看法和使用方式。数字化使人们能够访问来自不同平台的信息并将这些信息内化成自己的知识。许多平台共的互动功能使用户能够将各种以前不熟悉的人纳入自己的社交圈中。因此,人们的个人需求与满足这些需求的方式发生了变化。人们现在更加活跃了,不必等待媒体公司了解他

新媒体技术改变了我们选择使用媒体的方式、时间和地点。
图片来源:©iStockphoto.com/melhi

> **提炼**
>
> 你能用不多于25个字来定义媒体行业的融合吗?

们的需求;相反,他们可以根据自己的需求获取信息。人们认识到自己不仅是媒体的消费者,还是必不可少的贡献者。

大众传媒从业人员概况

大众传媒行业的许多岗位都招收了不同的从业人员。但是,你可能会惊讶地发现,媒体行业雇佣的员工只占从业人员总数的很小一部分——不到200万人,不足美国成年人口的1%。在这十年间(2008年至2018年),美国所有行业的就业增长率预计约为8%,而媒体行业预计增长约10%(美国劳工统计局,2011)。

让我们看看这些人都在哪里工作。有两种方法:一种是考察不同媒体的从业人员和企业的相对规模(见表3.1);另一种是调查人们是如何产生职业认同的。

媒体行业中最大的雇主是报社以及电影和视频制作公司。软件出版业最近在大量扩充员工,并且在不断扩大其规模。另一方面是有线电视和唱片业。

表3.1 传媒行业中雇员的数量与企业的数量

大众传媒行业	雇员数量	企业数量	平均每个企业的雇员数
软件出版	397,145	8,302	47.8
报纸	231,384	7,624	30.3
电影/视频产品	133,365	13,484	9.8
广播电视	124,857	2,113	59.1
电台	101,652	6,756	15
书籍出版	64,969	2,622	24.8
国际出版、广播与网络查询	159,673	6,887	23.2
有线电视与订阅节目	47,699	747	63.8
唱片产品	1,037	357	2.9

来源:美国人口普查局2012年数据,国家商业模式,网址: http://censtats.census.gov/cgi-bin/cbpnaic/cbpdetl.pl

我们也可以从另一个角度更精准地看待就业,因为很多从事媒体工作的人只是兼职,就像演员或音乐家一样。此外,有些人为各种媒体行业做出了巨大贡献,却不是这些行业的雇员。例如,70%的作者和作家都是自由职业者,这意味着当他们将作品出售给图书出版商或电影/视频项目的制作人时,他们就会得到报酬,但不会被视为媒体公司的雇员。图3.2显示了媒体行业中许多职业的薪资数据。

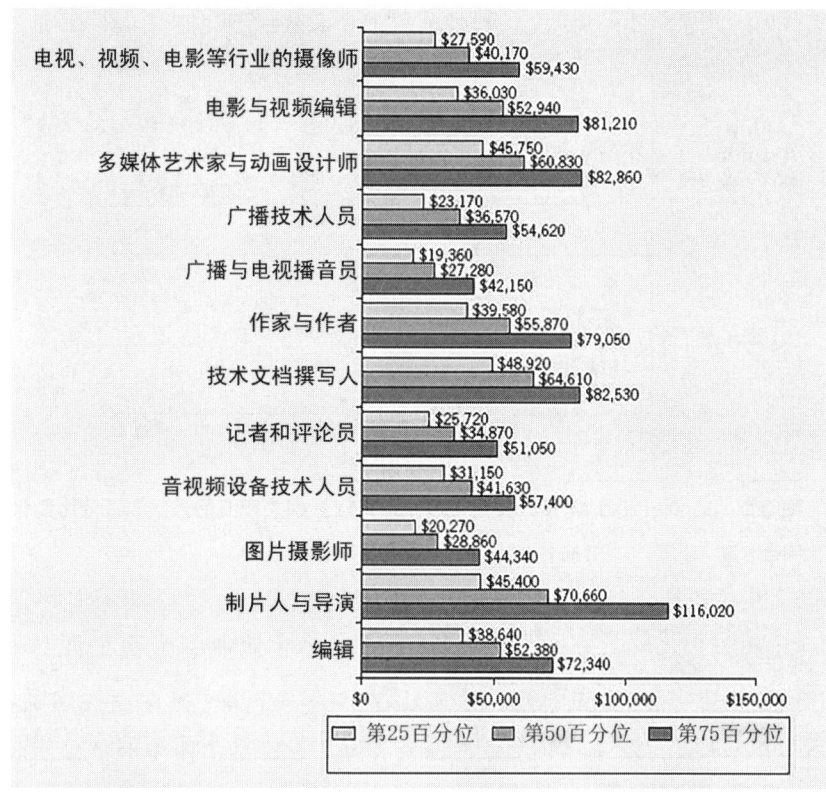

图 3.2　媒体相关职业的平均工资,2011 年 5 月

图表来源:美国劳工统计局(2013a)

请注意,每个职业都有相当大的收入差距,处于75百分位的人的收入是处于25百分位的人的两到三倍。这种差距有的是源于经验(新人的工资低于经验丰富的员工),有的是源于市场规模(小市场员工的薪酬低于大型的更具吸引力的市场员工的薪酬)。另外,某些职业(如制片人和导演)的工资远远高于其他职业(如摄像师)的工资。这些差异一般源于天赋差异,也就是说,制作或导演电视节目或电影所需的天赋比操作摄像机要高得多。要了解媒体相关行业的就业增长情况,请参考图3.3。

人口模式

从这个国家的劳动力总数来看,我们可以看到越来越多的女性外出就业。现在,大约45%的劳动力是女性。随着大众传媒业的发展,女性就业人数不断增加,不过大众媒体的男性员工人数仍然多于女性。

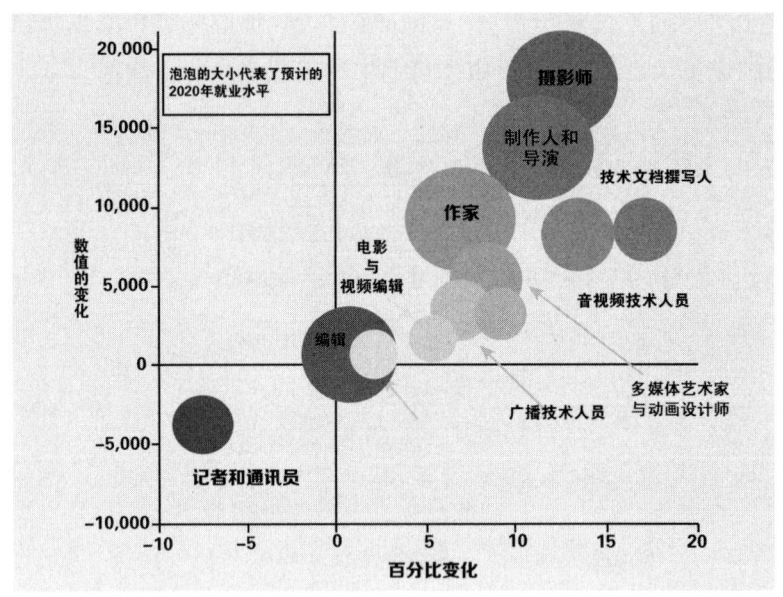

图 3.3 2010—2020 年预计就业人数，选择媒体相关职业的人数和百分比变化

图表来源：美国劳工统计局（2013b）

预计记者的就业市场规模将下降，而公关和广告等媒体行业的就业市场规模将增长。

图片来源：©Digital Vision/Digital Vision/Thinkstock

女性就业率最高的媒体行业是杂志和图书行业，其中女性雇员占比超过50%。女性员工比例增长最快的是报业。1960年，在报社工作的人中，只有20%是女性，但这一比例每年都略有增长。这种增长的一个主要原因是报纸已经从传统上以男性为主导的新闻工作转向更多的文书和技术导向型工作。1960年，广播行业的所有雇员中有23%是女性，这种情况一直持续到20世纪70年代初，联邦政府开始监督企业的招聘，女性员工比例才慢慢增加到了30%。

在电影业中，约有40%的员工是女性，但不同部门分布并不相同。在大型展览部门（售票员、特许权办事员、放映员等），约45%的员工是女性。但在制作部门（演员、导演、制片人和作家），95%是男性。

新闻业

媒体行业中一个受欢迎的职业是记者。在新闻界，大约有67,000名记者和通讯员，23,000名作家和编辑，以及67,000名广播电视播音员和新闻播报员。大多数是年轻的白人男性。大约三分之一的工作记者是女性，考虑到过去十年新闻学院三分之二的学生为女性，这一比例有些低得不正常。只有7.5%是少数族裔（3.7%是非洲裔美国人，2.2%是西班牙裔美国人，1%是亚裔美国人，0.6%是印第安人）。超过一半的美国记者年龄在35岁以下，只有10%的记者年龄在55岁以上。几乎所有人都拥有大学学位，要么是新闻学专业的，要么是其他内容领域的，如英语、美国研究和政治学。

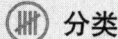 **分类**
你可否根据现在对大众传媒行业的了解将其分为两个群体（从你的职业生涯角度考虑，极具吸引力的和不具有吸引力的）。

在美国，超过300所大学开设新闻/大众传播课程，每年约授予20,000个新闻专业学士学位。

广告

根据美国广告代理协会的统计，目前美国约有16万人受雇于广告代理公司：创意部门约占24%，客户管理占15%，媒体占10%，财务占10%，特殊支持服务部门占8%，其余在秘书和文书领域（约33%）。女性占55%（美国劳工统计局，2011）。

地位

在媒体行业工作的女性通常地位较低，收入较少，受教育程度较低。例如，在美国的报纸行业，女性在1,700家报纸中担任着大约120个执行编辑职位。在报业决策层中，女性占361(11%)，而男性占3,057(89%)。在图书出版业，大约64%的编辑、副总裁和专业人士都是男性；而在一些规模较小的出版社中，这种情况相对会好一些。

提高媒介素养

现在你已经了解了大众传媒行业随着时间的推移是如何发展的,以及媒介融合如何影响着当今媒体的发展,现在尝试使用其中一些信息来提高自己的媒介素养。首先思考关于融合的知识,看看自己能否解答应用媒介素养3.1中的问题。

接下来,思考一下大众传媒行业的劳动力(回过头来看表3.1、图3.2和图3.3),它们的相对规模是否让你感到惊讶? 如果你正在考虑去大众传媒行业就业,你是想去从业者众多还是从业者寥寥的行业中工作? 为什么不同行业的劳动力规模存在如此大的差异?

最后,让我们看看你对大众传媒行业未来的预测多么有创意。就像生命周期结构中所显示的那样,每隔几十年就会出现一种新的媒体,随着它的发展,它会承接一些现有媒体的功能。

看起来我们已经准备好迎接新的大众传媒的到来;你认为新媒体会是什么? 新媒体能够比任何现有媒体做得更好吗? 如果你对这些问题感到困惑,请不要担心。这些都是棘手的问题。回顾并解释历史总是比自信地预测未来更容易。但是,如果你有足够的创造力和洞察力来预测下一步将会发生什么,那么你在大众传媒行业的整个职业生涯将会一片光明!

 概括

鉴于现在你对大众传媒行业的了解,你能否合理猜测下一个大众媒体会是什么样的?

应用媒介素养3.1

关于大众传媒产业融合的思考

技术融合

1.你通常使用哪种设备同时访问来自两个或多个不同媒体行业的信息?

2.使用该设备有多简单?

3.这个设备的限制是什么?你希望在设备上获得哪些目前没有的其他类型的媒体信息?

营销融合

1.你有没有从某个特定媒体行业（如电影）获取信息，并被该信息引导去访问其他媒体行业的信息（例如录音）的经历？列出尽可能多的例子。

2.对于你列出的每一个例子，你能找出营销这些信息的媒体公司吗？你是否能看到这样的模式：一家媒体公司吸引你注意某一特定媒体信息（如电影），然后刺激你访问同一家公司营销的另一种媒体信息？

心理融合

1.想想你的父母在你这个年纪的时候。你能用媒体做哪些他们做不到的事？有哪些主要区别？

2.这些关键差异有多重要？如果你的父母在成长过程中使用你最常用的媒体，他们今天会有所不同吗？

◎ 核心观点

- 从历史上看，大众传媒行业遵循着一个生命周期的发展模式（初创、深化、巅峰、衰退和调整阶段），但形成其当前性质的最强大力量就是融合。
- 目前，计算机和互联网行业正在崛起，并与有线电视行业角逐行业巅峰。其余的大众传媒行业正在努力应对计算机和互联网的挑战。
- 塑造当今大众传媒行业发展的最强大力量是融合——技术融合、营销融合和心理融合。
- 从历史上看，大众传媒行业是由它们分发信息的渠道来定义的——书籍、报纸、杂志、电影、录音、广播、无线电视、有线电视和计算机，但在过去几十年中，融合的力量已经打破了这种旧的渠道划分，并将焦点从大众需求转移到分众化的需求上去。
- 大众传媒产业的劳动力规模很小。

◎ 深入阅读

Neuman, W. R. (Ed.). (2010). *Media, technology, and society*: Theories of media evolution. Ann Arbor: University of Michigan Press. (全书231页，包括索引)

它有十个章节，由不同学者撰写。该书用七个章节追溯了不同大众媒体（即报纸、电话、电影、广播、无线电视、有线电视和互联网）的发展。其余三个章节主要关注媒体进化论、隐私广告安全政策以及所有权的未来。

Seguin, J., & Culver, S. H. (2012). *Media career guide: Preparing for jobs in the 21st century* (6th ed.). Boston, MA: Bedford/St. Martin's. (全书122页，包括索引)

这是一本实用指南，帮助大学生为进入大众传媒行业的各个方面做好准备。它的七个章节提供了很多关于如何制定求职策略的实用建议；如何获得实习并最大限度地利用这种体验；如何撰写求职信、简历和感谢信。

◎ 内容更新资源

美国劳工统计局（www.bls.gov/ces/home.htm）

这是一个由联邦政府机构运营的网站，提供美国各种职业的信息，包括薪酬、职责和所需的教育培训。

Vault.com（http://www.vault.com/wps/portal/usa）

这是一个网站，提供了许多关于各个行业的实用信息，特别是与媒介素养有关的出版、报纸、互联网和新媒体、音乐、广播和有线电视、广告和公关等行业。

Zap 2 It（http://www.zap2it.com）

该网站提供电视节目的收视率和各种好莱坞电影的受欢迎程度。

SAGE edge™

在edge.sagepub.com/potterintro使用SAGE edge提升你的技能。

SAGE edge for Students提供了一种个性化的方法，帮助你在一个便捷的学习环境中完成课程目标。

Comcast Spotlight 是康卡斯特（Comcast）的本地广告部门，它为广告商提供了接触个体受众的机会。
图片来源：©iStockphoto.com/RiverNorthPhotography

知识测试：判断对错

在阅读本章之前，请判断以下陈述哪些是正确的，哪些是错误的。

1. 传媒产业的首要目标是实现利润最大化。
2. 利润被定义为企业能够产生的总收入。
3. 经济博弈中最重要的角色是广告商。
4. 媒体会把最多的钱支付给那些最有天赋的人。

（答案见书末。）

第四章

大众传媒产业：经济博弈

学习目标

阅读本章后，你将会有以下几点收获：

◇ 用游戏作类比，组织媒体经济学知识。

◇ 了解广告在大众传媒经济博弈中的作用。

◇ 描述大众传媒企业取得成功的三大战略。

◇ 制订计划，帮助自己提高在经济博弈中胜出的能力。

经济学本质上是关于资源的。作为大众媒体信息的消费者,你的主要资源就是金钱和时间。每一天,你都在各种媒体上牺牲自己的时间和金钱,以换取娱乐和信息。我们用于媒介接触的资源支出每年都在增加,现在人均已达到近1,078美元,每个家庭每年花费的时间超过3,500小时(美国人口普查局,2013)。

你每年在媒介上消费的个人资源是平均水平还是高于平均水平? 要回答这个问题,请先花几分钟时间完成"应用媒介素养4.1"中的问答,以估算你每年直接或间接地给媒体贡献了多少钱。

媒体游戏

经济学最好被看作一种游戏,玩家将资源带入市场并与其他玩家在资源交换中进行谈判。游戏的目标是在每天结束时,拥有的资源价值高于一开始带入市场的资源价值。这样你就成为当天的净赢家。

应用媒介素养 4.1

估算你在媒体上花多少钱

1.大概估计一下你过去一年在各种形式的媒体上花了多少钱。在这里写下你的估算:

　$＿＿＿＿＿＿

2.现在,让我们逐项列出这些支出。回顾之前的一年,试着回想过去的12个月里,你在以下每一项上花了多少钱。如果你想更准确一点,可以参考支票簿和信用卡收据。

$＿＿＿＿＿＿有线电视订阅(每月账单乘以12)

$＿＿＿＿＿＿杂志订阅

$＿＿＿＿＿＿个别杂志

$＿＿＿＿＿＿报纸订阅

$＿＿＿＿＿＿个别报纸

$_____教科书

$_____其他书籍（休闲阅读、礼品、参考书等）

$_____电影院

$_____电影的租金和下载费用

$_____广播、电视、DVD播放器、MP3播放器等。

$_____媒体设备维修

$_____计算机硬件和外围设备（打印机、游戏控制器等）

$_____计算机软件和/或手册

$_____计算机服务订阅（互联网服务提供商[ISP]、网站访问等）

$_____音乐唱片

$_____视频或电脑游戏

$_____游戏厅的电子游戏

$_____总计（列出所有数字的总和）

3.你在第1项和第2项中填的数字接近吗？

4.列出这些开销后让你感到惊讶吗？为什么？

玩家们

在大众传媒经济博弈中，有四种类型的玩家：（1）你，消费者；（2）广告商；（3）媒体企业；（4）媒体从业人员。每种类型的玩家都为游戏带来了不同的资源。

我们是消费者，我们的资源不仅包括我们的金钱，更重要的是我们的时间。我们用金钱和时间换取娱乐和信息。作为消费者，我们是最大的群体，

你每年在媒体上花费多少时间和金钱？ 转到本章中的应用媒介素养练习以了解相关信息。

图片来源：©iStockphoto.com/STILLFX

在全美拥有超过3.3亿人口,全球拥有超过70亿人口。我们拥有最多的资源。如果我们完全退出游戏,游戏就会崩溃。然而,我们的资源分散在这么多人身上,以至于没有人觉得自己在游戏中有那么大的力量。这种感觉是错误的。虽然没有一个人有足够的力量来改变整个游戏,但我们每个人都有能力为自己改变游戏。如果我们玩得好,我们就会不断地增加娱乐和信息的价值,换回我们的时间和金钱。但是,要想玩好这个游戏,我们就必须跟踪我们的资源以及不断变化的需求,并就更好的资源交换进行谈判。如果我们玩得不好,我们的资源交换就会很糟糕,浪费时间和金钱。

广告商是第二类玩家。广告商为游戏带来了资金。他们付出金钱,在媒体上向目标受众投放广告。广告商希望以尽可能低的成本接触到目标受众。因此,他们寻找这样的媒介载体,既可以构建最大的目标受众群,又可以把广告商不需要的受众排除在外。例如,网球拍的卖家希望尽可能多的打网球的人看到他们的广告信息,但他们不想花很多钱接触那些幼儿、残疾人以及讨厌网球的观众群。因此,他们寻找媒介载体(例如特定的体育电视节目、互联网网站和杂志),这些媒介载体的受众有且仅有打网球的人,然后协商一个较低的价格,让广告能够接触到这些相对小众的细分受众(niche audience)。

泰勒·斯威夫特(Taylor Swift)对当前的音乐行业模式发起了挑战,她暂停发布了自己的专辑《1989》,然后又从数字音乐流媒体服务平台 Spotify 上下架了她的所有音乐。

图片来源: Press Association via AP Images

媒体企业是第三类玩家。这些企业为游戏带来了金钱,信息和受众,它们同时在三个不同的市场中竞争。首先,每个媒体企业都在人才市场上竞争最佳作家、记者、演员、导演、音乐家、网站设计师,等等。其次,媒体企业要竞争受众市场,它们靠竞争得到的人才去生产内容,以吸引尽可能多的受众。杂志、报纸、有线电视和互联网等媒体行业一般都提供订阅服务,因此它们希望通过吸引尽可能多的订阅者来实现利润最大化。此外还包括出售书籍、音乐唱片和DVD。最后,媒体企业在广告市场上展开竞争。当媒体企业构建了高质量的细分受众时，它们就可以为特定受众群的广告商提供有价值的东西。

第四类玩家是媒体从业人员。他们把时间、技能和天赋（talent）都投入到游戏中。这种天赋与艺术能力关系不大，主要是吸引受众的能力。有时这两个概念是相同的，但更多的时候，两者是非常不同的。例如，麦莉·赛勒斯（Miley Cyrus）和贾斯汀·比伯（Justin Bieber）有吸引大量受众的能力，尽管他们的歌唱水平并不比芸芸大众好。此外，有许多电视明星并不是特别优秀的演员，但他们受到电视制片人的青睐，因为他们可以吸引大量观众。能吸引最多关注的名人得到的报酬最多（见表4.1）。

另一类精英员工是媒体公司经理，他们通常也是公司的部分所有者。这些管理人员负责监督信息的构建及其分发，使尽可能多的目标消费者获得信息体验。从本质上讲，管理者的才能表现在通过吸引消费者并不断让他们尝到甜头来增强用户黏性，构建受众群。这些媒体经理是供不应求的人才，所以他们也得到了很高的报酬（见表4.2）。虽然你可能会认识这个名单中的一些名字，但大多数创建和运营大型媒体公司的人都不为公众所知。有名的只占少数，他们的经济价值往往远远高于他们非常著名的员工（比较表4.1和表4.2中的收入一栏）。

目标

对于这四种类型的玩家来说，他们的总体目标都是在交换中得到最高的价值。然而，不同玩家的价值计算方式也不尽相同。对于媒体企业、员工和广告商而言，价值可以定量计算，比如按美元金额。但对于消费者而言，价值一般是满足感，并且难以量化，因此他们不会仔细分析这场经济博弈，以确定他们究竟是净赢家（net winner）还是净输家（net loser）。

> **? 自我分析**
> 想想你自己的个性。你有什么能力来吸引各种类型的受众？

表4.1　高收入媒体名人的年收入统计

百万美元	姓名	职业
620	德瑞博士（Dr. Dre）	音乐制作人
115	碧昂斯（Beyonce Knowles Singer）	歌手

续表

105	弗洛伊德·梅威瑟（Floyd Mayweather）	拳击手
100	老鹰乐队（The Eagles）	音乐家
100	史蒂夫·斯皮尔伯格（Steven Spielberg）	导演与制片人
95	霍华德·斯特恩（Howard Stern）	广播名人
95	西蒙·考威尔（Simon Cowell）	电视名人
90	格兰·贝克（Glen Beck）	电视名人
90	詹姆斯·帕特森（James Patterson）	作家
86	马克·伯内特（Mark Burnett）	导演/制片人
82	邦乔维（Bon Jovi）	音乐家
82	奥普拉·温弗瑞（Oprah Winfrey）	电视名人
81	布鲁斯·斯普林斯汀（Bruce Springsteen）	音乐家
80	贾斯汀·比伯（Justin Bieber）	歌手
80	克里斯蒂亚诺·罗纳尔多（Cristiano Ronaldo）	足球运动员
77	菲尔·麦格劳博士（Dr. Phil McGraw）	电视名人
75	单向乐队（One Direction）	歌手
75	小罗伯特·唐尼（Robert Downey Jr）	演员
72	勒布朗·詹姆斯（LeBron James）	篮球运动员
71	保罗·麦卡特尼（Paul McCartney）	音乐家
70	泰勒·派瑞（Tyler Perry）	导演/制片人
70	艾伦·德杰尼勒斯（Ellen DeGeneres）	电视名人
66	拉什·林博（Rush Limbaugh）	广播名人
66	迈克尔·贝（Michael Bay）	导演/制片人
66	加尔文·哈里斯（Calvin Harris）	音乐家

左栏中的数字代表2014年收入，单位为百万美元

资料来源：最高薪酬的名人名单（2012年）。

表4.2 媒体经理人薪酬

姓名	2013年的薪酬	所在公司与职位
萨默·雷石东（Sumner Redstone）	93.4	维亚康姆集团，董事长
莱斯利·穆维斯（Leslie Moonves）	66.9	哥伦比亚广播公司，董事长、首席执行官
菲利普·P.达曼（Philippe P. Dauman）	37.2	维亚康姆集团，首席执行官

续表

姓名	薪酬	公司职位
罗伯特·艾格（Robert A. Iger）	34.4	华特迪士尼，董事长、首席执行官
布莱恩·罗伯茨（Brian L. Roberts）	31.4	康卡斯特，董事长、首席执行官
鲁伯特·默多克（Rupert Murdoch）	28.9	21世纪福克斯，董事长、首席执行官
玛丽莎·梅耶尔（Marissa Mayer）	24.9	雅虎，首席执行官
乔恩·菲尔海默（Jon Feltheimer）	12.6	狮门电影公司，首席执行官
里德·哈斯廷斯（Reed Hastings）	4	网飞公司，首席执行官

注：薪酬数字单位为百万美元，包括总薪酬（2013年支付的基本工资和奖金）
资料来源：Shaw & Maglio（2014年）。

只要消费者满意，他们就会继续访问相同类型的信息。而其他三类玩家则需要不断关注他们在经济博弈中的表现。企业可以简单地用总收入减去支出来计算其交易所得价值，从而确定其利润（profit）。如果他们能够盈利，他们就是净赢家，因为他们的收入（所获得的资源）超过了他们的支出（放弃的资源）。如果利润规模每年都在持续增长，这些企业会因为积累了更多的资源而变得更加强大。

作为媒体信息的消费者，我们每天都在玩这种经济游戏。因此，我们需要自问：如果大多数媒体企业是净赢家，那么谁是净输家？我是一个净输家吗？换言之，我放弃的资源是

> **评估**
> 你能否评估你朋友的天赋，并判断哪位朋友最有天赋吸引某一类受众？

Facebook为广告商提供了一个机会，让他们能够根据地点、年龄、性别、兴趣或关系来接触目标受众，并跟踪广告效果。
图片来源：©iStockphoto.com/gmutlu

否比我得到的更有价值？你对这个游戏理解得越多，你就越能让自己成为这场经济博弈中的净赢家。

广告是引擎

广告是推动传媒业发展的引擎。广告推动经济发展的能力不断提高，导致在美国经商的成本大大增加。1900年，各种形式的广告费用约为5亿美元。1940年是200亿美元，所以40年间才增长了4倍。1980年，广告费用达到600亿美元，40年来增长了30倍。到2012年，广告费用已经超过2,450亿美元，其中27.4%用于在线广告，这比在电视（无线和有线）和广播上花费的所有广告费用都多（Screenwerk，2014）。

为什么广告对我们的经济发展如此重要？在过去的100年尤其是50年间，美国和其他西方国家的经济发生了很多戏剧性的变化，这与用广告提升商品和服务的销量以及广告的重要性密切相关。首先，农民和蓝领工作者的比例有所下降，白领工作者的比例有所上升。这意味着人们不能自给自足，必须购买食品和衣服。其次，就业率很高，人们有钱购买商品和服务。人们有了更多可自由支配的收入，可以购买许多除生活必需品以外的东西。随着时间的推移，人们的收入不断增加，扩大了在食品、服装、汽车、住房、媒体和奢侈品等方面的支出，生活水平稳步提高。

广告一直是这种增长的引擎。广告让新产品进入市场，促进人们购买。随着更多产品取得成功，越来越多的公司愿意推出更广泛的新产品。这些公司为广告代理商提供资金，在媒体上投放广告。不断发展的媒体为我们提供了更多的信息和娱乐，于是我们在媒体上花费的时间越来越多，这样广告的受众群也越来越庞大。

> **概括**
> 你能用不超过25个字解释为什么广告对经济如此重要吗？

资本从我们流向产品，再到产品生产者、广告代理商，然后到达媒体，形成了一个资本循环。广告使这个圈转得越来越快，如果我们不再购买广告推介的产品，这个圈就会放慢转速甚至停止。

媒体产业战略

多年来，传媒业已经制定了一些总体经济战略，使其能够成功地参与经济博弈并实现目标。本节阐述了三大战略：最大化利润、构建受众群体、降低风险。

最大化利润

几乎所有大众媒体都是以利润为导向的企业。作为企业，它们的目标是尽可能地获取利润。利润，即公司收入（总收入）与费用（总成本）之间的差额，是开展业务的收益或回报。增加利润的方法有两种：增加收入流（revenue streams）和减少开支。

增加收入流

媒体企业使总收入最大化的一项主要策略是增加收入流。鉴于受众群体越来越分散，单个受众产生的收益水平一直在下降。因此，为了解决分众化问题，媒体企业必须开发多种收入来源。一种方法是尝试开发针对同一受众群的多种创收途径。例如，电影工作室制作一部动作冒险电影，以吸引特定类型观众在电影上映时到影院买票观看。虽然电影制片厂通常会在一部电影上花费5,000万美元来做广告，但它们知道很多电影不会赚回这么多票房。因此，电影公司通过DVD销售电影，也放到互联网网站上供人们付费下载。他们还将电影租给外国发行商，以增加收入来源。有的还将电影租给航空公司，在飞行途中播放。电影中的音乐也提供付费下载服务。通常他们还会生产电影中的玩具、服装或其他工艺品，出售给公众。他们有时会聘请作家将电影改编成书，或者雇人将电影改编成漫画书形式。连同电影中的植入广告，以上种种增加了总收入，从而使电影更有可能获利。这种策略不仅限于电影，还适用于其他所有媒体行业。

这种增加收入流的策略也可以在媒体行业的所有并购活动中看到。当媒体公司成为集团时，它们可以轻松地在多个渠道上分发单个信息，从而快速地为其创建多个收入流。

成本最小化

在所有媒体行业中，最大的开支之一就是人员支出——尤其是那些所谓的"上层雇员"（above-the-line employees）。这些人有吸引受众的天赋。相比之下，其他员工（如接待员、秘书、售票员等）被称为"下层雇员"（below-the-line-employees）。由于上层雇员的才能非常宝贵，媒体公司必须向他们支付巨额资金。为了弥补这种日益增长的人才支出，公司被迫压低下层雇员的人力成本。媒体行业中的大多数职位都是相当低级别的日常工作，而这些工作不需要培训，几乎任何人都可以胜任。比如秘书、接待员和底层的工匠。比底层员工级别高一点的是助理制片人、摄影师、唱片师等。其中一些人拥有特殊的才能，能够迅速进入行业的顶峰，但大多数人都没有。

媒体支付给有才华的人很多钱，因为这些人为公司创造了巨额收入。为了抵消巨额的人才支出，公司通过降低文职人员的工资来减少开支。由于入门级职位的人才供应远远大于需求，媒体公司只需要支付接近最低工资的费用，就能获得优秀员工。

媒体通过规模经济（economies of scale）和范围经济（economies of scope）来减少开支。当边际成本低于平均成本时，即当产出的额外产品随着产出规模的扩大而减少时，就出现了规模经济。大批量生产的优势在于大量的产品分解了多个生产单元的启动费用；因此，随着每个附加单位的产出，单位成本持续下降（Doyle, 2002）。假设你是一家杂志出版商，你的运营成本是（支付所有记者、编辑、销售人员、办公室工作人员、建筑物租金、所有设备折旧、耗材、电话和其他公用设施的折旧等）每周6万美元。这是一个固定成本。如果你每周只印刷一份杂志，就必须以6万美元的价格出售，以抵消固定成本。如果你打印两份，则必须以每本3万美元的价格出售；每份平均固定成本减半。如果你打印6万份，则每份的平均固定成本仅为1美元。因此，生产的副本越多，平均固定成本就越少。

但是，当你印刷更多副本时，纸张、墨水和分销的成本就会增加；这些是可变成本，因为它们会根据你印刷的数量而变化。你印刷的副本越多，所需要的纸张和墨水就越多，你为一卷纸或一加仑墨水支付的价格就会下降，因为你可以批量购买这些材料并获得大幅折扣。虽然在印刷更多副本时，墨水和纸张的总成本会上升，但这些成本的平均可变成本会下降。这就是所谓的规模经济。你的业务规模越大，成本就越有可能通过获取更高折扣而下降，或者说超过某一数量后，运营的效率就会提高。

与任何企业一样，媒体企业希望降低费用，因此他们会寻找平均固定成本和平均可变成本相结合的最低点。超出了这个点，生产更多副本只会增加单位成本，从而降低利润。因此，报纸、杂志、书籍和唱片都会寻求平均总成本（平均固定成本和平均可变成本之和）的最低点。

无线电视、广播和网站的规模经济与其他媒体不同。它们没有可变成本，只有固定成本。例如，广播的听众增加并不会增加生产成本。听众为他们自己的无线电接收器付费，他们还要支付电费收听节目。除了广播信号的电力之外，电台并不需要其他投资，并且无论是100套还是10万套节目，所需要的功率都是固定的。由于没有可变成本且首份拷贝的固定成本非常高,这使得广播电台的平均总成本随着每增加一名受众而不断下降。出于这个原因,广播媒体(包括广播和电视)比任何其他媒体都更有动力扩大受众规模。网站的模式也是这样。

范围经济也有助于降低企业的单位成本。范围经济是通过多产品生产来实现的,也就是说,一种产品被扩展成多种形式。回想一下之前电影公司为一部电影创造多种收入来源的例子。新收入流的增加需要的费用相对较低,比如一旦制作了电影,将其录制在录像带和DVD上就会相对便宜。扩大同一产品的销售范围,需要的附加成本非常少,但收入增长的潜力很大。

数字化使范围经济更具吸引力,因为它在许多不同渠道中重新传输信息几乎不产生成本。此外,数字化能在产品中压缩更大量的数据或更多层次的内容。现在你可以买到整部电影的DVD,里面包括对编剧、导演和明星的采访,花絮,导演剪辑版,其他结局,等等。

 分组
你能否将实现规模经济的技术与实现范围经济的技术进行对比?

构建受众群体

由于广告是全世界大多数商业媒体的主要收入来源,因此媒体公司的业务是构建理想的受众群并将其租给广告商。构建受众群的成本很高,大众传媒企业需要重复向受众播放广告,以便企业慢慢收回这些成本。

吸引人们进入细分受众群体

多年来,广播和杂志行业成功地吸引了众多受众并将其转化为细分受众(niche audience)。回想前一章,电视在20世纪中叶取代广播成为主流媒体。为了使自己走出衰退并适应现实,广播电台的受众策略从定量转向定性,每个广播电台都用特定的音频节目来吸引特定听众。例如,一家电台用说唱音乐来吸引都市青年,而另一家电台用怀旧金曲来吸引日渐衰老的婴儿潮一代。与高峰时段的广播电台听众相比,单个电台的听众规模相对较小,但如果一家公司同时拥有多个广播电台,那么这些小型受众群累积起来就会很多。

相对较小的、高度定向的受众群体对于许多广告商来说具有重要价值,因为特定群体的人群有特定需求。面向特定受众营销产品的企业将为吸引这一特定受众的媒体工具支付溢价。例如，慢跑者作为一个群体特别需要有关跑步练习、设备和训练技术的信息。他们支持一些只发布此类信息的杂志。慢跑设备制造商花高价在这些杂志上登广告，因为他们知道在这些杂志上买广告位是一种非常有效的购买，因为放置在那里的广告将会到达他们最有可能的客户那里。

 归纳
你最喜欢的网站是怎样引起你的注意的？

这种利基定位被称为长尾营销，这在前一章中已经介绍过。如今，各种产品以及媒体信息的市场不再集中在少数热销产品上，而是更多地分散在成千上万种可供选择的产品上，每种产品都能产生少量的销售额。我们的经济已经从关注少数几个热门产品（主流产品）转移到成千上万个小市场的需求上，这就形成了一个长尾。比如，唱片业过去只专注于签约那些能够制作金唱片（至少50万张销量）和白金唱片（至少100万张销量）的音乐团体。但随着2001年MP3播放器的问世以及互联网上音乐共享平台的广泛使用，唱片业更多地转向了长尾营销；到2006年，市场上有800万首独特的歌曲被购买和分享。

长尾营销依赖于聚合器，也就是将各种产品和服务的买卖双方聚集在一起的平台。Anderson（2006）表示，市面上有五种聚合器：实体商品（亚马逊、eBay）、数字商品（iTunes）、广告服务（谷歌、Craigslist）、信息（谷歌、维基百科）和社区/用户创建的内容（Facebook、Bloglines）。这些聚合器给用户提供他们最有可能购买的产品和服务，它们可以帮用户做出过滤决策，这样用户就可以获得更高效的购买体验，而不必在数十万个产品中做选择。

长尾营销如此成功的原因是技术的广泛应用，许多人可以使用这些技术来创建产品和信息，消除分销瓶颈和产品线的限制。面向小型细分受众的传播成本急剧下降。如今一切皆有可能。现在比以往任何时候都更容易创建多种形式的媒体信息（印刷、音乐录音、视频）并使它们被广泛传播（博客、亚马逊、iTunes、YouTube、Facebook等）。

归纳
你最喜欢的那些网站是如何设置条件让你一直回去访问它们的？

我们现在正处于从实体店到网上商店的重大零售转变过程中。实体店的货架空间有限，只能提供一小部分产品，而互联网上的虚拟站点可以提供更广泛的产品选择。例如，在已经商业发行的20多万部电影、电视节目、纪录片和其他视频中,实体店可以提供的视频量只有大约3000部。因此,网上的电影租赁生意甚至比最大的实体店都要好。例如,每周有1.38亿美国人在沃尔玛购物,使沃尔玛成为美国最大的音乐销售商,占所有唱片销量的20%,但今天99%的音乐专辑都不在沃尔玛。基于网络的零售商,如Apple iTunes,提供的选择是沃尔玛的40倍,而eBay提供的产品数量是大型百货商店的数千倍(Anderson,2006)。

增强受众黏性

一旦一家大众传媒企业建立了受众群体,它就需要留住这些受众,以借助这些受众持续从广告商处获利。大众传媒企业并不热衷于传播单次曝光的信息,像摇滚音乐会的发起人一样,而是希望长期保持业务,这需要其构建有黏性的受众群。因此,大众传媒企业必须使受众保持黏性,养成接触这种媒介的习惯。

降低风险

所有企业都面临风险。大约90%的新企业在成立不久后就失败了,要知道只要有20%的投资成功率就足以令为新项目提供资金的风险投资公司感到高兴了。新媒体业务的风险尤其高,比如互联网公司。对于那些必须不断推陈出新的老牌公司也是如此,例如好莱坞电影。很少有好莱坞电影能以票房收入收回其初始制作成本,在美国每年发行的电影中,不到2%的电影占据了总票房回报的80%(Schumpeter,2011)。

如果信息无法吸引大量受众则可能导致无法收回成本,媒体公司如何降低这一风险? 媒体企业已经开始探索一些营销理念(marketing concept),例如,改变了先生产信息再寻找受众的模式,而是从受众需求出发,生产能满足这些需求的信息。在营销理念下,管理人员通过研究来识别特定的细分受众,然后找出他们未被满足的需求。之后媒体生产信息来满足这些需求。调查研究第一,产品开发第二,这样可以降低信息投放市场后失败的风险。

媒体行业经常使用这种方法:研究人员分析哪些节目有效,然后开发成功节目的续集或衍生节目。好莱坞喜欢拍续集,因为能降低风险。这就是为什么续集的数量每年都会增加。2011年,续集数量达到了空前的高度,好莱坞每隔一周就会发行一部重要电影的续集（Lussier，2011）。例如，《蜘蛛侠2》的制作成本为2亿美元，这是一个巨大的投资风险。然而，它前几周的票房就收回了所有投资，然后在接下来的几年通过所有收入来源获得了超过3.7亿美元的收入。基于这一成功经验，制片人制作了《蜘蛛侠3》，预算为2.58亿美元，这部电影赚了更多的钱（Sammy，2012）。

提高媒介素养

现在问问自己：在每天与大众媒体玩的这场经济博弈中，我是净赢家还是净输家？解答这个问题，你需要考虑资源的价值，也就是说，你获得的资源怎么样？你拥有的主要资源是时间和金钱。在本章的前面，你已经估计了你花费的金钱和时间。这些是你的支出。

现在让我们分析一下你的收益。从接触媒体信息中获得的好处通常是信息和娱乐的资源。因此，你需要考虑你对这些信息和娱乐的满意度。明确你所获得的利益要比列出成本更困难，因为它们难以量化。列出花费的时间和金钱相对容易，但是，衡量收益的"尺度"更加个人化和主观化。当然，也有一些领域可以进行量化。例如，为了交朋友，你可能在Facebook上花了很多时间，因此，如果你的朋友数量不断增加，那么你获得的利益就不断增加。另一个例子是玩电脑游戏，当你花费更多时间和金钱时，你的分数就会随着你的消费而不断提高。然而，大多数收益没有可量化的尺度，而是需要根据我们的主观判断回答两个问题。第一个问题是：我通常对我接收到的所有媒体信息感到满意吗？要回答这个问题，你需要考虑媒体信息的一般标准，并与你接触到的信息进行比较。如果你认为你从媒体中所获得的超出你的预期，那么资源交换就是公平的，也就是说，你从媒体中获得了你想要的。如果你的结论是你得到的比你想象的要多，说明你自我认定为净赢家。但是，如果你觉得自己的收获总是低于预期，说明你自我认定为净输家，也就是说，当你不断地觉得自己没有得到足够的回报时，你是在不断地放弃宝贵的时间和金钱。当然，在日常生活中，我们都会经常感到茫然。既然在交易中我们无法百战百胜，我们也不必为此终日忧心忡忡。但是，如果你一直在输，那么你就需要考虑去做一些其他的事情了。

我们的经济分析尚未完成。我们需要回答的第二个问题是：我的标准有多好？如果你的标准太低，那么你接触的所有内容都将符合这些标准，并且通常会高于标准。在这种情况下，你可能会认为自己是一个净赢家，但这种看法是错误的，因为你低估了自己的投资。

在这场经济博弈中,成为净赢家的关键在于合理评估自己的资源。例如,假设你在父母的阁楼中发现了一些可能有价值的东西,你把它带到古董商那里去卖,商家出价60美元。你是否应该卖给他? 如果你不了解古董并且不知道这件物品有多罕见,那么你就是在做糊涂的交易。商家报价20美元,你可能认为自己很精明并要求100美元,最后定价80美元,你感觉很好,但也许这件作品价值1,000美元。如果你不能合理评估资源的价值,你就将不断陷入两个陷阱之一。一个陷阱是高估你的资源,没有人愿意与你进行交易。另一个陷阱是低估你的资源,在这种情况下,你进行了大量的交易,却不断亏损。当你意识不到你的资源价值时,你就只能输掉这场游戏。

现在让我们回到成本效益分析。成本不只包括经济资源,还要考虑你的时间价值。如果你的时间一文不值,那么你用时间获得的任何回报都是一种奖励! 但如果你的时间很有价值,那么想想你如何来匹配或超过这个价值。至于收益,请考虑从大众媒体获得的信息的价值。它可信吗? 理解起来很简单吗? 它对你有用吗? 然后想想你从大众媒体获得的娱乐有多么宝贵。是令人兴奋还是无聊? 你是主动接触,还仅仅是为了打发时间? 考虑一下你的媒体接触范围。它们是否一年比一年变窄? 还是变得越来越广泛? 在你搜寻信息时,你是否接触到了更多种多样的音乐、电影、杂志、报纸和网站?

你对这些支出和回报的价值思考得越多,你从媒介素养的角度思考的问题就越多。如果你对自己的答案感到满意,并意识到自己是这场博弈的净赢家,那么这种媒介素养视角可以帮助你更好地看待媒体和自己。相反,如果你是一个净输家,并且媒体强迫你实现他们的目标而不是你自己的目标,那么这种媒介素养的观点已经帮助你看到了你忽视的问题——一个可能让你不快乐的问题。

 评估

你能否评估你的标准,也就是说,判断你的媒体信息标准是否高到足以防止你浪费时间和金钱?

然而,在你的整体成本效益分析中,你的答案不太可能是全部肯定或全部否定的;相反,你可能会认为在一些交易中,你可能一直是净赢家,而其他人则是净输家。在这种情况下,媒介素养视角帮助你看到了

 概括

既然你已经了解了更多有关经济学的观点,你是否可以制订一个个人规划来提高你的交易价值,成为媒体经济博弈中的净赢家?

差异；因此，你需要制定一个策略来保证你一直是净赢家并增加你的收益，同时制定另一个战略，去降低你在另一些交易中成为净输家的风险。在制定新策略克服旧问题时，请考虑如何在降低成本的同时增加收益。想想如何更好地找到满足你个人需求的信息，并考虑一下如何打破媒体对你的习惯的控制，这些习惯满足的是他们的需求而不是你自己的需求。

◎ 核心观点

- 媒体经济学可以被视为一场博弈，其中的主要参与者（你，消费者；广告商；媒体企业；媒体从业人员）通过与他人交换现有资源，以获得他们认为的更具价值的其他资源。
- 媒体企业为了获取有限的资源而展开激烈的竞争，通过吸引受众的高风险游戏实现利润最大化。
- 媒体企业在这场经济博弈中非常成功，因为他们遵循三种策略：
  1. 他们通过增加收入和减少支出来最大化利润。
  2. 他们构建细分受众，然后使受众成为黏性用户。
  3. 他们使用营销理念降低风险。
- 广告是推动游戏进行并促进资源交换的引擎。
- 作为消费者，我们用时间和金钱交换信息和娱乐。
- 为了提高媒介素养，我们需要定期评估我们的资源交换，以确保我们放弃的资源收回了相应的价值。

◎ 深入阅读

Albarran, A. B. (2010). *The Media Economy*. New York, NY: Taylor & Francis. (全书202页，包括索引)

作者在这本相对较短的书中介绍了很多内容，包括理论、技术、监管问题、全球化和劳工问题等。

Anderson, C. (2006). *The long tail: Why the future of business is selling less of more*. New York, NY: Hyperion. (全书238页，包括索引)

安德森令人信服地表明，媒体信息以及所有产品的营销人员已经不再依靠大众市场盈利，而是从成千上万个小市场中挖掘利润，每个细分市场的单个销售额都很低，但加在一起会产生巨额收入。

Vogel, H. L. (2011). *Entertainment industry economics: A guide for financial analysis* (8th edition). New

York, NY: Cambridge University Press. (全书655页, 包括附录、词汇表和索引)

这本教科书用15章内容介绍了传媒产业经济学的大量细节。它提供了很多关于美国娱乐业的经济历史和当前娱乐业性质的事实和数据（而不是轶事和内幕故事）。

◎ 内容更新资源

广告时代（http://adage.com/datacenter/article？article_id=106352）

该网站提供了许多有关传媒业龙头企业的信息。

福布斯（www.forbes.com/forbes-400）

该网站提供有关经济学的故事和富豪榜单。

SAGE edge™

在edge.sagepub.com/potterintro使用SAGE edge提高你的技能。

SAGE edge for Students提供了一种个性化的方法，帮助你在一个便捷的学习环境中完成课程目标。

《纽约时报》等报纸不仅在技术上进行了调整,而且还适应了细分受众的需求。

图片来源:©iStockphoto.com/Manakin

知识测试:判断对错

在阅读本章之前,请判断以下陈述哪些是正确的,哪些是错误的。

1. 大众传媒产业想要获得成功需要吸引尽可能多的受众。
2. 长尾营销是指长期而不是立即向人们销售产品。
3. 媒体企业成功地构建了我们的接触模式,让我们养成了媒介接触习惯。
4. 比起创造新需求,媒体企业更擅长满足我们现有的需求。

(答案见书末。)

第五章

大众传媒受众：行业视角

学习目标

阅读本章后，你将会有以下几点收获：

◇ 描述媒体企业中"细分受众"的含义。

◇ 描述媒体企业用于构建和维护受众的三步策略。

◇ 明确媒体企业用于识别受众的三个系列细分方案。

◇ 解释媒体企业如何吸引细分受众。

◇ 警惕媒体企业如何使受众习惯于重复的媒介接触。

◇ 使用本章中的信息制定策略来提高你的媒介素养。

每个大众媒体的核心任务都是创建和维护受众群，因此，他们制定了一个三阶段战略，即首先在大众中发现机会，然后吸引这些受众，最后让这些受众重复接触成为黏性用户。本章就是按照这三个阶段来结构的。而我们的最终目的是让你思考如何提高你的媒介素养。

识别机会

大众媒体曾经将受众视为"乌合之众"，也就是说，所有人都表现出对信息和娱乐的相同需求。他们的目标是吸引尽可能多的受众，因此他们开发能够吸引所有人的信息。他们吸引的受众越多，就能得到越多的广告费。因此，媒体的动机很简单，他们有一个可以量化的目标——增加受众群体的人数。

然而，随着时间的推移，大众媒体意识到并非所有人都对信息和娱乐有相同的需求。他们对受众需求研究得越多，就越意识到这些需求是碎片化的。需要娱乐的人也有渴望幻想和追寻现实之别。在偏爱现实的群体中，有些人想要看比赛（例如，游戏节目、体育节目），有些人想要看关于名人、异域的日常叙事（前者如《与卡戴珊姐妹同行》，后者如《阿米什黑手党》）。因此媒体将他们的目标从简单的定量目标转变为更复杂的定性目标，他们试图根据个人需求来识别不同类型的受众。目标的转变要求战略的转变。现在，媒体首先确定受众需求，然后开发媒体信息来吸引这些细分受众，一旦成功吸引了他们，媒体就会努力增加他们对媒体的接触。

> **? 分析**
> 你能指出媒介接触所满足你的三个个人需求吗？

因此，媒体正在构建细分受众。例如，如果一个网站设计师想要吸引一个高端的、受过高等教育的专业受众群体，那么他必须确定这些人的兴趣（例如，对高尔夫的兴趣），网站设计师需要提供比其他网站更能满足特定受众需求的内容。然后，网站设计师必须找出这些潜在受众将时间花在哪里，并在这些地方投放广告，把这些人吸引到新设计的高尔夫网站。一旦这些受众被吸引，销售人员就会将这些受众的访问行为数据出售给感兴趣的广告商，例如销售高尔夫器材的商店、旅行社、豪华汽车经销商和珠宝商。

每个人都是许多不同细分受众群的成员。你是当地社区的一员，也是当地报纸和有线电视特许经营商的目标。当你上网时，你就是虚拟社区中的一员，这些社区的形成十分迅速，而存续时间可能不过一个晚上。你是某些网站和杂志所针对的某些业余爱好团体的成员，但团体中的其他成员遍布世界各地，永远不会见到你。

> **分组**
> 想一想你的朋友和家人对媒体娱乐的需求。你能根据他们的需求把他们划分到相应的细分群体中吗？

大众传媒企业一直在寻找普通人群的信息需求，其关键在于将受众区分为不同的市场，然后确定最有可能被特定媒体信息吸引的部分。他们需要将总体受众按照不同特征分成不同的细分市场，然后研究受众的需求。这种受众细分任务通常按照以下几种细分方案来完成。

虽然我们仍然使用"大众传播"这一术语，但媒体程序员已将注意力从庞大的匿名大众（左）转向更有针对性和个性化的细分观众（右）。

图片来源："Time & Life Pictures/Getty Images" John Shearer/Invision for AMC/AP Images

地理细分

最古老的市场细分方式是按地域划分。一家公司会在某个地区开展业务，并生产满足该地区人员所需的产品。由于分销限制，该公司只会在该领域开展业务。如果该公司想要扩展业务，它会从基础区域迁移到有这种产品需求的其他区域。如果产品有全国范围的需求，那么该公司可以扩展到全国分销，许多公司都这样做；因此，

> **? 分析**
> 在你的总体需求中,有哪些特定需求是由你的地理位置引发的?

地理细分(geographic segmentation)已经变得不那么有用了。这种类型的细分方案对报纸、广播和本地电视台来说最重要,因为它们的覆盖区域存在地理边界。不过对于其他媒体来说,它们也可以考虑把信息传播到某些特定的地区。

人口细分

另一种流行的市场细分形式是使用人口统计学:人口细分(demographic segmentation)。人口统计学关注的是每个人相对持久的特征,例如性别、种族背景、年龄、收入和受教育程度。这些是相当稳定的特征,可以将我们划分到不同的受众群里。尽管人们可以改变他们在某些方面的地位(如受教育程度和收入),但这种改变需要付出极大的努力,需要一些时间来发展。

与地理细分一样,人口统计作为受众细分方式的实用性也在逐渐减弱。几十年前,当成年女性通常待在家里抚养孩子时,将家庭和儿童护理产品的营销重点放在女性身上是有道理的。但是现在有这么多的单亲家庭,而且劳动力中的女性人数与男性大致相当,性别已经无法帮助确定大多数营销活动的目标市场。

种族也曾经是一个有用的人口细分依据,因为同一种族的收入、受教育程度、政治观点和文化需求比不同种族更一致。随着信贷的激增,家庭收入也不能作为一个有用的细分依据了。教育水平也不那么重要了。六十年前,拥有大学学位就能让你跻身精英群体,占人口最顶层的5%。但现在,超过20%的美国成年人至少拥有一个大学学位,另有20%的人获得了大学学分。虽然人口统计数据对于某些产品和某些媒体信息来说仍然很有价值,但大多数产品和媒体信息都需要其他细分方案。

以下这些都是人们相对持久的特征:女性与男性一般有不同的需求;青少年的需求与老年人不同;受过高等教育的人与高中辍学者有不同的需求;富人和穷人有不同的需求。虽然这仍然是一种有用的细分方法,但它划分得相当粗略。例如,并非所有女性都有相同的需求,女性的需求并不总是与男性的需求不同。

> **? 分析**
> 在你的总体需求中,你能找出一些可以追溯到你的年龄或性别的特定需求吗?

心理细分

随着时间的推移,营销人员已经开发出更加复杂的方法,根据人们的需求将一般人群划分为营销细分人群。这些更复杂的细分方法的总称是心理学,这是一种基于人们的价值观和生活方式的细分方法。有很多心理细分(psychographic segmentation)的例子。以下两个例子非常有影响力。

美国人的十二种生活方式

芝加哥Needham, Harper & Steer公司的广告研究总监威廉·威尔斯(William Wells)提出了美国人的十二种生活方式,其中包括工厂工人乔和他的妻子朱迪,职业女性菲利斯和她做自由职业的丈夫戴尔,家庭主妇塞尔玛以及嚼着雪茄的中年推销员哈利。每一个人都代表着一种不同的生活方式。例如,乔是一个30多岁的中下层男性,通过做半成品工作赚取时薪。他经常看电视,特别是体育和动作/冒险节目,很少读书。他有一辆皮卡车,对汽车零部件和配件了如指掌。而菲利斯是一位30多岁的职业女性,拥有研究生学位。她经常读书,在电视上通常看新闻或经典电影。她喜欢美食、外出就餐和旅行。

价值观和生活方式系统(VALS)类型

价值观和生活方式系统(VALS)由阿诺德·米切尔(Arnold Mitchell)在斯坦福研究所(SRI;现称为SRI International)开发。在监测了20世纪60年代和70年代的社会、经济和政治趋势之后,米切尔构建了一个85页的测量工具,提出了从人们的性习惯到他们吃的人造黄油品牌等一系列问题。他请1,635人填写问卷,这些答案成为1980年出版的《美国人的九种生活方式》一书的数据库。米切尔在书中指出,人们的价值观强烈地影响他们的消费模式和媒体行为。因此,如果我们知道一个人属于哪个价值群体,我们就可以预测他想要的产品和服务。例如,其中一个组叫体验组。这个价值分组的人喜欢尝试新的、不一样的东西。他们喜欢旅行,多是新型产品的早期用户,不断寻找不同的东西。

VALS分类使斯坦福研究所大获成功,每年收入超过5亿美元。到20世纪80年代中期,斯坦福研究所拥有130个VALS客户,包括主要的电视网络、主要的广告代理商、《时代》等主要出版商,以及美国电话电报公司、雅芳、可口可乐、通用汽车、宝洁、斯维诗、雷诺兹和特百惠这样的大公司。例如，以手表闻名的大型企业天美时（Timex）希望通过一系列新产品进入家庭医疗保健市场，包括数字温度计和血压计。它决定关注两个VALS细分群体：社会意识群体和成就者群体。关于包装和广告的一切都是根据这两个群体选择的。模特都是高级的、成熟的，在舒适的环境中有植物和书籍。宣传语是"技术，它做得最好"。几个月内，所有的Timex产品都成为这个快速发展的新兴行业的头部产品。

心理细分方式走在受众细分的最前沿，通过生活方式对消费者进行细分。

图片来源：Time & Life Pictures/Getty Images
©iStockphoto.com/ozgurdonmaz

多年来，美国文化发生了变化，VALS也改变了其细分市场以跟上潮流。现在的VALS分组与20世纪80年代早期的非常不同。多年来，VALS与人们生活方式的变化保持一致，一直是大众媒体程序员和营销人员的宝贵工具。

心理细分方案更加细致地关注人们的需求，比地理或人口统计方法更有优势。然而，它仍然是一种间接的方法。随着互联网上社交网站（SNS）越来越受欢迎，媒体程序员现在可以直接根据需求对人口进行细分。通过挖掘人们谈论的数据——他们喜欢什么以及他们抱怨什么——营销人员可以更清晰地了解哪些需求未得到满足，以及更准确地估计他们的细分受众的人数。

吸引受众

吸引观众注意力对于成千上万的广告客户来说至关重要，他们每年花费数百亿美元将信息传达给他们的目标受众。但随着越来越多的广告商和媒体争夺公众的注意力，注意力已成为信息经济中的稀缺资源。在被奉为圣典的著作《注意力经济:理解商业的新货币》(*The Attention Economy: Understanding the New Currency of Business*)中,达文波特和贝克(Davenport & Beck,2001)认为,"在后工业化社会中,注意力已经比你在银行账户中存储的货币更有价值。理解和管理注意力是企业成功的唯一的、最重要的决定因素"(p.3)。

在媒体机构选择了一个细分受众目标后,它必须开发内容来吸引这些受众群。大众媒体采用两种策略来做到这一点。首先,他们试图迎合你现有的需求和兴趣。其次,他们使用跨媒体推广和跨渠道推广来吸引你的注意力。

迎合现有的需求和兴趣

大众媒体摒弃了先开发渠道和信息再寻找受众的思路。相反,他们先确定潜在受众的信息需求,然后再开发相应内容。并不是每个人都有相同的需求和兴趣,因此媒体可以像识别不同需求一样,识别不同类型的人。例如,有些人对体育很感兴趣,而有些人对新闻和公共事务更感兴趣,这是媒体的两个重要细分群落。每个群体都有更加细化的需求,一些体育爱好者可能喜欢棒球,而另一些人则不能忍受棒球,而是热爱橄榄球。

媒体公司如何知道现有的需求是什么?回答这个问题的最简单的方法是查看已传播的信息。已经在特定受众群体中引起最多关注的主题表明存在特定的现有需求。然后,新的竞争者试图通过创建他们自己的信息来吸引同样的受众。这就是为什么许多新电影、电视节目和流行歌曲通常看起来和听起来与去年的没什么差别。

程序员们知道,我们接触的信息类型很狭窄,所以如果新的竞争者可以生产出与我们日常接触的信息相似的东西,我们也可能会注意到这些新信息。与我们已经接触的内容完全不同的信息不会打破这种自觉行为。我们会一直窝在这种自觉模式里直到某些东西引起我们的注意。因此,媒体程序员寻找过去曾引起我们注意的东西,并以类似的方式构建他们的信息,这样我们就会注意到它们。

虽然我们有各种各样的媒体和信息可供选择,但我们通常会选择最能满足我们需求的一小部分。事实表明,几十年前,当媒体选择远远少于今天时,人们会偏好一小部

> **? 分析**
>
> 当你浏览你最喜欢的网站时,你能识别出那些专门为吸引与你具有相同需求的人而设计的元素吗?

分信息或媒体节目。很多年前，弗格森（Ferguson, 1992）发现，即使在有100多个频道的有线电视家庭中，电视观众也通常只观看5到8个频道而忽略其他。此外，遥控器也没有使人们的常看频道数量增加。因此，媒体生产更多的信息并不会扩大受众的接触范围，而是增加了细分受众的数量。媒体提供更广博的信息，使个人可以找到更好地满足其需求的特定信息。今天，越来越新颖的互动媒体使我们有了更多选择，但我们仍然对媒体类型和信息有着相对狭隘的偏好。

跨媒体推广和跨渠道推广

媒体程序员必须在其他受众群里找到自己的潜在受众，以便宣传他们的新信息，吸引人们从而构建受众群。因此，程序员要进行大量的跨媒体推广和跨渠道推广。

几十年前，媒体程序员最关心的是为他们的特定渠道树立品牌并试图建立受众对这些渠道的忠诚度。例如，当地电视台希望你只观看它的节目。报纸希望你忠实于它，只在那里获取新闻，而不是通过杂志、电视或广播。但随着媒介融合的兴起，媒体程序员已经将注意力从媒介转移到信息上。例如，电台的非政治评论员也可能会在网站上发布一个专栏，还会出现在电视节目中，拥有电台的公司同时也拥有该网站和电视台。该公司可能还拥有一家杂志社和图书出版公司，在这种情况下，评论员被鼓励为该杂志撰写专栏并出版一本书。当这家传媒集团宣传其信息（评论员）时，他们会通过他们拥有的尽可能多的媒体和媒介渠道来宣传该信息，从而在不过于增加成本的情况下增加收入流。因此，媒体公司会更多考虑用信息吸引受众，而不是把人们控制在某一种渠道里。

媒体之间的差异也会随着时间的推

奥普拉·温弗瑞（Oprah Winfrey）被称为"全媒体女王"，她使用媒介推广技术来推广她的书籍、杂志、电影和电视网络。

图片来源：© Pictorial Press Ltd / Alamy

移而变得模糊。报纸在其社论展望中变得更像杂志，其中包含更多的软新闻和猎奇片段，这些片段不注重时效性，更像娱乐而不是新闻。商业书籍的篇幅越来越短，文学性越来越低。带有游戏、百科全书和网页的电脑正变得越来越像电影、书籍、杂志和报纸。鉴于对信息的关注和频道的融合，内容正逐渐取代渠道成为焦点。

几十年前，一些未来主义者认为我们正在走向融合，所有媒体都将成为"一个单一、高容量、数字化的网络，它将连接我们现在所知道的计算机、电话、广播、电影和出版等独立领域"（Neuman，1991，p.x）。正如你在本书第三章中所看到的那样，这种融合已经发生并且将继续发生。传播信息渠道之间的差异变得不那么重要了；相比之下，各个受众群体的消费者需求差异变得越来越重要。

评估

想想现在所有被贴上"电视"标签的设备。你能判断一下这个词在今天的媒体环境中有多大用处吗？

调节受众

一旦大众媒体生产了一条吸引你的信息，它立刻就会让你反复接触。这种维系受众的行为是所有大众媒体的基本策略。吸引受众首次接触信息的成本非常高，以至于媒体机构必须依靠重复曝光才能收回他们的初始投资并最终获利。

大众媒体已经给我们灌输了某些行为模式，并不断强化直到它们成为我们的习惯；然后继续强化以防止我们改变习惯。回想一下你在第一章中完成的关于使用各种媒体花费的时间的应用媒介素养1.1练习。当你做出这些估计时，你依靠的是你对长期形成的媒介接触习惯的回忆。

媒介接触是惯性的。这意味着当我们关注某个特定信息时，我们会倾向于继续关注该信息；当我们处于自觉状态时，我们倾向于保持该状态并过滤掉其他所有的信息。例如，假设你去YouTube观看你最喜欢的视频，YouTube会为你推荐其他视频。这些推荐是根据你的观看历史确定的。YouTube希望使你成为黏性用户，因此不断地向你推荐你可能喜欢的内容。然后，当你观看了推荐的视频并且乐在其中，你就可能养成了一种习惯，此后不断地想要访问YouTube。无论是处理信息、娱乐、音乐、视频，还是印刷文字，成功的网站都在尝试做这样的事情。它们为你提供可以在移动设备上免费下载和使用的应用程序，希望你不断地使用它们的服务，这样你就养成了习惯。

提高媒介素养

让我们来分析一下媒体行业是如何识别你的需求并吸引你进入某些细分市场的。开始应用媒介素养 5.1 练习，思考你最喜欢的三个电视节目——你经常观看的电视连续剧，并列出这些节目附带的广告，然后完成剩下的练习。在所有这些产品和服务广告中，是否还有其他媒体信息的广告（如其他电视节目、电影、录音、网站等）？这就是典型的交叉推广。目前你是这些交叉推广媒体信息的受众之一吗？如果不是，为什么？你是否曾尝试接触这些信息并发现它们不符合你的喜好？或者你根本没有接触到它们？如果答案是否定的，为什么？

应用媒介素养 5.1

你属于哪类细分受众？

1. 选择三条你喜欢的媒体信息，并在下列标题行上写下每条信息的名称。

节目1：_____　节目2：_____　节目3：_____

_____　　_____　　_____
_____　　_____　　_____
_____　　_____　　_____
_____　　_____　　_____
_____　　_____　　_____
_____　　_____　　_____
_____　　_____　　_____
_____　　_____　　_____
_____　　_____　　_____
_____　　_____　　_____
_____　　_____　　_____
_____　　_____　　_____
_____　　_____　　_____

```
_____     _____     _____
_____     _____     _____
_____     _____     _____
_____     _____     _____
```

2.现在查看广告产品列表,并尝试想象广告商的目标受众是哪类人。

★这些产品更倾向于男性还是女性,还是说性别无所谓?

★产品目标受众为哪些年龄段?

★产品目标受众的经济水平是怎么样的?

★产品目标受众的教育水平是怎么样的?

★产品目标受众的地理位置是哪里,还是说无所谓?

★广告商认为你有什么价值观?

3.你是否注意到其他媒体信息的广告?如果是的话,这些广告还想让你看到哪些其他类型的信息?你看那些节目吗?为什么?

4.想一想这些电视节目中的信息是如何构建的。你能否注意到信息设计者为了使你重复接触而做出的调整?

现在再次回到应用媒介素养5.1,这次是关于你最喜欢的杂志。你是否属于与之前同一类型的细分受众?与电视节目相比,这些杂志的交叉推广更多还是更少?

最后,尝试用你喜爱的网站或社交网络平台进行练习。你是否处于与杂志和电视相同的细分市场?与更传统的媒体相比,它们的交叉推广更多还是更少?你注意到这些交互式媒体引导你反复接触媒介的方式有什么不同吗?

◎ 核心观点

- 大众媒体根据人们的需求把受众划分成不同的细分市场。
- 大众媒体试图通过创建人们想要的内容类型来吸引某些人进入细分受众群。
- 因为吸引受众的成本太高,大众媒体会让这些受众习惯于反复接触。
- 提高媒介素养,了解行业对受众的看法,发现自己所处的受众群,然后评估进入这个受众群中能否使你的需求得到最好的满足。

- 当我们充分了解了自己的需求时，我们就可以利用大众媒体作为一种基本资源来满足各种各样的需求。
- 当我们不了解我们的实际需求时，最为强势进取的大众媒体会把我们带入某个受众群，让我们接触能给他们带来最多利益的信息。提高媒介素养可以让你获得更多的控制权，这样你就可以将大众媒体用作一种满足你自己需求的工具，而不是沦为大众媒体的工具，实现他们的需求。

◎ 深入阅读

Davenport, T. H., & Beck, J. C.（2001）. *The attention economy: Understanding the new currency of business.* **Boston, MA: Harvard Business School Press.**（全书253页，包括索引）

这是一本非常值得一读的书，作者是两位商学院教授。他们解释了为什么注意力不足在我们的经济中是一个如此严重的问题。但他们不是社会批评家，指出问题，然后探讨改善问题的建议。相反，他们写了更多的营销知识，他们为企业提供了有关如何吸引公众注意力的建议。

Napoli, P. M.（2011）. *Audience evolution: New technologies and the transformation of media audiences.* **New York, NY: Columbia University Press.**（全书248页）

本书由福特汉姆大学的一位教授撰写，展示了受众的概念如何随着时间的推移而发生变化，特别是随着新媒体技术的发展，这些技术使社会变得支离破碎。学术界对这一现象的分析主要集中在政治、经济和社会方面。

Neuman, W. R.（1991）. *The future of the mass audience.* **New York, NY: Cambridge University Press.**（全书218页）

诺伊曼首先对后工业主义的难题——分裂化与同质化之间的冲突展开了均衡且合理的讨论。他认为，教育有助于分化，使人们能够钻研他们的专业兴趣。随着大量女性进入职场，家庭发生了变化。他还指出，媒体的使用已经碎片化。他认为这不是一个新问题，而是政治传播中一个持续性的核心问题。关键问题在于平衡：中心与外围之间、不同利益派别之间、竞争精英之间，以及西方政治中的高效率的中心权力与广大民众的矛盾诉求之间（p.167）。这是社区和多元主义之间的冲突。

SAGE edge™

在edge.sagepub.com/potterintro使用SAGE edge提升你的技能。

SAGE edge for Students提供了一种个性化的方法,帮助你在一个便捷的学习环境中完成课程目标。

虽然我们不可避免地会接触到大量信息,但我们必须为了理解一些信息而去选择关注它们。
©Comstock/Stockbyte/Thinkstock

知识测试:判断对错

在阅读本章之前,请判断以下陈述哪些是正确的,哪些是错误的。

1. 多次接触就是关注。
2. 媒体潜移默化地对人们施加影响。
3. 接触状态的重要差异在于每个人不同的经历,而非注意力程度的高低。
4. 当人们依赖于某个领域时,他们更容易提高媒介素养。

(答案见书末。)

第六章

大众传媒受众：个人视角

学习目标

阅读本章后，你将会有以下几点收获：

◇ 区分媒介接触和关注。
◇ 认识到媒介接触的三个标准。
◇ 解释四种接触状态下媒体体验的不同。
◇ 区分媒介接触时的过滤、意义匹配和意义构建。
◇ 认识到你的媒介素养水平如何被四种本能所影响。

信息的数量大幅增加，对我们注意力的争夺也变得咄咄逼人。新技术使得通过光纤和Wi-Fi以光速传输更多信息成为可能。但是人类的大脑无法像新技术那样快速进化，这种差异引发了以下一系列重要的问题：接触媒体信息意味着什么？人类如何在不被信息洪流淹没的情况下处理所有这些信息？我们如何从这些信息中获取意义？

媒介接触与关注不同

过量信息充斥着我们的文化，我们只是接触到这些信息还是必须关注它们？在日常用语中，接触（exposure）和关注（attention）相似，但是对于媒介素养而言，这两个术语需要加以区分。

媒介接触

为了说明"媒介接触"的意思，我们需要考虑三个标准：物理标准、感知标准和心理标准。只有满足所有这三个标准，我们才能得出结论，一个人确实接触过媒体信息。

物理标准

物理接触是最基本的标准。一个人一定要在物理意义上接触这条信息，与信息在一段时间内占据相同的物理空间，才算接触到信息。因此，空间和时间被视为接触的障碍。如果一本杂志面朝上放在房间里的桌子上，哈利走过那个房间，他会看到杂志封面上的信息，但不会看到杂志里面的任何信息，除非他把杂志拿起来翻一翻。此外，如果哈利没有走过那个房间，那么杂志对哈利而言就没有任何切实的意义。同样，如果在中午打开房间的电视，而在下午1点关闭电视，那么任何人在下午1点之后走过那个房间，都无法实际接触电视信息。

物理接近是媒介接触的必要条件，但它不是充分条件。第二个必要条件是感官接触。

感知标准

感知标准指人类通过视觉和听觉获得适当感受的能力。人类器官的感知是有限的。例如，人类对声音频率的敏感度在16赫兹到20,000赫兹之间，但在1,000赫兹到4,000赫兹之间听得最清楚（Metallinos, 1996; Plack, 2005）。狗哨声的频率高于20,000赫兹，人类无法感知这种声音，因为它超出了人类对声音的感知范围。人眼可以看到以某种频率传播的光，但却听不到以另一种频率传播的声音。任何超出人类感知范围的听觉或视觉信号都是无法被人类感知的。

然而，感知标准不仅仅是简单的感官接收，我们还必须考虑感觉输入/大脑连接。有时感觉会被输入大脑，但当大脑转换原始刺激时，我们无法感知到原始刺激，也就无法接触到原始刺激，而是接触到经过转换的刺激。例如，当我们在剧院观看电影时，我们会看到以每秒约24幅图像投影的画面，但是人类无法在一秒钟内感知到24幅单独的图像，因此我们并没有看到24幅单独的静态图片，而是看到了运动的影像。

此外，电影放映机也是一样，每秒24幅单独的图像之间会有一段短暂的空白，但是眼睛和大脑的连接不够快，无法处理这些空白，因此我们不会看到空白，而是"看到"平滑的动作。如果图像的投影率减慢到每秒不到10幅图像，我们就会看到一个颤动，也就是说，我们的大脑会开始看到空白，因为静止图像的替换对于眼睛来说足够慢，大脑来得及处理它们。

经过三种类型的接触——物理、感知和心理，我们才算关注到媒体信息。
©iStockphoto.com/AleksandarNakic

超出人类感知界限的刺激被称为下意识（Subliminal）。下意识的信息无法被察觉，也就是说，人类缺乏接收刺激的感觉器官，或者大脑中的物理神经对它们不够敏感。人们有一个普遍的误解，就是以为大众媒体将人们置于"下意识传播"的风险之中。这种观点表明人们混淆了下意识和潜意识（Subconscious）。两者有一个重要的区别，它们对于媒介接触而言有非常不同的意义。下意识指的是超出了人类感知的能力，因此它始终被视为非接触性的。然而，一旦媒体刺激越过下意识线并且能够被人类感知，它就可以被视为接触。但这并不意味着所有的信息接触都是有意识的，这使我们得出了我们定义中的第三个标准：心理标准。

 概括

你能用不多于25个字解释下意识和潜意识之间的区别吗？

心理标准

心理标准的满足依赖于人的内心出现了某种可识别的元素。这个可识别的元素可以是一幅图像、一个声音、一个动态、一个模式等，它能够持续一段短暂的时间（几秒钟的短暂记忆，然后被清除）或一生（当编入长期记忆时）。它可以有意识地进入头脑（通常称为主要路径），人们会清楚地意识到他们接触的元素，或者它可以无意识地进入头脑（通常称为次要路径），人们不知道这些元素正在进入他们的脑海（Petty & Cacioppo, 1985）。因此，有很多可能满足这种心理标准的元素。难题是将所有这些元素组织成有意义的集合，并说明个体如何体验不同类型的元素以及如何将它们作为信息处理。

关　注

为了让人们关注媒体信息，我们必须先向人们展示信息，也就是说，它们必须满足三个接触标准。但是，仅仅有这些还不够，还需要有意识的媒体信息意识。因此，接触媒体信息可以分为两类：有意识的接触和无意识的接触。关注指的是有意识的接触，而不是无意识的接触。

正如你现在所看到的，媒体为了让受众关注信息需要做很多事情。不过"关注"也是有区别的。我所说的"区别"，并不是简单地说从一点点关注到大量关注，还有不同类型的差异。我们会在下一个主题中探讨当我们在日常生活中接触媒体信息时产生的不同类型的关注,即接触状态。

接触状态

到目前为止,我们已经区分了无意识的接触和有意识的接触。无意识的接触符合物理标准、感知标准和心理标准,但人们在接触期间意识不到这些信息。在这种类型的接触中,信息通过外围路径(有点像后门)进入一个人的潜意识,并在他们的记忆中留下痕迹。这种类型的接触是自觉发生的,也就是说,我们不必思考。它是由我们脑海中不断运行的自动代码控制的。我们就把这种状态称为自觉状态。

现在让我们来看看有意识的接触。从媒介素养的角度来看,如果把一切都称为"关注"有点过于简单了。因为有意识的关注有很多种类型。我们必须思考四种接触状态:自觉状态(automatic state)、注意力状态(attentional state)、忘我状态(transported state)和自省状态(self-reflexive state)。对于受众来说,每一种状态都是本质上的不同体验,而不是数量上的不同体验。所以说这四种类型的差别并不是关注程度的差别,而是人们体验的差别。

概括

你能用不多于25个字描述一下接触和关注的主要区别吗?

状态之间的差别与注意力的多少无关;从一种状态跨越到另一种状态带来的是信息体验中质的不同。让我们详细研究一下这四种接触状态。

自觉状态

在自觉接触状态下,人们处于这样一种环境中:他们接触了媒体信息,但意识不到这些信息,也就是说,他们的大脑处于自觉控制状态,意识不到这些信息。他们没有主动寻找信息的目标或策略;然而,对信息的筛选行为仍然在发生。这种筛选不需要任何努力就会自觉进行下去,直到信息中的某些元素突破人们默认的屏障,抓住他们的注意力。

在自觉状态下,人们看起来很活跃,但他们并没有思考自己在做什么。处于自觉状态的用户或许会点击一系列网站,但并没有注意这些网站上的信息。虽然在观察者看来,这个人可能正在积极地在网络上进行搜索,但他可能只是在随机点击网页,同时思考一些完全不同的事情。即使有证据表明存在接触行为,也并不一定意味着人们的思想参与其中并且他们正在"做出"决策。相反,决策是自觉发生在他们身上的，因为它们是由他们脑海深处运行的心理代码控制的。

我们在日常生活中经常处于这种自觉状态。以开车去学校为例，虽然你完成了很多复杂的任务（启动汽车、从车位中倒出车、穿越车流、躲避其他司机的威胁和道路上的危险、寻找停车位等），但你很可能不会记住其中的一些细节。例如，你沿途超过了多少辆汽车？那些车是什么颜色？司机是谁？他们的车牌号码是什么？虽然你接触到了这些信息，但你甚至不能给出非常粗略的答案。

人们的大部分媒介接触行为都处于自觉状态。人们意识不到这种接触，以后被问到，他们也记不住太多细节。当人们同时处理多项任务时尤其如此。有些人可能同时在听音乐、上网、和朋友通电话；当人们集中注意力打电话时，对音乐和网页就处于自觉接触状态。如果他的注意力突然转移到网页的一张图片上，那么他就会陷入电话交谈的自觉状态，不再注意他的朋友在说什么。尽管多任务处理严重降低了一个人的认知优势（即专注于特定信息的能力），但增强了他的情感满足（即同时从多件事情中获得满足感）（Wang & Tchernev, 2012）。

注意力状态

注意力状态是指人们意识到信息，并与信息中的要素积极互动的状态。这并不意味着人们必须保持高强度的注意力（尽管这是可能的），关键是在接触的过程中能意识到这些信息。

在注意力状态下，人对信息的关注度取决于人投入了多少精神资源。至少，这个人必须意识到信息并有意识地跟踪它。不过注意力有一定程度的弹性，关注范围从局部到整体乃至外延，它会根据所处理的元素的数量和分析的深度而有所差别。

忘我状态

当人们处于注意力状态但随后又被强烈地吸引以至于他们失去了与信息分离的意识时，他们就会进入忘我状态。在忘我状态下，受众失去了与信息分离的感觉，也就是说，他们被信息洪流所席卷，进入信息的世界，失去了对身边社会环境的感知。例如，在电影院观看电影时，我们常常被情节所吸引，觉得自己参与了剧情。我们体验到与角色一样强烈的情感。我们忘记了自己是在电影院。我们的注意力高度集中，以至于我们失去了与现实世界的联系。我们忘记了真实的时间，而是进入了叙事时间，和电影中的角色度过了同样的时间。如果在电影院里我们身后有人开始说话，我们就会感到非常不安，因为这提醒我们是在电影院而不是在电影中，这就打断了我们在忘我状态下的享受。

这种忘我状态通常发生在人们看视频和玩电脑游戏时。当玩家深深陷入游戏世界中，他就会忘记现实世界的时空。

忘我状态并不纯粹是注意力状态的最高形式。相反，忘我状态与注意力状态在性质上是不同的。

在忘我状态下，我们被媒体信息强烈地吸引，以至于我们忘记了周围的环境。

图片来源：©iStockphoto.com/annedde

虽然在忘我状态下，人的注意力非常集中，但也非常狭窄。人们的视野狭窄，极度专注于媒体信息，以消除他们与信息之间的障碍。人们被吸引并卷入信息里。从这个意义上讲，它与自觉状态相反，自觉状态是人们保持对客观世界的感知，意识不到媒体信息；而在忘我状态下，人们与媒体信息融为一体，忘记了真实的世界。

自省状态

在自省状态下，人们对信息及对信息的处理保持高度警惕。就好像他们坐在自己的肩膀上，在体验信息时监控他们自己的反应。这代表了最充分的意识，也就是说，人们在处理媒体信息时不仅意识到了媒体信息，还能意识到现实世界以及他们在现实世界中的位置。在自省状态下，人们反思以下问题来最大限度地控制感知：为什么我要接触这个信息？我得到了什么？为什么？为什么我要做这些解释？这不仅是分析，还有元分析。也就是说，人们不仅要分析媒体信息，还要分析他们对媒体信息的分析。

虽然自省状态和忘我状态看似相似，因为它们的特点都是受众的高度参与，但两种状态是非常不同的。在忘我状态下，人们在情感上高度参与，在行动中迷失自我。相比之下，自省状态的特点是人们在认知上高度参与，并且在分析处理信息时非常了解自己。

 分类

你能否比较和对比四种接触状态的异同？

接触期间的决策

当我们接触媒体信息时，我们不断面临着做决策。决策类型遵循以下三个步骤，即过滤决策（filtering decisions）、意义匹配决策（meaning matching decisions）、意义建构决策（meaning construction decisions）（见表6.1）。当我们接触到一条信息时，首先面临的是过滤掉（忽略）还是保留（处理）它的任务。如果我们决定对其进行过滤，那么我们必须理解它，即识别符号并将意义与符号相匹配。接下来，我们需要构建信息的内涵。有时我们会主动参与这一系列任务，以便我们了解并控制我们的决策。然而，在大多数情况下，我们无意识地参与了这一系列的任务，也就是说，我们的思维是自觉的，我们的精神代码自觉地进行过滤和意义匹配决策，同时完全避免意义构建过程。让我们更加详细地研究这三种信息处理方式。

表6.1　信息处理的三种方式

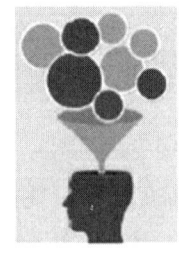  

	过滤信息	意义匹配	意义建构
任务	做出哪些信息应该被过滤掉（忽略）而哪些信息应该被筛选出来（关注）的决策	运用最基本的能力识别符号并为它匹配意义	运用技能超越意义匹配，为自己构建意义并使其个性化，以从信息中获取更多
目标	只关注那些对你有用的信息，忽略其他信息	有效地回顾之前学过的意义	从多个角度解释信息，然后选择一种意义或合成多种
关注重点	环境中的媒体信息	信息中所指的内容	自己的知识构建

图片由左至右来自：©iStockphoto.com/denis_pc；©iStockphoto.com/t_kimura；©iStockphoto.com/bulentgultek

过滤信息

我们每天都被信息洪流所淹没。为了使自己免受压力，我们会不断地屏蔽大部分信息自觉忽略大部分，仅关注其中的一小部分。例如，你的手机、iPad 或计算机会收到信息，有时你会阅读并回复，但有时你会忽略它，特别是当你每天收到数百条信息时。当你看到文本信息并决定是否回复时，你就是在有意识地过滤。但是，如果你的设备上有垃圾邮件过滤器，可以屏蔽某些类型的文本和电子邮件，在这种情况下，你的垃圾邮件过滤器可能每天会自动拦截数千封邮件，这样你就不必被它们打扰了。

垃圾邮件过滤器提供了很好的服务——直到你开始考虑谁编写了垃圾邮件过滤器。也许有一些信息你不想把它们过滤掉，但你的垃圾邮件过滤器已经被编程来阻止它们。当某个对你很重要的人发送的有价值的邮件被你的垃圾邮件过滤器拦截时，就很令人沮丧。要解决此问题，你需要进入垃圾邮件过滤器并重新编程其选择过程以取消阻止你想要通过的邮件。垃圾邮件过滤器其实每天都在我们的脑海中运行——过滤掉几乎所有可用的媒体信息。当我们回顾我们的媒介接触习惯时，我们可以看到这种垃圾邮件过滤器工作的证据，也就是说，我们完全避免了某些媒体和某些类型的邮件。

忽视大量信息并不能保护我们免受其影响。
图片来源：©iStockphoto.com/mrPliskin

媒体为我们创建了大量的过滤代码。它们这样做主要是为了让我们重复接触我们喜欢的信息。这种调节创造并强化了我们的接触习惯。遵循这个接触习惯，我们就没有时间探索其他媒体或其他类型的信息。

也有证据表明，媒体正试图更加积极主动地确定我们的过滤代码。例如，亚马逊根据你的购书历史，将你的注意力集中在少数几本书上。此外，网飞（Netflix）提供了 14 万部电影和电视节目，但你无法看到它们的全部列表。相反，它会给你提供个性化内容，从而将你的选择集中在你最喜欢的内容上。现在，大约60%的Netflix租赁内容来自Netflix为用户定制的个性化内容。

互联网公司使用复杂的算法来浏览你的所有信息，以推断出你的喜好，然后把你引导到特定的产品上去，并以有效过滤的名义阻断你对其他产品的接触。这些算法非常复杂，在分析海量数据文件方面功能非常强大。危险之处在于，算法生成的内置假设连消费者本人都并不知晓，而这些算法通常会产生有害的影响。想象一下，假设一家公司通过汇集Facebook页面信息、信用记录、健康史、父母收入水平等，建立了一个关于大学生的庞大数据库。然后，该公司的某个人开发了一种算法，该算法可以对所有数据进行分析，并对所有大学生的成功潜力和经济财富进行排序。假设公司的算法将你排在最底层，认为你可能是输家，但将你的室友排在最上层，作为可能的赢家。该公司将其排名出售给其他公司，然后向你的室友发送各种优惠，包括低息信用卡、激动人心的旅行优惠券、与成功的专业人士建立联系的机会，等等。同时，这些营销人员会忽略你，因为你被视为不受欢迎的目标受众。但是你的室友继续过着非常成功和快乐的生活，因为营销人员提供的所有机会都会告诉他们，你的室友是非常理想的目标。你的室友毕业后会得到比你的薪水更高的工作，因为雇主看了排名。你的室友继续获得更大的加薪和晋升，有更好的医疗保健计划、更多的旅行，遇到更多有趣的人，等等。营销人员可以通过他们为某些人提供的机会，让他们走上不同的人生道路。这些营销人员并没有试图成为邪恶的人或歧视谁，他们只是将他们的广告定位到那些最有可能成为有价值客户的人身上，努力提高效率并获得最多的广告收入。因此，营销人员依靠研究公司来帮助他们确定合适的人选，使其成为他们昂贵的营销活动的最佳目标。

> ✅ **评估**
>
> 想想自己的媒介接触习惯，你认为媒体给你提供的娱乐和信息范围是太广泛还是太狭窄？

意义匹配决策

意义匹配是识别信息中的元素并回忆能与它相匹配的意义的过程。这是一项相对自觉化的任务。学习识别媒体信息中的符号并记住它们的标准含义可能需要付出很多努力，但一旦学会了，这个过程就成了习惯。为了说明这一点，回想一下你第一次学习阅读的时候。你必须学习如何识别页面上的文字，记住每个单词的含义。你第一次看到"迪克把球丢给简"这句话时,需要很努力才能将句子分成单词,回想每个单词的含义,并把它们合在一起。通过实践,你可以更快速、更轻松地执行此过程。在小学阶段学习阅读本质上是能够识别更长的符号列表并记住它们所表示的含义。媒体信息中的符号有些是单词,有些是数字,有些是图片,有些是声音。

这种类型的学习可以培养能力。

意义匹配过程允许你将符号与意义联系起来,例如,识别出手机发出的特定声音是你收到短信的信号。

图片来源:©iStockphoto.com/ymgerman

是否拥有这种能力意味着要么你能够做正确的事情,要么不能。比如当你看到2 + 3时,你要么能认识到2和3是代表特定数量的符号,要么不能。你可以将+这个符号识别为加,或者识别不出。你可以得到答案5,或者不能。使用这些符号不需要也允许个人的解读和创造性的意义构建。

这种能力是我们识别标准符号并回忆起这些符号所代表的含义的能力。如果我们不理解这些符号的共同符号集和共享含义,就无法进行沟通。小学教育是对下一代的培训,培养识别符号和记住每个符号的指定含义的基本能力。

当你的手机发出某种特定声音时,你知道这意味着你收到了信息。你查看屏幕和发信人的名称,就知道是哪位朋友发的信息。你点击屏幕上的某个图标,就能看到短信。该信息包含向你传达意义的文字和表情符号。在这个例子中,声音、名称、图标、单词和表情符号都是具有特定含义的符号,这些符号是你过去已经学习过的,你现在几乎可以毫不费力地匹配其含义。这个任务是自觉完成的,因为你已经有了这些能力。

意义建构决策

与意义匹配相比,意义建构是一项更具挑战性的任务。它不是一个自觉过程,要求我们考虑超越标准所指的含义,并通过归纳、演绎、分组和整合为自己创造意义。当我们在记忆库中找不到特定信息的相应含义时,或者当所表示的含义不能满足我们,我们想要创造不同的含义时,我们就需要构建意义。

假设你的朋友克里斯托弗发给你一段文字,表示他刚刚与他的女友克里斯蒂娜分手。短信说："克里斯对你的帮助不满意。太感谢了。"此信息含义太模糊无法进行意义匹配。比如，信息中的克里斯指的是发件人还是他的前女友？当发件人说"太感谢了"是在讽刺你，因为讨厌你的干涉吗？还是他是真心的，因为当他狠不下心分手时，你帮了他一把？要回答这些问题，你需要了解你与克里斯托弗的友谊，他与克里斯蒂娜的关系，以及他是否打算与她分手，等等。所以你需要技巧而不仅仅是能力来分析情况，评估他的意图，根据你们的关系理解这个信息，然后综合给出一个适当的回复。

研究表明，诸如新闻报道之类的媒体信息如何被构建或呈现，将影响受众如何解读该信息。

图片来源：© Richard Levine / Alamy

任何信息都能构建出许多含义；此外，还有很多方法可以构建这种意义。因此，我们无法学习一套完整的规则来完成这项任务；相反，我们需要以自己的信息目标为导向，利用技巧（而不是能力）创造性地构建实现目标的途径。因此，意义构建很少以自觉方式进行。相反，当我们为自己构建意义时，我们需要做出有意识的决定。而且，每个意义建构任务都是不同的，所以当我们面对一系列意义建构任务时，我们无法让自己的大脑自觉遵循同一个程序。

我们对媒体信息的很多处理都利用了意义建构。大量研究清楚地表明，我们每个人都在接触媒体信息时考虑很多因素，这些因素构成了我们用来解读信息的框架。研究人员通常会发现，人们从新闻报道中获得的意义并不仅仅取决于报道本身提供的信息，也取决于受众如何解读该信息（例见：Kepplinger, Geiss, & Siebert, 2012）。这些解读受到多种影响，包括我们自己的期望、动机、媒体信息的历史以及偏见。

意义匹配依赖于能力，而意义建构依赖于技能。这是意义匹配和意义建构这两个任务之间的根本区别之一。能力是绝对的，也就是说，要么你有能力，要么你没有。

然而,技能不是绝对的;在任何一项技能上,都存在广泛的能力。也就是说,有些人没有什么能力,而有些人有很强的能力。此外,技能就像肌肉。没有练习,技能就会变弱。通过练习和锻炼,人们会变得更强壮。当你有强大动力去驾驭你的技能时,这些技能就有可能发展到更高的水平。

意义匹配和意义建构并不是相互独立的;它们交织在一起。为了构建意义,我们首先必须识别符号并理解在信息中使用这些符号的意义。因此,意义匹配过程更为基础,因为意义匹配过程的产物随后会被导入意义建构过程中。

两者一定不能混淆。就以物理考试为例,教授问学生如何使用气压计测量建筑物的高度。如果教授将此视为一个意义匹配任务,那就有一个固定答案——先测量地面的气压,然后再测量建筑物顶部的气压,使用特定的公式,将读数的差异转换为英尺,以此来计算建筑物的高度。但是,如果学生具有创造性并且能够想出使用气压计测量建筑物高度的其他方法,该怎么办?当尼尔斯·玻尔于1905年在哥本哈根大学的物理考试中被问到这个问题时,他回答说,他会爬上建筑物的屋顶,将一根绳子系在气压计上,把气压计放低,然后测量绳子的长度。教授给了他一个不及格的分数。尼尔斯去找教授,认为他的回答也可以解决问题。他还有其他几个解决办法:(1)将气压计从屋顶上扔下去,计算撞击地面所需的秒数,然后计算距离;(2)测量气压计和建筑物阴影的长度,然后计算比率。虽然所有这些替代方法都可以精确地测量出建筑物的高度,但教授并不在意,因为他要得到一个特定的答案,这个答案需要与他在物理课上教授的一个解决方案相匹配。尼尔斯·玻尔在那一天拿到了不及格,但他继续应用自己的创造性思维,成为一名非常成功的物理学家。1922年,他因对原子结构和量子力学的贡献而获得了诺贝尔物理学奖。这个故事告诉我们,我们需要理解任务的性质。如果任务要求意义匹配,那么我们需要运用解决问题的能力,给出正确答案。但如果任务要求意义建构,那么我们需要更有创造性地运用各种技能,发散思维。

 概括

你能用不多于25个字解释意义匹配和意义建构之间的主要区别吗?

提高媒介素养

在这一章中，我已经阐明了一些你在日常生活中习以为常的做法。你对不同媒介的接触状态和不同的信息处理任务了解得越多，就越能充分利用它们。你处理信息的能力如何？我们将在本节中分析你的决策，但首先，让我们看一下这些任务需要的基础禀赋。

天赋

有些人自然而然地就能够更好地做出所有的过滤决策、完成意义匹配和意义建构。原因是我们所拥有的天赋各不相同。有了媒介素养，我们中的一些人的认知能力和情感能力就会比其他人发展得更好。虽然我们中的

无论你的年龄多大，你越渴望获得新的经历和新的视角，你的媒介素养就会越高。
图片来源：©Comstock/Stockbyte/Thinkstock

一些人有幸拥有更高水平的能力，但它们并不是一成不变的。也就是说，我们可以通过锻炼来提高我们的能力。我们也可能因为忽视而失去我们与生俱来的能力。

天赋更佳的人将具有更好的媒介素养，因此不需要太多来自媒体的保护。相比之下，天赋较低的人将更容易受到媒体的潜在伤害。由于这些天生的能力与年龄无关，我们不能仅依靠一个人的年龄判定他是否有受到伤害的风险。

在本节中，我将着重介绍两种认知能力（场景独立性和概念差异化）和两种情感能力（情商和对歧义的容忍度）。虽然还有其他天生的能力有助于提高一个人的媒介素养，但这四种能力可能是最重要的。

场景独立性

也许与媒介素养相关的最重要的能力就是场景独立性（field independency）。把

场景独立性看作是你在任何信息中区分信号和噪声的天然能力。噪声是符号和图像的混乱形式。信号是从混乱中分离出的信息。具有高度场景独立性的人能够快速地把各个领域进行分类，识别出其中的重要元素，并忽略分散注意力的元素。相反，那些场依存性强的人容易陷入混乱——看到所有的细节，却忽略了模式和"大局"，忽略了信号（Witkin & Goodenough, 1977）。例如，在网站上阅读新闻报道时，具有场景独立性的人能够识别出人物、事件、时间、地点和原因这些关键信息。他们能快速梳理谈话内容、图形和视觉效果，专注于事件的本质。不具有场景独立性的人会在新闻报道中感知到相同的关键元素，但也会对弹出的图片、广告、边框等背景元素给予同等的关注。对于场依存性强的人来说，所有元素都一样重要，因此他们很可能将一些小事和要点一起记住。这并不是说，场依存性强的人记住的信息更多，是因为他们关注的更多；相反，这类人吸收的信息很少，因为信息没有清晰的组织，并且可能包含与信号（关于主要思想的元素）一样多的噪声（外围和切向元素）。

让我们再举一个例子。你有没有阅读过一部长篇小说，读到大概100页的时候就读不懂了，不得不沮丧地放弃？你可能会觉得，作者正围绕着一组人物讲故事，突然切换到时空背景完全不同的另一组人物上去。有时候每隔几页就会切换一次！人物和情节太复杂，导致你迷失在细节里，无法理解整个故事。这表明想读懂这本小说，你需要更高的场景独立性。你需要通过阅读细节总结出一种主题模式，然后使用该主题模式对字符、设置、时间、对话框等所有详细信息进行整理，从而将你的注意力集中在故事内核上。

我们处于一种信息高度饱和的文化中。其中大部分是噪声，也就是说，它并没有为我们提供我们想要的信息或情绪反应。它们使得区分重要信息和噪声变得更加困难，因此很多人都懒得区分，而是默认了一种被动状态，在信息的浪潮里随波逐流。这种自觉处理的优点是它可以屏蔽噪声，但缺点是它也会屏蔽掉大部分有用信号。当我们具有更强的场景独立性时，我们可以更好地改造我们头脑中的过滤器，最大限度地保留重要信息，同时尽可能地滤除噪声。

概念差异化

概念差异化（conceptual differentiation）指的是人们如何对事物进行分组和分类。将对象分类为大量不同类别的人表现出高度的概念差异（Gardner, 1968）。相比之下，分成更少类别的人具有较低程度的概念差异。

类别数量与分类宽度相关（Bruner, Goodnow, & Austin, 1956）。分类很少的人在分类时对范围的确定会有更宽的口径，能够包含所有类型的信息。相比之下，拥有众多类别的人会将媒体信息分成更详细的部分（突发新闻、专题新闻、纪录片、商业广告、公益广告、动作/冒险节目、情景喜剧、游戏节目、脱口秀、动画和真人秀节目等）。

当我们接触到新信息时，我们必须使用均衡策略或锐化策略对其进行分类。使用均衡策略，我们会查找新信息与之前存储的信息之间的相似之处，把它们放入最合适的分类。我们永远找不到一个完美的契合，也就是说，新信息的特征总是与我们的类别要求略有不同，但我们倾向于忽略这些差异。相比之下，锐化策略侧重于差异，并试图保持新信息与旧信息之间的高度分离（Pritchard, 1975）。假设有两个人将今年的"超级碗"与去年的"超级碗"进行比较，采用均衡策略的人会争辩说这两场比赛是相似的，并指出两者的共同点，而采用锐化策略的人则不同意，并指出两个"超级碗"之间的差异。采用均衡策略者划分的类别一般较少，因此许多东西可以放入同一类别，而采用锐化策略者则有许多类别。在这个例子中，第一个人可能只有一个类别的"超级碗"，他认为所有"超级碗"几乎相同，而后者可能认为"超级碗"有许多不同的种类，认为每个"超级碗"都是独特的。提高一个人的媒介素养水平需要人们对媒体信息、媒体公司和媒介效果的类别进行更具分化策略思维的分析。

情商

情商（emotional intelligence）是我们理解和控制情绪的能力。情商由几种相关能力组成，例如，感知他人情绪的能力（同理心）、了解自己情绪的能力、有效利用和管理自己情绪的能力，以及处理一段关系中的情感需求的能力。

情商高的人，同理心也更强，能够从他人的角度看待世界。我们看问题的视角越多，我们的情商就越高。我们的情商越高，就越能敏感地意识到自己的情绪，也能更好地理解导致这些情绪的因素，所以我们会寻找各种信息获得我们想要的情绪反应。此外，我们很少冲动，能够更好地控制自己的情绪。我们可以集中精力完成手头的任务，而不是被外围环境分散注意力。

歧义容忍度

每天，我们都会遇到不熟悉的人和各种状况。为了应对这种情况，我们会有一些预期。当事情不符合我们的预期让我们感到惊讶时，我们该怎么办？这取决于我们的歧义容忍度（tolerance for ambiguity）。如果我们的歧义容忍度很低，我们可能会选择忽略那些不符合我们预期的信息；我们对差异感到困惑或沮丧。但如果我们对歧义有很高的容忍度，我们就不会因为差异而烦恼，而是让它们自然存在。因此，歧义容忍度太低或太高都会出问题。当我们的容忍度为中等时，我们的媒介素养水平最高。这种中等程度的容忍使我们能够面对有分歧的领域，而不是忽视它们。最初的困惑并不能阻止我们去思考，不会给我们造成情感障碍。然而，我们的容忍度还没有高到允许这些分歧存在，因此我们会有很强的动机来解决这些分歧。我们愿意将任何信息分解为组件，并进行比较和评估，以便了解信息的性质，并探索我们最初的预期为什么会出错。在媒介接触过程中，低容忍度的人只能看到表面，如果表面意义符合他们的预期，那么它就会被归档，进而强化这种预期。如果表面意义不符合一个人的预期，那么它就会被忽略。简而言之，他们不会去分析。

 评估

在四种禀赋中，哪一种对你提高媒介素养最有帮助？

分析决策

本章的知识可以提高一个人的媒介素养，也就是说，提高一个人做决策的能力。让我们首先来看看过滤决策，它通常是在自觉状态下做出的，由自觉运行的心理代码控制。回想一下第二章，当我们的心理代码自觉运行时，它们的效率很高。但重要的是要了解这些代码是什么，这样我们才能理解这些过滤决定到底是如何做出的。为此我们来回想一下第一章那个Google的例子。在Google的134亿个索引网页中搜索关键词，能得到730万个结果。因此，Google能够在不到一秒的时间内过滤掉99.95%的网页。虽然这是非常有效的，但Google希望在过滤方面变得更加有效。Google的首席执行官埃里克·施密特（Eric Schmidt）说，Google的目标是猜出你对什么感兴趣。2009年12月，Google改变了它的算法，提供个性化搜索。这意味着Google搜索并不完全由关键词引导，同时也由Google收集到的关于你个人喜好的信息引导。所以Google搜索的结果取决于你输入的关键词、网站的受欢迎程度、广告商的付费广告位以及Google对你兴趣的认知。最后一个标准导致不同的人在Google上搜索相同的关键词时会得到不同的结果。你可以用应用媒介素养6.1来测试这一点。

让我们思考一下。如果Google非常善于揣测你的个人兴趣（来自你在Google上的历史搜索记录），那么它的服务对你而言更有价值，因为你的搜索结果会具有更高的细化程度。但是，如果Google误解了你的兴趣呢？在这种情况下，Google搜索就没那么有价值了。如果你不定期检查Google如何构建搜索结果，只是信任其标准，这可能会导致你的搜索范围随着时间的推移而缩小。

你脑海中也有一个类似Google的算法程序在控制你所有的过滤决策。当你每天遇到成千上万条信息时，这个算法会过滤掉几乎所有的信息，只让你注意某些特定信息。这些操作的依据是什么？这因人而异，因此要了解过滤算法中的依据，你需要检查自己的媒介接触习惯，问问自己为什么要花时间使用某个特定媒体，接触某个特定信息，而忽略其他。如果你的媒介接触习惯有充分的依据，那么你的算法就是根据你自己的特定需求编程的。但如果你对自己的一些习惯感到困惑，那么现在是时候考虑改变这些习惯了，看看是否可以通过接触不同媒体和不同类型的信息来更好地满足你自己的需求。

> **测评**
> 你认为Google猜测你个人兴趣的能力会对你的互联网搜索产生好的影响还是坏的影响？

应用媒介素养6.1

个性化的搜索结果

第一步：聚在一起。

你需要将自己的搜索结果与其他人的搜索结果进行比较，所以现在与一个朋友或一小群朋友聚在一起。

第二步：头脑风暴搜索。

根据小组成员的特定兴趣和爱好，列出搜索清单。

第三步：列出关键词。

列出你每次搜索时都会用到的关键词。尽量使用有多个意思的单词。例如，fish这个词可以指试图从船上抓取食物、搜索信息、欺骗游戏中的受害者等行为。

第四步：同时使用Google进行搜索。

小组中的每个人在同一时间使用相同的关键词进行相同的搜索。

> 第五步：分析。
> 将你的搜索结果与你朋友的搜索结果进行比较和分析。在搜索时间、点击率、排名最高的网站上有什么不同吗？你能解释一下根据不同人的个性特点和兴趣进行搜索的结果的差异吗？
>
> 第六步：测试通用术语。
> 重复这个过程，使用相对通用的术语，如新闻、服装、广告、现实等。用通用术语分析每次搜索结果。使用通用术语和特定术语时，人们之间的差异是否一样多？

你的头脑中充满了大量的心理代码，这些代码是你在媒体世界和现实世界的所有经历中建立起来的。该代码中是否有错误的部分？为了继续我们的研究，让我们看看关于意义匹配的决定。

定期检查你的知识储备。最简单的办法就是定期检查你的词汇量。可能有些日常用语你没有记住它们的含义，或者你误解了它们的含义。这些问题可以很容易地被识别和纠正。更难以发现的是你对于重要事实的错误记忆。也许所谓的专家（例如新闻播报员、专家、文化评论家等）传播了一些错误事实，导致你记住了一些错误的含义。也许专家们后来才发现之前说的是错误的，但是你仍然保留了错误的观念。或者也许你不应该只是记住专家的意见，而应该构建属于自己的观点，使之更符合自己的个人信仰和经历。很有可能，你的记忆中的许多观点都过时了，不同于你现在相信的观点，或者在某种程度上是错误的。如果你不能识别它们并把它们从自己的内心清除出去，你就会不自觉地继续使用这些含义，而这些错误的含义会让你离目标越来越远。

至于意义建构，你应该确定哪些领域的决定在你的生活中是最重要的。当你利用媒体获取信息时，问问自己，你是简单地接受现有的信息，还是将其转化为适合你的需求和目标的信息。你越努力将原始信息转化为帮助你实现自己目标的知识，你就越能掌控自己的意义建构过程。

媒体信息的内涵并不总是像表面上看起来那样。它们通常有许多层含义。你对信息中的含义层了解得越多，就越有能力选择你想要的含义。不断接触媒体信息会影响我们对世界和自己的看法。它影响着我们对犯罪、教育、宗教、家庭乃至整个世界的看法。

当你检查你内心认知法则的缺陷和错误时,你需要一个强大的个人定位,以提供所需的动力和技能。分析技能对于搜索代码行非常重要。评估技能对于判断这些代码行的有用、可信和准确程度非常重要。分组、归纳和演绎的技能对于查找代码行之间的不一致是必不可少的。综合技能是一种很重要的方法,因为它可以修复错误的代码行,并用新的代码替换它们,这些代码将在你的思维系统中工作,使你更有可能做出更有价值的决策。

技能较弱的人将无法利用他们获得的信息做很多事情。他们很可能会陷入忽略好的信息而专注于不准确或不好的信息的陷阱,因为他们无法分辨出其中的区别,所以无法做出正确的选择。他们组织信息的能力较差,知识结构薄弱且有缺陷。

在最坏的情况下,技能较弱的人完全无法思考,变得被动;而活跃的信息提供者(如广告商和艺人)将成为人们知识结构的建构者,并通过改变他们的信仰,给他们灌输错误的标准来控制这些人看待世界的方式,塑造他们的态度。

◎ 核心观点

- 接触和关注不是同一回事。
- 接触需要满足三个标准(物理、感知和心理)。
- 关注发生在四种状态之下——自觉状态、注意力状态、忘我状态和自省状态。
- 随着我们不断地接触大量的媒体信息,我们会有意识地,但更典型的是无意识地做出关于过滤、意义匹配和意义建构的决定。
- 我们拥有提高媒介素养的禀赋。两种最重要的禀赋是认知能力(场景独立性和概念差异化),两种是情感能力(情商和歧义容忍度)。
- 提高一个人的媒介素养需要定期对心理代码进行积极检查,以识别和修复错误的"编程"。一旦修复,这些代码就可以自觉运行,自动做出数千个决策,这些决策会使你更高效、更聪明、更快乐。

◎ 深入阅读

Brooks, David. (2011). *The social animal: The hidden sources of love, character, and achievement.* **New York, NY: Random House.**（全书424页，包括索引和尾注）

这是一本关于人类大脑的易读书。它提供了许多关于这个复杂器官的有趣信息，以及科学家认为他们现在所知道的内容。

Pariser, E. (2011). *The filter bubble: How the new personalized web is changing what we read and how we think.* **New York, NY: Penguin Books.**（全书294页，包括索引和尾注）

在这本引人入胜的书中，作者提供了很多关于大众媒体如何为你做出过滤决策的例子。

Potter, W. J. (2005). *Becoming a strategic thinker: Developing skills for success.* **Upper Saddle River, NJ: Prentice Hall.**（全书183页，包括索引）

本书表明高等教育的成功取决于学生掌握八项技能的程度。其中七项技能也是培养更高水平的媒介素养的关键。本书提供了每种技能的大量示例和练习。

SAGE edge™

在edge.sagepub.com/potterintro使用SAGE edge提升你的技能。

SAGE edge for Students提供了一种个性化的方法，帮助你在一个便捷的学习环境中完成课程目标。

如图所示，社交媒体网站上的信息程式是如何被应用的？
图片来源：©iStockphoto.com/pressureUA

知识测试：判断对错

在阅读本章之前，请判断以下哪些陈述是正确的，哪些是错误的。

1. 通常情况下，所有大众媒体信息都有一个共同的程式。
2. 最成功的信息生产者是那些最了解内容程式的人。
3. 受众理解媒体信息的程式与生产者创建媒体信息的程式相同。
4. 提高媒介素养要求你远离负面内容。

（答案见书末。）

第七章

大众传媒内容

学习目标

阅读本章后,你将会有以下几点收获:

◇ 解释信息程式和类型之间的关系。

◇ 定义进阶现实程式。

◇ 描述大众传媒内容的三种元类型。

◇ 制定个人战略,以更高的媒介素养处理大众传媒内容。

大众传媒内容是一个很大的领域,它涵盖了十分广泛的信息。为了有效地组织这些信息,本章将重点介绍信息程式和类型。

信息程式和类型

程式是信息生产者在创建信息时约定俗成的准则。当受众从这些信息中提取意义时,他们也会使用相同的程式作为指南。因此,这些程式对于信息生产者和信息接收者都是必不可少的。

最成功的大众媒体信息生产者,尤为长于上述程式的理解和应用,其生产的信息不仅吸引受众关注,更使得受众想要从信息生产者那里获得更多信息。受众为了跟进故事和理解信息,已经能够很熟练地使用信息程式了。我们知道如何识别故事中的悬疑线索并理解它们的含义。我们知道如何推断角色的行为动机,并在故事展开时验证这些行为的后果。我们知道如何玩电子游戏,并通过反复试验了解规则。我们知道如何阅读朋友的社交网站(SNS)上的资料,弄清楚他们传递的信息,并予以有意义的回应。所有媒体信息都遵循着一定的信息程式。我们对这些程式了解得越多,就越能以生产者的身份构建信息,同时以接收者的身份从信息中获得更多。

共享同一组程式的信息属于同一类型。

本章的目的是提供一种类型结构,突出各类大众媒体信息生产者使用程式的异同。首先,我们将研究最普遍的大众媒体程式——所有类型的大众媒体信息生产者通用的程式。然后,本章会分三个部分介绍大众媒体信息的三种主要类型:叙事、电子游戏和交互式信息平台。在这三种大众媒体信息中,每一种都有不同的类型和子类型。查看表7.1,你可以看到它们是如何使用一系列的信息程式组织各种大众媒体信息的。

表7.1 大众媒体的内容类型和子类型

叙事	信息	新闻 纪录片
	说服力	商业广告 公共服务通知(PSAs)

	娱乐性	戏剧 喜剧 浪漫主义 现实主义
电子游戏	小规模（少量玩家，受到约束的环境） 大规模（大量玩家，广阔开放的环境）	
交互式信息平台	社交网络（由于私人或工作的原因与其他人会面） 共享（下载音乐、视频或者其他信息，购买产品）	

表格内容来源自上而下：©iStockphoto.com/Bibigon；©iStockphoto.com/ihorzigor；©iStockphoto.com/neyro2008

最通用的程式：进阶现实

所有大众媒体信息所使用的最普遍的程式就是进阶现实（Next-step Reality）程式。这个程式需要现实元素和幻想元素的组合。这种组合不可或缺，因为它可以吸引各类受众的注意力，并以一种受众满意的方式保持他们的注意力，进而有计划地将用户置于反复的媒介接触中。

媒体信息中的现实元素是必要的，它可以向潜在受众发出一个信号，即该信息与他们的现实经历产生某种共鸣，并为他们提供一些背景以帮助他们理解即将接触的信息的含义。包含人们熟悉的人物或角色的信息为他们提供了背景，帮他们快速识别这些人物，并轻松地帮助人们设置了对这些人物行动的期待。信息还使用熟悉的设置和熟悉的语言模式，这些熟悉的元素有助于受众轻松地接收信息并有效地理解其含义。此外，当信息元素与他们日常生活中的元素相似时，受众会期望从媒体信息中学到一些能指导现实生活的东西。

媒体信息中的幻想元素也是必要的，即为受众提供可能使他们感到惊讶的新颖事物，或者至少为他们现有的知识基础添加新内容。潜在的受众不希望媒体信息完全复制他们每天在生活中看到的东西，因为他们已经有了日常生活，并感到束缚，他们希望他们的生活被新的信息、新的感受和新的经历拓展。这些新事物存在的可能性相对较小，或者它们可能是相对重要的，即信息生产者将受众带到异国情调的场景（外太空，或历史上）中，让他们的生命变得宏大，并唤起比日常生活中更为强烈的情感（恐惧、欲望、兴奋）。

比起幻想，有时我们想要在媒体信息中获得更多的现实。例如，新闻提供大量事实让我们了解实际发生了什么，但我们也想要一些新奇的东西——这就是新闻消息出现的原因。但有时我们想要更多的幻想。例如，看好莱坞类型的电影时，我们希望在高度戏剧化的情节中能够看到充满异国情调的场景以及极具吸引力的有趣的超能力角色。

但是，我们还需要一些真实线索，这样我们才能够看到角色身上与我们相同的特质，并产生共鸣。最娴熟的大众媒体信息生产者是那些能够将现实与幻想融合在一起的有才能的人，他们使我们相信现实世界（或可能）比我们之前想象的更令人兴奋，更具戏剧性。

 概括

你能用不多于25个字来解释一下媒体信息的进阶现实程式吗？

受众的视角

为什么我们要接触媒体信息？在最基本的层面上，媒体为我们提供在现实生活中无法获得的信息和经验。大多数人都觉得现实世界太有限了，也就是说，我们无法从现实世界中获得我们想要的所有经验和信息。为了获得这些经验和信息，我们进入了媒体世界，期望在那里找到更令人兴奋的东西。我们在媒体世界的旅程是有价值的，因为它们与我们的现实世界产生了某种共鸣，但也通过向我们展示新的东西，让我们体验到在现实世界中体验不到的东西，以及激发我们的想象力，形成新的观点。因此，媒体信息必须呈现一些新颖的东西，但它们也必须与我们的现实世界经历产生共鸣。

人们愿意通过媒体而不是在现实生活中获得经验有两个原因。一个原因是他们不可能在现实生活中获得这些经验。例如，大多数人不可能知道地球从外太空看起来是什么样的，或者其他行星的表面是什么样的。在美国内战期间，人们不可能知道在农场生活是什么样的，也不能在中世纪的英格兰成为圆桌骑士，或者观看一位古老的宗教领袖走在大地上。要获得这些图像、声音和情感，人们必须依靠媒体提供的信息。

促使人们从媒体而不是现实生活中寻求经验的第二个原因是，在媒体中获得这些体验的成本远低于现实生活中所需的成本。例如，在电视上观看总统新闻发布会比去新闻院校读书，再去大的报纸或电视台找到工作，获得白宫记者证，亲自参加新闻发布会要容易得多。在电影中观看那些人物角色相互认识,建立恋爱关系,分手,然后从错误中吸取教训,而不是在现实生活中经历同样的事情,这样能让人们减少情感的浪费。

因此,人们希望媒体信息与日常生活有所不同。但他们也不希望媒体信息远离他们的经验和需求。所以人们想要的信息是现实生活的"进阶",他们希望看到容易实现的内容,使它变得可行甚至成为现实。

> **评估**
> 想想自己喜欢的电视节目和电影,哪些具有更多的现实元素,哪些具有更多的幻想元素?

信息生产者的观点

信息生产者们本能地认为他们为了吸引受众,必须使信息具有现实感,并稍作调整,使其看起来更加有趣。因此,媒体信息的生产者通常尽可能地保留信息的真实性,以便与受众在现实生活中的体验产生共鸣。但媒体信息的生产者也知道他们不能简单地再现现实,因为这样的话,人们还不如直接留在现实世界中。

小说作者知道他们的艺术在于以某种方式讲述比生命"更宏大"的故事。他们可以设置普通的场景和典型的情节(如男孩遇见女孩),但也可以改变角色,让他们比现实生活中的人更有吸引力或更有趣,或者将普通人置于比现实生活更具戏剧性的情节中。熟练的制作人可以带着受众一步一步走,直到他们自愿地进入纯粹的幻想中,这就是滑稽剧的程式。故事一开始看起来像普通的日常生活,然后,一步一步地,制作人将受众拖离现实,但这个过程不能让受众感到迷惑,而是要让他们自愿接受每一个新的步骤,然后被掌控。因此,制作人需要让受众深信不疑。为了让人们心甘情愿,制作人必须一步一个脚印。

进阶现实也被应用于一些有说服力的信息。例如,典型的解决问题型的广告展示的是一些普通人面临的问题,比如口臭、头痛、脏衣服、饥饿,等等。广告商让受众相信他们的解决方案——购买和使用广告产品,承诺它将比任何其他解决方案能够更好地解决问题——更快、更彻底、更便宜,或者在情感上更令人满意。

进阶现实比较难应用于信息供给类的内容产品上。例如,如果新闻机构的目的是报道当天的事件,记者如何应用进阶现实策略?答案是,当记者选择报道内容时,比起典型事件,他们通常对异常事件更感兴趣。常言道,"狗咬人不是新闻,但人咬狗则是新闻。"事件的扭曲使它成为新闻。犯罪是新闻,因为它们是异常行为。暴力犯罪比财产犯罪更具有新闻价值，因为它们在现实世界中更加异常和罕见。

现在让我们把注意力转向大众传媒内容的三大类型：叙事、电子游戏和交互式信息平台。虽然每一种类型都使用了进阶现实程式，但它们也都加入了使它们具有独特性的其他程式。

叙事

叙事的特点是信息生产者和受众完全分离。信息生产者负责设计信息，而受众纯粹是这些信息的接收者。当然，不同的受众可以以不同的方式接收信息（即，理解不同的含义并且具有不同程度的情绪反应），但是受众无法改变信息本身，也不参与设计或分发这些信息。

大众媒体叙事的设计者心目中有一种特定类型的受众，然后以这些信息程式作为指南来生产一个能够吸引尽可能多的目标受众的故事。他们知道故事必须要有一个强有力的开头，以吸引受众的注意力，还要有最能与他们产生共鸣的角色和设置，以及一系列能激发特定情绪的事件流。然后，一旦故事开始，制作人就会依靠程式来让受众产生好奇，急切想知道接下来会发生什么。在设计信息的结尾时，制作人遵循的程式能为受众提供满意的解决方案，并强化信息体验，使受众还想从这里获取其他信息。

叙事有三种类型，主要目的分别是告知、说服和娱乐受众。虽然大多数媒体信息是这三者的混合，但理解不同的主要意图也很重要。让我们分析一下这三种类型。

告知

这种叙事主要是为了向受众提供可以指导现实生活的事实。喜欢旅行的人会沉浸在旅行叙事中，从而借此体验不同地域的风土人情。有特定爱好的人会接触特定信息，以此来学习如何用更好的方法发展他们的爱好。许多人每天都会看新闻报道，以了解有关交通、天气、体育比赛的最新动态，以及立法机构通过的新法律对他们生活的改变等相关事件。

对记者而言，最熟悉的叙事模式是通过新闻六要素来构建起他们的新闻报道：何人？何事？何地？何时？为何？如何？面对新的信息，记者首先向自己提出这些问题,然后通过回答每一个问题来构建信息。当记者忽略这些问题中的一个或多个时,受众就会对信息不满意,甚至感到沮丧。

另一种流行的新闻写作模式是倒金字塔结构。它将最重要的信息放在故事的开头,然后接下来是次重要的信息。记者按照重要性大小排列信息,直到故事包含了所有信息。这个程式是在电报的早期发展起来的,当时的记者会通过电报将他们的报道发送给他们的报纸。他们需要先发送最重要的信息,以防电报线路在传输时坏掉。虽然今天早已不再依赖电报通讯,但这个程式仍然有价值,因为如果故事太长,编辑们就会删减。例如,记者的报道篇幅可能有20英寸,但空间只有16英寸,在这种情况下,编辑通常会剪掉最后4英寸。

虽然人们不会重点关注娱乐叙事,但这些信息的生产者知道他们需要使用一些娱乐信息来吸引受众的注意力。因此,记者使用的另一个流行的程式就是简化扩展冲突（Simplified extended conflict, SEC）。在报道新闻时,记者会寻找一些看似非常简单的冲突角度。他们认为一个没有冲突的故事不会吸引受众的注意力,但如果冲突很复杂,那么这个故事也不会引起受众的注意。此外,如果故事可以持续几天或更长时间,那就更好了。政治选举中有很多简化扩展冲突的好例子。竞选活动总是涉及候选人之间的冲突,而媒体的叙事通常会简化这种冲突,只关注两位候选人,而把其他候选人推到后台。此外,这场持续数周或数月的竞选活动像一场比赛,一位候选人领先,另一位候选人奋力追赶。政治报道更多关注的是谁获胜,落后的挑战者能否缩小差距,等等,而不是一些具体问题。如果冲突集中在复杂问题的细节上,那么这个报道就不会吸引大量的受众。因此,记者寻找的是一种简单的冲突形式,这在"赛马"的比喻中得到了最好的体现①。

简化扩展冲突的其他例子还有好人对抗坏人,例如警察对抗罪犯;局外人士反对局内人士,例如揭露大公司腐败的举报人;小人物对抗大人物,比如个人对抗市政厅或

 概括

你能否用不多于25个字来解释什么是简化扩展冲突?

大企业。记者可以以一种非常简单的方式来报道这些情况下的冲突,并使冲突持续很长一段时间,以便受众每天关注信息从而知道究竟谁赢了。记者使冲突中的人或问题两极化,使受众支持其中一方,然后展示斗争中的大量戏剧情节。

---

① "赛马"式新闻是指一种有关选举的新闻报道,它与赛马比赛的报道相类似,更多关注的是民调数据、公众看法,而不是候选人的政策——译者注。

说服

说服性叙事主要是为了影响受众的态度和行为。说服性叙事的典型程式是问题解决方案,这是一个非常简单的程式。它必须非常简单,因为受众很少会关注任何一个有说服力的叙述。电视上的说服性叙事通常为15秒,在娱乐节目中插播十几个或更多广告。杂志、报纸和网站上的说服性叙事通常只占页面或屏幕的一小部分。

使用这个程式,广告商通常会夸大我们的问题(为了增加我们的焦虑和恐惧),然后夸大他们的产品解决问题的有效性(以刺激购买)。因此,他们使用进阶现实程式,呈现我们遇到的实际问题,然后使这些问题看起来更为棘手,同时将他们的解决方案描述得更具戏剧性。他们夸大宣传他们的解决方案时必须十分小心,不能有被检测出来的虚假信息。因此,他们的产品声明不是为了提供事实信息,更有可能夸大其词,这是一种为他们的产品做声明的做法;表面上听起来超级好,但仔细检查就会发现,他们并没有做出任何实质性的声明,可以实际测试其产品的真实价值。例如,你是否见过以下广告标语:"同类中最好的","最美丽的"或"最好的"?这些口号让我们觉得这些产品似乎特别好,但经过仔细研究你会发现,这些都是空话,无法进行检测。虚夸有很多种方式:

- 不相关的比较:"X是同类产品中最畅销的产品。"什么种类?也许种类的定义非常狭窄,以至于只有一个同类品牌。此外,它可能是最畅销的,因为它是最便宜的,或者因为它磨损得很快。
- 模糊的比较:"X能更好地清洁。"比什么更好?比其他品牌更好?比不清洁好吗?有一个模糊的比较可以让产品听起来更优越,但它其实是一个毫无意义的

完整早餐的一部分?夸大其词的广告可以让谷物这样的食物听起来比实际上更有营养。

©Stockbyte/Stockbyte/Thinkstock

比较。

- 产品与其早期形式的比较："X是新的和改进过的！"从表面上看,这似乎是一件好事,但我们思考一下就会发现,旧版本出了什么问题？这个当前版本的问题最终会在明年再次出现并有所改善吗？
- 伪声明：比如"X打败蛀牙",但它并没有说通过什么方式。是牙膏中的化学物质、刷子在牙齿上的运动,还是刷牙的习惯？
- 伪调查："接受调查的五位牙医中有四位表示他们推荐X。"这五位是谁？或许他们是收了钱才推广的。

虚夸的程式适用于制作人,因为它使他们的叙述听起来更有说服力。但它对受众来说效果并不好,因为这些说法具有误导性。

> **? 分析**
> 你能识别出广告中一些夸大其词的例子吗？

娱乐

娱乐叙事主要是为了引起受众的情绪反应。其中一些叙述很短,就像一个旨在引发笑声的笑话。有一些会很长,制作人试图吸引受众参与一段很长的旅程,引发许多不同的情绪,最后让受众满意,觉得这趟旅程是值得的。

从表面上看,媒体似乎提供了各种各样的娱乐信息。但是当我们分析这些信息时,我们可以看到它们遵循着标准模式。例如,流行音乐多年来风格各异,但基本上所有流行音乐都遵循一系列程式。所有歌曲都是由有限数量的音调构成的,这些音调以标准序列排列在一小组旋律（一起演奏的音符）中。每首流行歌曲都是标准程式的变体,对于媒体信息来说也是一样。

通用叙事模式

讲故事也有它的程式。编剧苏·克莱顿（Sue Clayton）分析了成功和不成功的好莱坞电影,试图弄清楚成功电影都具备哪些元素。通过分析,她发现了一个程式,她称之为成功电影的基因蓝图。这个蓝图要求要有30%的动作,17%的喜剧,13%的善与恶,12%的爱/性/浪漫,10%的特效,10%的情节和8%的音乐。根据这个程式,《泰坦尼克号》和《玩具总动员2》是完美的电影（Baker, 2003）。我们虽然怀疑能否将成功的电影或故事的模式缩小到精确的数学程式,但为了吸引受众，所有故事都必须具备某些特征。因此，我们可以确定一个通用娱乐叙事模式：所有故事都以冲突或问题开始，激烈的冲突贯穿故事始终，主要角色试图去解决问题。最后，在高潮场景中，问题得以解决，冲突消除——或者至少被基本解决掉了。

除了媒介信息的创建者使用这个通用程式外，受众也在使用这个程式。它可以帮助我们轻松识别角色的好坏，并快速知道我们观看到了哪里。遵循这个程式的叙事会吸引最多的受众，因为受众最容易理解这个程式。我们看到的娱乐信息越多，也就越了解这个叙事模式。我们习惯于期待某些特定的情节点、节奏、特定类型的角色和主题。然而，如果一个制作人盲目地遵循这些程式而没有任何变化，那么这个故事就会过于标准以至于变得无聊。创造力体现在知道如何突破程式。

传统类型

不同类型的娱乐产品以不同的方式阐述着故事。我们了解一下这个基本的讲故事程式是如何体现在悲剧、神话、动作/恐怖、喜剧、浪漫和现实等传统类型节目中的。

悲剧中必须有被观众视为高尚和善良的角色。然而，不幸的事情发生在这些角色身上，要么是因为他们有一个无法回避的致命缺陷（正如莎士比亚悲剧中的情况），要么是因为命运的阴谋把他们给毁了（例如电影《泰坦尼克号》中发生的事情）。观众喜爱悲剧是因为可以将自己与悲剧人物进行比较，并且感到自己比那些不幸的人生活得更好。

这个神奇的程式使得有关情节的重要元素被隐瞒，直到故事结束。例如，在一部侦探小说中，"谁"这个因素一直被隐藏起来。通常，一桩严重的犯罪会引发一个故事，然后有人会使用现有的信息寻找罪犯。悬念在解决难题的过程中频频出现。观众试图为自己解开谜团，并被故事所吸引。

动作/恐怖类节目的程式主要由情节驱动，善恶双方在不断深化的冲突中一决雌雄。我们对角色持有刻板印象或角色像漫画书人物类型。在角色出现的几秒钟内，我们就能知道该角色是英雄还是恶棍。人物设定是静态的，不会改变。情节通过快节奏的动作推进，呈现生死攸关的情况让观众也跟着紧张。这种类型的故事一般会引发恐惧、悬念和复仇的情绪。暴力几乎是所有这些故事的主要内容。暴力的程式告诉我们，犯罪分子可以在整个作品中表现得很暴力，只要他们在节目结束时被捕，

情景喜剧《杰茜驾到》幽默的点在于一个古怪角色努力适应成人状态。
图片来源：Jason La Veris / Film Magic / Getty Images

或者至少要在商业广告结束和下一章节开始之前让一切恢复和平。此外，我们认为警察、私家侦探和好人义警只要能成功地对付坏人就可以违反法律并使用暴力。

在喜剧程式中，小的冲突会突然爆发，然后情节就开始发展了。通过欺骗或侮辱，口头上的冲突会不断升级。角色是通过他们不断克服自身的弱点和增强智慧成长起来的。节目结束时，整个行动彻底完成，所有主角也都会感到高兴，因为他们的问题都被解决了。

喜剧的一个子类型是角色喜剧（the character comedy），或者称作风尚喜剧（the comedy of manners）。这种喜剧的幽默来自角色怪癖，这也表明了日常生活中的疯狂。人物角色自己处于我们每天都会遇到的困境中。当角色试图解决这些困境时，某些社会习俗的荒谬性就会显现，这会让我们大笑。例如美剧《阿飞正传》(Seinfeld)和《生活大爆炸》(The Big Bang Theory)。喜剧

> **归纳**
>
> 当你准备看某一类电影（动作/冒险、浪漫等）时，回想一下这类电影中通常出现的典型人物和情节点是怎样的。这为你下一次看电影预埋下了某种期待。那么，现在当你再看电影的时候，你能否测试一下你的这种期待呢？

的另一个子类型是贬低式喜剧,其中某些角色比其他角色具有更大的权力,并以幽默的方式行使这种力量,例如《好汉两个半》(*Two and a Half Men*)和《办公室》(*The Office*)。情景喜剧的套路为观众所熟知,以至于尼克国际儿童频道制作了很多60秒的情景喜剧。因为观众可以毫不费力地认出典型情节和人物角色,所以很容易就跟上剧情。

浪漫故事的开头往往是一个人因为单身而感到孤独,或是在爱情里遭遇背叛,由嫉妒或恐惧而感到痛苦。作为观众,我们被情节引导并渐渐对主角产生认同,切身感受到她的痛苦。但她仍对看似无法实现的目标充满了希望。因为努力和她自身的优点,经过艰难险阻,她越来越接近她的目标,直到最后故事进入高潮,这向观众传递了某种强烈的积极情绪。

多年观看电视和电影所积累的经验,让我们已经非常了解关于人物、情节和主题的程式。我们很多人甚至认为自己也可以创作和制作节目。这对我们中的一些人来说也许可以,但制作一个成功的节目是一项非常艰巨的任务。程式虽然看似简单,但使它们很好地发挥作用却非常困难。

最新类型

目前,电视上最热门的节目类型就是"真人秀"节目。电视在其发展历程中不乏现实类节目的例子[如游戏节目,《真实镜头》(*Candid Camera*)等],但直到2000年,三个最受欢迎的节目[《幸存者》(*Survivor*)、《美国偶像》(*American Idol*)和《老大哥》(*Big Brother*)]使用了真实的素人而不是专业表演者进行无脚本拍摄,真人秀这才成为一种被认可的节目类型。不到十年,电视真人秀的数量从2000年的4个增加到2010年的320个(Ocasio, 2013)。真人秀节目发展迅速,开发了许多子类型(见表7.2)。

最受欢迎的真人秀节目是《幸存者》。甚至在播出第一集之前,哥伦比亚广播公司就收到了6,000名申请者的申请希望加入该节目。节目内容为人们被困在中国南海的一座小岛上,目的是为了赢取100万美元的奖金(Bauder, 2000)。《幸存者》的大受欢迎迅速催生出一大批这一类型的真人秀节目。这些节目都找一些真实的素人并让他们处于竞争的状态。参与者互相竞争并展现出他们各自的个性,观众则开始认同(或支持)其中的某些选手。

现在你已经阅读了有关媒体娱乐叙事的部分，让我们来看看你如何将这些信息融入你对这些叙事方式的思考中。尝试分析应用媒介素养7.1中的一些娱乐叙事。

表7.2　真人秀的子分类

纪录片类：摄像机记录日常生活。
- 普通人【《老大哥》（Big Brother）、《真实世界》（The Real World）、《真实主妇》（The Real Housewives）系列】
- 工人【《与卡戴珊姐妹同行》（Keeping Up With the Kardashians）】
- 边缘群体【《姐妹妻子》（Sister Wives）、《阿米什黑手党》（Amish Mafia）】

真实法治类：记录人们在处理法律问题时的行为。
- 庭审（人民法庭、离婚法庭）
- 执法纪录片【对抗（Cops）】

真人秀竞赛/游戏类：人们会为某个奖项而竞争，每集都有一名或多名参赛者被淘汰。
- 表演【《美国偶像》（American Idol）、《美国达人秀》（America's Got Talent）、《与星共舞》（Dancing With the Stars）】
- 约会【《单身汉》（The Bachelor）、《百万富翁红娘》（The Millionaire Matchmaker）】
- 求职竞赛【《顶级厨师》（Top Chef）、《全美超级模特新秀大赛》（America's Next Top Model）、《我是笑星选拔赛》（Last Comic Standing）】

自我提升/改头换面类：当现实世界中的人或物得到巨大改善时，观众会感到惊讶。
- 个人改变【《超级减肥王》（The Biggest Loser）、《极度减肥》（Extreme Weight Loss）】
- 房屋改造【《房屋翻新》（Fixer Upper）、《房产兄弟》（Property Brothers）】

社会实践类：人们被置于不同寻常的环境中，摄像机记录下他们的反应【《换妻》（Wife Swap）、《卧底老板》（Undercover Boss）】。

隐藏拍摄类：人们的行为在他们意识不到的情况下被记录下来【《骗子，你会怎么做?》（Cheaters, What Would You Do?）】。

超自然/超常规类：人们处于令人恐怖的情境下，据说是有某种超自然力量【《幽灵冒险》（Ghost Adventures）、《幽灵猎人》（Ghost Hunters）】。

骗局类：人们被愚弄并相信一些错误的东西，摄像机记录下他们的反应【《卧底老板》（Undercover Boss）】。

应用媒介素养7.1

叙事分析

1.回想一下你最喜欢的一种娱乐节目，比如电视剧。

A.制片人做了哪些事来吸引你对每一集的关注？

B.制作人如何用有趣的方式讲述每一集故事？

——想想角色、情节、设置等。

——哪些元素是现实可行的？

——哪些元素是虚构的？

——制作人做了什么让你不断接触该媒介？

2.考虑一下你经常在哪里获取一些话题。

——是什么吸引你去那里获取信息？

——为什么一旦有新的信息需求，你还是会到那里寻找信息？

3.你能想到一个使用"问题—解决"模式拍摄的电视广告吗？

A.它展现的问题是什么？

B.你有这个问题吗？

——这个问题有多大的现实意义？

——问题的解决方案是什么？

——所给出的解决方案的可行性怎么样？

——你相信在你的生活中，这个解决方案真的如广告上所描述的那样有效吗？

电子游戏

各种不同类型的电子游戏的特点是故事结构比叙事更开放。也就是说，电子游戏让用户进入一种竞争状态，有预定的目标和操作方式，这就是电子游戏的规则。玩家在规则允许的范围内行动，并实现赢得游戏的目标，这些活动构成了他们自己的故事。因此，玩家通过他们玩游戏的方式来进行叙事，从而形成故事。

有些电子游戏相当简单，只有很少的规则和快速的解决方案，即一个人与计算机或另一个人对抗（例如，跳棋、井字棋、二十一点）。还有一些电子游戏非常复杂，个人可以加入团队与许多其他玩家一起玩游戏，玩家在几个月甚至几年的时间内会经历多层次的挑战。同时，随着他们在游戏中不断成长，一系列复杂的规则也逐渐向玩家揭示［例如，《魔兽世界》(World of Warcraft)、《龙与地下城》(Dangerous and Dragons)］。

电子游戏与其他类型的媒介内容不同，因为它们不会让玩家按照传统的叙事模式玩游戏（Friedman, 1995）。相反，游戏为玩家提供了在游戏过程中构建自己故事的机会。这些游戏要求玩家高度关注信息，但并不是被动地吸收其意义，而是积极地对信息作出判断，与游戏规则、角色和环境进行互动。游戏玩家对信息进行判断并做出的决定往往会改变游戏的进程和性质。这种变化会让玩家有一种掌控感。同时，他们不断探索如何展开一个全新的故事时，也会有一种新奇感。

菲利克斯·凯尔伯格（Felix Kjellberg）因他的用户名 PewDiePie 而闻名，他的 YouTube 频道拥有超过 3,400 万的订阅者，他在那里发布自己玩游戏的视频。

图片来源：Prommer/PatrickMcMullan.com/Sipa USA（Sipa via AP Images）

这些电子游戏的共同点是：用数字游戏代码管理游戏外观和玩法，利用视听功能吸引用户进入游戏，以及玩家在玩游戏时用来与数字代码进行交流的输入设备（Kerr，2006）。此外，电子游戏和其他形式的大众媒介内容一样，也是对一些特定受众极具吸引力的商业产品，并且其本身的设计是为了让用户形成使用习惯（Giddings & Kennedy，2006）。

许多交互式媒体平台旨在吸引那些想要与自己或计算机，或是与其他玩家有所比拼的玩家用户。有了电子游戏，我们就可以随时开始玩游戏，并根据需要暂停游戏。我们也可以慢慢思考下一步行动，并且不会有对手的抱怨，也可以收到有关我们表现的即时反馈。随着互联网的兴起，我们可以突破地域的限制，与世界各地的人一起玩游戏。此外，我们还可以与大量玩家一起比拼，例如大型多人在线角色扮演游戏（massively multiplayer online role-playing games，MMORPG）。随着移动设备的普及，我们还可以随时随地玩游戏。

电子游戏设计

电子游戏的制作者会根据程式决定游戏设计中三个最重要的方面：游戏类别、游戏规则和情感基调（Sykes，2006）。

关于游戏类别，设计师在考虑他们的游戏类型时有六种选择。第一种是对抗类游戏，玩家想要玩游戏是为了与其他玩家对抗来检测他们的游戏技能。第二种是概率类游戏，主要是机会型游戏，如轮盘赌和彩票。第三种是模仿类游戏，玩家有机会接受新的身份，然后让别人相信他就是那个所扮演的人。第四种是刺激眩晕类游戏，它让感知系统暂时不稳定，例如游乐场的游乐设施。第五种是探索类游戏，游戏为玩家提供探索新世界和发现新事物的机会。第六种是社交类游戏，游戏为玩家提供与其他玩家联络沟通的平台，并加入具有私聊、昵称、发起权等功能的特殊部落。赛克斯（Sykes）认为：虽然每一种类型的游戏都有不同的细分用户，但受欢迎的游戏通常会在一个游戏中结合两个或更多游戏类型，以吸引更广泛的玩家群体。

关于游戏规则，游戏设计师在设置游戏规则的数量上有着宽泛的选择范围。在这个范围的底端，游戏可以被设计成最少数量的规则，以便玩家在玩的时候感受到自身冲动的自发表达。在这个范围的顶端，游戏可以被设计成许多规则，构建高度发达的仪式：玩家必须高度自律，才能很好地学习所有规则并在游戏中获胜。

至于情感基调,设计师必须考虑他们希望玩家在与游戏互动时有什么感受。一种是进攻的感觉,玩家对抗一系列强大和更强大的对手。当他们征服这些对手时,玩家们会感觉到自己很强大,并对自己的能力更有信心。另一种是神秘感或悬念,玩家必须在坏事发生在自己或其他人身上之前弄清楚发生了什么。

除了在前面段落中提到的设计决策之外,设计师还要遵循一些普适性规则,以确保他们的游戏能够吸引玩家并让他们继续玩下去。成功的数字游戏一般会遵循六种设计原则。游戏开发者为了降低没有玩家的风险,会遵循这些规则。第一,必须给玩家一些奖励,而这些奖励必须只给优秀的玩家。糟糕的玩家应该受到惩罚,但这种惩罚不应该发生在玩家无法控制的情况下。第二,游戏应该相对来说比较容易学习。当然了,有些游戏非常复杂,但并不会一开始就让玩家感到复杂。在玩家不断深入玩游戏的过程中,复杂性逐步显现。第三,游戏应该是可预测的。游戏应遵循逻辑规则,让玩家可以预测其行为的结果。第四,游戏应该是公平的。某一种行为导致的结果必须始终相同。第五,游戏对玩家来说应该有一定的熟悉度。这意味着设计师应该考虑玩家会为游戏带来什么以及如何使用它。第六,游戏应该具有挑战性。如果太简单,玩家很快就会失去兴趣。因此,设计师必须建立一个等级层次,让玩家克服越来越严峻的挑战,然后让他们继续玩这个游戏。

 归纳

想想你过去玩电子游戏的经验,你能否在挑战类型、图像使用、声音等方面找到吸引你注意力的模式?

玩电子游戏的经验

一个电子游戏设计得好,它就会为玩家带来"心流"(Flow)和"叠套"(Telescoping)的体验。"心流"是一位社会心理学家创造的术语,他有一个不太好发音的名字——米哈里·契克森米哈赖(Mihaly Csikszentmihalyi, 1988)。他观察到人们在各种游戏任务中迷失自我,并称之为"心流"。为了达到这种心流状态,人们必须深深沉浸在一项任务中,这样他们就会忘记时间和地点。在数字游戏里,玩家经常沉浸其中,好似他们进入了屏幕所呈现的世界,失去了在现实世界中的感觉。玩家沉浸在游戏的乐趣中,其他需求(例如口渴、睡眠和饥饿等)是次要的。也就是说,为了完成游戏中的下一项任务,那些次要需求就会被推迟满足。完成下一个游戏目标是如此令人愉快,以至于在"心流"状态下,其他一切都被遗忘了。

"叠套"是另一位社会心理学家提出的术语,他的名字很容易发音——约翰逊（Johnson, 2006）。他用这个术语来表示电子游戏玩家关注游戏过程中各个步骤的特点。在电子游戏中的每个节点上,玩家都必须着眼于当前的目标任务,它从之前成功实现的目标中获得,并且指向下一个目标,这种情况将一直引导玩家直到游戏结束。这种对当前目标的关注被视为"前景",而其他所有目标都成为背景,它们只是作为"前景"目标的背景。因此,游戏玩家在专注完成目前游戏所给定的目标任务外,还必须要关注全局。当然,玩家就算达成了当前目标,也不会停止游戏；相反,他们会更有动力去实现下一个目标。约翰逊认为："优秀的游戏玩家已经掌握了在大脑里同时兼顾不同目标的能力。"（p.54）"叠套"和多任务处理不同,多任务处理是指同时处理一系列不相关的事情,例如打电话、给朋友发即时消息,用iPod听音乐以及使用Google搜索话题。"叠套"更多是将任务根据优先层级排序,然后以正确的顺序完成它们。

玩家可能会沉迷于游戏任务,进入"心流"状态——和完成游戏目标相比,其他现实世界的需求变得不再重要。

图片来源：©iStockphoto.com/jessicaphoto

体验"心流"和"叠套"是非常刺激且有益的。它像麻醉剂一样,不断吸引玩家重返游戏,重复体验。一旦玩家有了这种体验,他们就会希望游戏能够不间断地继续下去。如果它被打断,他们就希望尽快返回,重新开始。

现在你已经了解了有关电子游戏的一些知识,让我们来看看你如何将这些知识融入你对游戏的思考中。尝试分析应用媒介素养7.2中的一些电子游戏。

应用媒介素养7.2

分析电子游戏

1.想想你玩电子游戏的情况。

A.如果你不经常玩电子游戏,分析一下你的需求并找出其中原因。

> B.如果你经常玩电子游戏，请继续下一题。
> 2.想想你最喜欢的电子游戏。
> A.这款游戏一开始什么最吸引你？
> B.是什么奖励让你一直不断玩这个游戏？
> C.制作人在游戏中加入了哪些让你觉得特别有吸引力的元素？
> D.你玩游戏时会体验到"心流"吗？
> 3.想想你认识的其他玩这款游戏的人。
> A.他们玩这款游戏的原因是否和你相同？
> B.他们是因为擅长玩才玩这款游戏的吗？
> 4.在多大程度上，你已经养成了玩游戏的习惯？
> A.你是否经常玩这款游戏，即使它并不有趣？
> B.你觉得很难停止玩游戏吗？
> C.当你不玩游戏时，你会一直想着要玩游戏吗？
> D.鉴于你对前三个问题的答案，你觉得你玩游戏上瘾了吗？

交互式信息平台

交互式信息平台最重要的特征是生产者创建一种特定类型的结构，允许个人创建他们自己的信息，并将其发送给指定的受众或更广泛地传播给大众。这些平台的生产者想要吸引特定类型的用户，让用户定制该平台提供的服务，帮助用户满足沟通的需求。一般来说，有两种类型的交互式信息平台：社交和共享。

社交

社交网站（Social Network Site, SNS）是一种基于Web的平台，它为个人提供了创建公开的个人档案、与其网站访问者建立联系以及分享个人信息的机会。因此，这些网站允许用户生成各种内容——用文本、照片和视频轻松地构建其网站。它们还允许用户通过移动设备轻松访问网站，并为用户提供了轻松的互动环境。这些网站会给用户营造一种社区感，这比地理位置上的近更让人感到亲近。其实，地理位置已不再是一种限制，人们可以和世界上的任何一个人进行互动。

最早的社交网站是1997年推出的SixDegrees.com。2003年，社交网站开始扩张发展，出现了MySpace、Facebook、Bebo、Orkut和Cyworld。社交网站在过去十几年非常受欢迎。Twitter拥有超过5亿的用户，Facebook在全球拥有超过12亿的活跃用户（Smith，2013）。在美国，社交媒体有1.7亿的用户，这些用户平均每天使用时间超过2.3小时（Statista，2014）。

我们有很多种理由去展开社交。有些人想要交朋友，有些人想要约会，有些人则希望逃离现实世界。通常情况下，人们会想要其中的几种或全部。我们来更详细地研究每一种需求。

交友

有些网站旨在帮助用户结交新朋友，并更有效地维持他们与朋友之间的联系。Facebook是最受欢迎的交友社交网站，由马克·扎克伯格（Mark Zuckerberg）2004年在哈佛大学攻读计算机专业时推出。该网站的会员最初仅限于哈佛大学的学生，慢慢地扩展到波士顿地区的其他大学、常春藤联盟和斯坦福大学。后来，它进一步扩大到包括任何大学生、高中生，直到最后，任何一个年满13周岁的人都可以注册。截至2011年夏天，Facebook在全球拥有6亿用户，目前人数已经翻了一番。

2004年，还是本科生的扎克伯格在哈佛大学创办了Facebook。该网站最初仅限于哈佛大学的学生，然后扩展到其他大学，最终走向全球。

图片来源：A Photo Mark Lennihan

约会

虽然人们经常使用交友软件Facebook来结交朋友，并且最后发展成恋人，但还有其他形式的社交网络更专注于约会。例如，智能手机的应用程序，如Tinder，使用GPS帮助单身人士在附近找到约会对象。你也可以用手机在线搜索附近单身人士的照片和个人资料，然后向这些人发送即时信息。这能帮助人们在一些体育赛事、购物中心和其他公共场所约会（Li, 2011）。

生活

有些人喜欢在虚拟空间与朋友保持联系但又不喜欢在现实中进行互动，这样也就有了虚拟交友网站。其中一个网站叫"第二人生"。它声称"这是一个3D世界，你看到的每个人都是真实的人，你访问的每个地方都是由像你一样的人建造的"（Second Life, n.d.）。"第二人生"是林登实验室（Linden Lab）开发的一个在线虚拟世界，于2003年推出。年满13周的人都可以加入并创建一个角色。这些被称为"居民"的角色可以探索世界（被称为"网格"），与其他居民会面、社交，参与个人和团体活动，以创建虚拟财产和服务并与其他人交易。截至2013年，"第二人生"已经拥有3,300多万注册用户（Second Life Grid Survey, 2013）。

共享

第二种类型的交互式信息平台是用于共享。这些平台让人们可以分享他们的观点、信息、音乐和视频。

观点

人们最喜欢在博客这种开放性论坛上分享观点，"网络日志"也因此不再流行。这种网站可以让个人发表意见并邀请读者回复。创建博客的个人必须生产自己的内容——文本内容（日记笔记、爱好、摘录、喜爱的网站列表等）、图像内容（照片、图标、Web链接等）和交互内容（在线讨论、电子邮件等）。有些博客专注于博主本身，而有些则专注于公共问题或利益。博客为每一个受众提供了自由讨论的机会。他们可以在主流媒体之外讨论问题。博主发表他们的想法，并希望得到回应。因此，博客是对话式的，它引发了回应并刺激了对话的发生。

截至2014年夏天，可公开访问的博客超过1.8亿个。虽然有些博客非常受欢迎，每月有超过100万的独立访客，但绝大多数博客都是由个人运营的，他们对每个主题发表个人观点。Twitter是最受欢迎的博客，它规定人们发信息不能超过140个字符。截至2012年年底，Twitter的活跃用户已经超过2亿人，这些人平均每天发送1.75亿条推文（Pingdom, 2014）。推文通常是一些一时兴起的信息，有关其日常生活（比如早餐吃什么）以及发表对所关注事件的看法。其他比较受欢迎的博客有德拉吉报道（Drudge Report），每月有2,100万独立访问者，以及赫芬顿邮报（Huffington Post），每月有1.1亿访客（"最受欢迎的十五大网站"，2015）。它们是政治博客，但也有关于娱乐、商业、媒体、生活方式和其他主题的帖子。无论是在信息的范围、质量上，还是在读者中的影响力，它们都可以与主流报纸相媲美。

信息

许多信息和教育网站都以互动的方式向公众开放。维基——一种软件技术，能够让人们与这些网站互动。维基允许任何用户添加和编辑网页上的信息，也能删除以前用户添加的信息。这个术语来自夏威夷语wikiwiki，意思是快速、迅速。1994年，一位名叫沃德·坎宁安（Ward Cunningham）的计算机程序员开发了一个初始的wiki服务器，想要把它打造成为最简单的在线数据库——目的是为了尽可能简单地添加和编辑信息。因此，这个数据库是非常民主的，每个用户都有平等的访问权和相同的贡献机会。

迄今为止，最著名的维基是"维基百科"，它是一个基于网络的免费百科全书，不聘请专家编写内容，任何人都可以访问、添加、删除和编辑内容。维基百科始于2001年。最初，它面临的最大挑战是引起公众的兴趣，让公众能志愿为这本百科全书创作文章，而不收取报酬。慢慢地它克服了这一挑战，截至2014年，公众已经免费为它创作了450多万篇文章，并且以每天约800篇文章的速度在增长（维基百科统计，2014）。目前的挑战是确保文章编写和编辑的准确性。此外，还有一个持续的挑战，即确保具有政治或宗教信仰倾向的人不会为了自己的目的而扭曲相关内容。例如，2006年，维基百科注意到国会议员把没有兑现的竞选承诺从其文章中删除。据调查，国会议员助手删除了这些文章。此外，司法部门也正在删除他们认为参与了恐怖主义活动团体的文章。他们注意到山达基教会的支持者正在编辑亲山达基派的观点，有批评者为了迎合自身的观点而将这些内容删除。在这些（以及更多实例）事件中，维基百科只能将这些人从编辑功能中锁定（Linthicum，2009）。现在，由于各种原因，维基百科平均每天删除1,000页内容（维基百科统计，2014）。

任何人都可以创建新的文章，任何人都可以编辑现有的文章。这种开放式的编辑模式是由良好的写作能力、立场中立、可靠的来源和可证伪的价值观指导的。创建和编辑内容的人是无偿的，每个人都可以免费访问该网站。用户免费创建内容，内容属于社区，而不是维基百科的创建者。

这种互动平台之所以能发挥作用，是因为有大量知识渊博的人愿意参与其中。由于有太多人参与，无论他们出现什么错误，都能快速得到纠正。他们生产的内容比任何一个专家小组所能提供的更加全面。此外，大量人员的参与有助于详细阐述每个主题。人们来自各行各业，能够为相应主题提供更多细节。创建之初，准确性似乎是一个问题，但编辑功能可以让其他人快速纠正错误[更多有关集体创作的益处，请参阅卡斯·桑斯坦（Cass Sunstein）撰写的 *Infotopia*，2006]。

音乐

自从1999年Napster软件问世以来，人们一直通过社交网络获取音乐。一位名叫肖恩·范宁（Shawn Fanning）的计算机黑客在波士顿东北大学学习期间创建了文件共享软件程序Napster，并于1999年6月发布。一年之内，有7,000万用户下载了该软件，目的是为了让其他用户可以复制他们存储在计算机内存中的录音。Napster利用互联网上的集中文件目录将用户与数千台个人电脑上的音乐文件连接起来，从而使任何用户都可以免费下载几乎所有录制的音乐。

1999年12月，美国唱片业协会（RIAA）起诉了Napster，理由是这种音乐共享服务让受版权保护的音乐被复制。RIAA最终胜诉，2001年7月，Napster被关闭。从那时起，许多其他P2P服务（Grokster, LimeWire, Kazaa, Gnutella, BitTorrent）接替了Napster，帮助人们在线共享和协作。

视频

用户可以在很多网站上访问和下载视频。其中一些视频网站是交互式的，允许用户上传视频。YouTube是最受欢迎的互动视频网站，该网站于2005年2月创建。第一个视频于4月上传，题为"我在动物园"，展示了创始人之一贾韦德·卡里姆（Jawed Karim）在圣地亚哥动物园的活动。该网站于2005年11月向公众开放，并迅速发展。2006年7月，公司称YouTube每天上传的新视频超过65,000个，并且每天有1亿视频观看量。2007年，YouTube宽带流量消费与2000年整个互联网消费的数量一样多（YouTube, 2009）。到2014年，每天每分钟大约有100小时的视频被上传到YouTube上，每个月人们观看的视频时间超过60亿小时，相当于地球上每个人都观看一小时的视频（YouTube, 2014）。

有关猫的视频越来越受欢迎，有些猫变得小有名气，如 Grumpy Cat，Maru，Lil Bub 等。
图片来源：©NetPhotos3 / Alamy

毫无疑问，你对交互式信息平台已经有了很多了解，但也许由于你多年来已经形成了自己的交互式媒介使用习惯，你已将这些知识视为理所当然。尝试分析应用媒介素养7.3中的一些交互式信息平台，看看是否有一些新的见解。

提高媒介素养

提高内容方面的媒介素养的关键在于对信息程式的理解。你还需要努力学习有关现实世界的知识，了解你的技能以及个人需求。此外，你需要特别留意新的主流电子游戏和互动信息平台，因为它们很有可能会让你沉迷并占用你很多时间。

大众媒介信息程式

我们对媒介内容程式的认识不断提高，就能够更好地理解媒介内容的意义，也能欣赏到信息生产者的才华。部分真实（the next-step reality）是大众媒介信息程式中最常见的程式。如果我们能够理解这一点，就可以不再拘泥于信息是真实的还是虚构的问题,而是分析生产者为了更好地呈现内容深度是如何将真实和虚构元素交织在一起的,这有助于我们培养更敏锐的审美观。

 合成

想想你使用过的所有社交媒体和共享平台上让你喜欢的元素。你能将这些元素组合到一个平台中,从而更好地满足你的所有需求吗?

让我们把媒介内容程式想象成一棵树,树的主干是一步到位的实现程式,主要分支是电子游戏和互动信息平台的关键——叙事。主要分支中都有一个较小的分支,每个分支代表不同类型的媒介内容,并且由附加程式控制。你所设想的树的结构越完整,越能明白从分支到树枝的程式,你就越能全面了解大众媒介内容的本质。

应用媒介素养7.3

分析交互式信息平台

1.想想你所使用的交互式信息平台,包括社交网站(SNS)和共享平台。

A.如果你不经常访问这些平台,请分析一下你的需求并找出原因。

B.如果你经常访问这些平台,请转到下一题。

2.你最喜欢的社交网站是什么?

A.这个社交网站最初吸引你的地方是什么?

B.是什么奖励让你不断回到这个社交网站?

C.网站的创造者在社交网站中加入了哪些你觉得特别有吸引力的元素?

D.当你使用社交网站时,会有"心流"的体验吗?

3.想想你在这个社交网站上认识的其他人。

A.他们使用这个社交网站的原因是否和你相同?

B.你能想到这些人的哪些个性特征可以解释他们在社交网站上花费这么多时间吗?

4.在多大程度上,你已经养成了使用这个社交网站的习惯?

A.你花多少时间在这个社交网站上,即使它不好玩?

B.你觉得很难退出社交网站吗?

C.当你不在这个社交网站上时,你会经常想着它吗?

D.鉴于你对前三个问题的答案,你认为你对它上瘾了吗?

你的技能

我们还需要提高我们将媒介信息中的模式与现实世界中的相应模式进行比较的能力。有时候它们之间会有明显的差异,但往往这些差异很微妙。你能越敏锐地识别出其中的差异,就越能正确看待虚构元素,不让自己把虚构的东西带到现实生活中,并期待你也应该那样生活。

> **概括**
>
> 你能在一个页面上绘制一张树形图,让它包含有关类型、样式和子类型的所有信息吗?

为了达到这个目标,我们需要分析,这是我们用于挖掘媒介深层信息的工具,并找出构成这些信息的程式。我们还要使用分析技能来挖掘信息,回答一系列问题。各种类型的媒介信息多大程度上遵循了这个程式?那些信息是怎么偏离程式的?偏差的程度大不大?在受众对内容感到困惑并对正在发生的事情失去兴趣之前,故事会偏离标准程式多少?与不太流行的内容相比,最受欢迎的内容在多大程度上遵循标准程式?那些最受欢迎影片中的男演员和女演员是如何做到让他们如此受欢迎的?

查看各种信息类型的模式并进行归纳。然后,你可以利用这些模式将不同类型的媒介信息组合在一起,这能帮助你更好地识别媒介信息类型。评估一下信息生产者是如何利用这些程式来吸引你并让你上瘾的。

这些有关信息的技能你练习得越多,它们就越有用。对媒介内容继续保持疑问,保持怀疑态度。不要把任何事情都视作理所当然。如果你比较活跃地使用媒介,那么你将会提高你的媒介素养技能,从而获得更多的控制权,为自己设定实际而又特别的生活目标。

增强现实世界的认知结构

当涉及角色刻画、有争议的内容、健康和价值观时,娱乐信息偏离了现实世界。

你越了解这些差异,就越能把媒介构造的世界和现实世界区分开,从而防止媒体世界的扭曲影响你对现实生活的期望。想要做到这一点,你需要拥有更精确的有关现实世界的知识结构信息。

利用新闻信息,开发其他信息来源。在《如何看电视新闻》(How to Watch TV News,1992)这本书中,波兹曼(Postman)和鲍尔斯(Powers)认为,为了观看电视新闻,人们要进行广泛的阅读。简而言之,如果媒介中的信息没有提供背景,那么你需要自己了解背景。对于重要的社会、政治和经济问题,这通常意味着你要多阅读书籍和杂志。但是当你这样做的时候,请确保你了解了各种观点。背景不仅仅是让你了解对于某个问题的某种看法——无论这个观点多么深刻。成熟的知识结构需要你从尽可能多的不同角度深入分析问题。因此,如果你在保守派杂志中找到了关于某个主题的详细文章,请尝试在自由派、中立派和非政治性杂志中寻找相同的话题进行阅读。遵循这一策略,你在此话题上的知识结构会更加精细,你得出的结论也将更加全面。

这对于互联网新闻来说尤其重要,因为互联网上有很多新闻服务、公告板和关于时事的博客。通常来说,我们可能很难分辨出讲故事的人、新闻版面的平衡程度以及"事实"的准确程度。因此,我们必须从各种各样的网站访问信息,来了解最准确的信息和可信的背景。

让自己接触更多的新闻和信息,而不是更少。美国人已经对媒体产生了高度的怀疑。不到一半的民众信赖电视新闻(Jensen,2013)。人们对新闻业高度怀疑,也难怪接触新闻的人正在下降,特别是年轻人。

只要是你能想到的话题,互联网上都有许多关于它的信息。但它有多好?截至2006年,维基百科上有100多万篇英文文章,相比之下,《大英百科全书》(Britannica)上只有8万篇文章,《百科全书》(Encarta)上有4,500篇文章。这些文章由2万多名贡献者以"集体开放式"写作的方式完成,任何人都可以贡献一个条目或编辑现有条目。这样做的好处是几乎没有任何主题因为太小众而无法拥有自己的条目。此外,这样还可以快速发现并纠正错误。安德森(Anderson,2006)写道,"维基百科的真正特别之处在于它可以随着时间的推移而进行改善,有机地自我修复,就好像其庞大且不断增长的爬虫大军是一个免疫系统,对任何威胁有机体的事物永远保持警惕并迅速做出反应"(p.71)。

虽然博客对准确性的要求没有传统报纸那么高，但作为一个整体，博客圈具有比传统媒体更好的纠错机制，其汇集和筛选大量信息的速度令传统媒体望尘莫及。不仅数以百万计的博客作者，博客的读者也会对信息做出反应（Anderson，2006，p.186）。

你要定期检查你现有的知识结构，识别错误信息、删除它们并找出差距，尝试用可靠的信息填补漏洞。看看这些信息在你的头脑里是如何被组织起来的，它们是否很好地融合在了一起，还是存在不一致的地方，让你感到不和谐？要想见多识广，你需要做的不仅仅是在信息的洪流中随波逐流，你需要关注信息并认真思考。

更好地了解你的需求

你越了解自己的需求，就越能利用媒介信息来满足你的需求。如果你不了解自己的需求，那么不断涌现的信息，特别是广告信息，将在你不知情的情况下创造并塑造你的需求。

处方药品是操纵我们需求的最大危险之一。电视上，处方药广告的数量每年都在增长，2008年，普通人接触处方药的广告时间为16小时，这比他们与医生相处的时间还要长。这些广告通过夸大宣传和将风险隐藏在"难以理解的小字体的海洋"中来误导公众（Foreman，2009，p.E5）。通过对这些广告的内容进行分析，人们发现，虽然大多数广告（82%）对产品使用做出了一些事实性声明和一些理性论证（86%），但几乎所有这些广告（95%）都使用了情感诉求的方式。许多广告敦促人们使用他们的药物以获得社会认可（78%）并重新掌控他们生活的某些方面（85%）（Frosch，Krueger，Hornik，Cronholm，& Barg，2007）。这些广告引导人们进行自我诊断，然后向医生施加压力，促使他们开出广告宣传的药物，这样他们就可以过上药物所描绘的美好生活。

要小心那些试图告诉你需求的看起来具有说服力的信息。问问你自己：发送这些信息的人真的了解我的需求吗？那些生产商是否试图让我相信两件事而不是一件——我的需求，以及他们的产品具有满足这些需求的能力？

电子游戏和交互式信息平台

电子游戏和交互式信息平台给媒介素养带来了特殊的挑战。对于这些媒介上的信息来说，最重要的是要考虑机会和成瘾之间的区别。如果人们使用电子游戏和社交网络用作扩展体验、挑战生活极限，并让他们更深入地了解自己的机会，那么这些游戏和平台就是有用的工具。如果人们意识到自己的目标并使用平台作为实现这些目标的工具，那么他们就是在调动媒介素养利用信息。相比之下，如果这些游戏和平台让人们上瘾且用户不能控制他们的使用时间，那么这些平台就是有害的。媒介素养降低到平台控制个人目标的程度，并且人们盲目地努力实现的是平台的目标，而不是让游戏给玩家带来兴奋或愉悦。

在使用这些互动平台时，考虑人们目标的性质也很重要。亲社会性的目标是帮助人们与其他人以及这个社会更好、更成功地交往。因此，那些花时间学习商业原则、领导力、人际交往等的电子游戏用户正在学习亲社会性行为的价值，并培养他们自身的亲社会性技能。然而，许多游戏都在传授打架、偷窃、欺骗甚至杀人的技巧。花时间玩这些游戏的玩家会认为反社会行为在解决冲突方面是成功的，他们将习惯于使用这些行为来解决问题，因为他们建立了通过这种反社会行为获得成功的信心。游戏可以教授各种行为、态度、情感和知识。如果我们将它们作为帮助我们和其他人过上更好生活的工具，那么我们将获得进步，社会也会得到改善。

◎ 核心观点

- 信息生产者利用大众媒介内容程式来吸引和抓住受众，受众利用大众媒介内容程式来处理这些信息的含义。
- 所有大众媒介生产者最常用的程式是"进阶现实"程式，即通过展现与受众真实生活产生共鸣的信息来吸引特定受众，然后通过添加脱离现实的虚构元素来提高受众的参与度，引起受众的想象并超越他们的日常生活。
- 大众媒介内容主要有三种元类型：叙事、电子游戏和交互式信息平台。每一种都有自己的一套程式。
  - 叙事类内容程式是：在设计初始用足够有吸引力的内容吸引受众，中间通过行为渲染情绪来进一步推动受众，最后满足受众需求并促使其持续观看该内容。
  - 电子游戏使用的内容程式是通过目标、规则、背景、奖励结构和积极反馈来创建竞争体验，吸引玩家不断玩该电子游戏。
  - 交互式信息平台的内容程式是构建人们生产、传播自己的信息并得到反馈的平台。
- 任何媒介信息都可能向受众传递负面或正面的各种体验，这取决于用户如何使用媒介内容，以及如何利用内容实现自己的目标。

- 媒介素养视角为人们提供了一种方式，这种方式可以让人们对各种平台满足用户特定需求的程度进行更有意识和更有意义的评估。

◎ 深入阅读

Bollier, D.（2008）. *Viral spiral: How the commoners built a digital republic of their own.* **New York, NY: The New Press.**（全书344页，包括索引）

通过使用"病毒螺旋"这个术语，博利尔（Bollier）认为，互联网被设计成一个开放的网络结构，从而促进了创新的螺旋式上升。互联网的变革力量来自它允许人们自由地了解其他人的想法，这样他们就可以在这些想法的基础上进行思考或改变这些想法。因此，改变不是计划好、有序或机械的；相反，改变是混乱和偶然的。思维通过无数节点动态地辐射，并以各种方式影响各种各样的人来协同工作。

Castronova, E.（2005）. *Synthetic worlds.* **Chicago, IL: University of Chicago Press.**（全书332页，包括索引、附录和尾注）

经济学家爱德华·卡斯特罗诺娃（Edward Castronova）教授认为，计算机工业不仅在创建游戏的虚拟世界，让人们在里面玩游戏，还会刺激玩家创造其他虚拟世界。玩游戏的人不仅仅是游戏玩家；他们经常尝试在游戏里生活，并在那里进行其他人类活动，例如寻找友谊、爱情、就业、社会联系、权力和声望。游戏不仅仅是游戏，还包括冲突、管理、交易和爱情。

Dill, K. E.（2009）. *How fantasy becomes reality: Seeing through media influence.* **New York, NY: Oxford University Press.**（全书306页，包括尾注和索引）

这是一位媒介心理学学者撰写的一本非常值得一读的书。在书的九个章节中，她探讨了媒介对虚构因素的使用如何在个体中产生了真实影响。话题包括暴力、美、种族、性别、广告和政治报道。

Essany, M.（2008）. *Reality check: The business and art of producing reality TV.* **Burlington, MA: Focal Press.**（全书260页，包含索引以及电视制作术语的词汇表）

这是一本易于阅读的书，带有自我励志的色彩。作者是一位业内人士，他制作并主演了他自己的真人秀系列节目 E！这本书包含了很多关于美国电视真人秀的策划和制作过程中发生的故事。

Henry, N. (2007). *American carnival: Journalism under siege in an age of new media.* Berkeley: University of California Press.（全书326页，包括索引）

该书由一位记者撰写，他关注传统新闻如何在新媒体环境中生存。

Ito, M., et al (2009). *Living and learning with new media: Summary of findings from the Digital Youth Project.* Cambridge, MA: The MIT Press.（全书98页，没有索引）

本书介绍了一项为期3年的民族志研究结果，该研究考察了年轻人如何使用新媒体以及从中学到了什么。他们还想了解新的数字媒体是如何改变"青年人与成人在文化、学习和权威知识方面的力量对比"的（p.xiv）。他们主要关注的是新媒介生态学、网络公众、基于同伴的学习和新媒介素养等四个话题。

Jensen, C. (1995). *Censored: The news that didn't make the news—and why.* New York, NY: Four Walls Eight Windows.（全书332页，包括索引）

这本书于1976年开始，"审查计划"（Project Censored）邀请记者、学者和公众找出他们认为在当年没有得到充分报道的事件。

根据"新闻报道的数量、该问题在国内或国际上的重要性、消息来源的可靠性以及该新闻可能产生的潜在影响"这几个指标，对提交的数百份内容进行筛选，最后该清单减少到25个（p.15）。然后，一个由顶级评委组成的评审团将选出本年度十大被审查的新闻。

Jones, J. P. (2004). *Fables, fashions, and facts about advertising: A study of 28 enduring myths.* Thousand Oaks, CA: Sage.（全书305页，包括词汇表和索引）

本书的作者是一名大学教授，他在一家大型广告公司工作了25年。在这本书中，琼斯一一反驳了公众对广告的二十多种观点，并指出了每一个观点错在了哪里。

Lih, A. (2009). *The Wikipedia revolution: How a bunch of nobodies created the world's greatest encyclopedia.* New York, NY: Hyperion.（全书246页，包括索引）

本书讲述了维基百科的概念是如何在1995年首次构想并于2001年上线的。在上线的8年内，它鼓励人们用200种语言免费撰写了1,000万篇文章。这是怎么做到的？读这本书！

Mindich, T. Z. (2005). *Tuned out: Why Americans under 40 don't follow the news.* New York, NY: Oxford University Press.（全书172页，包括索引）

作者清楚地展现了过去两代美国人对传统媒体新闻关注度的急剧下降。此外，只有11%的年轻人会关注互联网上的新闻。他解释了为什么新闻与年轻一代变得如此无关。然后，他推测这将如何影响政治制度和整个社会。

Paul, R. P., & Elder, L. (2006). *How to detect media bias & propaganda (3rd ed.).* **Dillon, Beach, CA: Foundation for Critical Thinking.** （全书46页，包括词汇表）

这是一本关注批判性思维和新闻的小册子。它提出了许多实用性的建议，教人们如何批判性地思考新闻报道，从而让自己免受偏见，尤其是不受新奇和哗众取宠报道的影响。

Pozner, J. L. (2010). *Reality bites back: The troubling truth about guilty pleasure TV.* **New York, NY: Seal Press.** （全书386页）

这本书的作者是一名记者、社会评论家，以及媒体与新闻女性（Women In Media & News，WIMN）组织的创始人。WIMN是一个媒体正义组织，通过媒介分析、教育和倡导来扩大女性在公共辩论中的存在和权力。这本书对所谓的真人秀节目提出了广泛的批评。

◎ 内容更新资源

新闻博客

网络上有成千上万的新闻博客。很多都是由CNN（news.blogs.cnn.com）和纽约时报（www.nytimes.com/interactive/blogs/directory.html）等主流新闻机构所拥有。赫芬顿邮报（www.huffingtonpost.com）是最受欢迎的新闻博客，它由阿里安娜·赫芬顿（Arianna Huffington）创立，独立于任何新闻机构，于2011年被美国在线收购。

Technorati（http://technorati.com/blogs/directory）

Technorati是一个用于搜索博客的互联网搜索引擎。Technorati这个名字是技术（technolog）和文人（literati）两个词的合成词，意为"技术智能"或"智识主义"。Technorati使用并为开源软件做出贡献。Technorati拥有一个活跃的软件开发人员社区，其中许多人来自开源文化。

维基解密（www.wikileaks.org）

维基解密成立于2007年，是一家非营利性的媒体组织，为向公众泄露信息的人提供安全和匿名的方式。它主要依靠遍布世界各地的志愿者网络。泄密者也就是举报人，他们一般在私营企业或政府机构工作，一旦发现自己所在的组织正在做一些对公众有害的事情，他们就会窃取该组织的机密信息，让公众可以看到。

维基百科（http://en.wikipedia.org/wiki/Main_Page）

这是维基百科网站的主页。文章会不断地被添加到这个基于网络的百科全书中。如果你还不知道这个，请查看这一惊人的资源。此外，你还可以用它来获取更多有关本书中提供的几乎所有概念的最新信息。

雅虎视频游戏（http://videogames.yahoo.com）

该网站允许你观看许多最流行的视频游戏。

大众杂志

娱乐周刊（Entertainment Weekly）

电视指南（TV Guide）

滚石（Rolling Stone）

好莱坞报道（Hollywood Reporter）

广告牌（Billboard）

SAGE edge™

在edge.sagepub.com / potterintro使用SAGE edge提升你的技能。

SAGE edge for Students提供了一种个性化的方法，帮助你在一个便捷的学习环境中完成课程目标。

了解媒介是如何对你产生影响的非常重要,这样你就可以制定策略来应对这些媒介效果。

图片来源:©iStockphoto.com/ asiseeit

知识测试:判断对错

在阅读本章之前,请判断以下陈述哪些是正确的,哪些是错误的。

1. 大众媒介效果通常产生于人们接触负面信息时。
2. 最容易观察到的媒介效果是行为的改变。
3. 媒介效果也可能发生在你意想不到的地方。
4. 对于每一种媒介效果来说,通常都有一个最主要的影响因素。

(答案见书末。)

第八章

大众媒介效果

学习目标

阅读本章后,你将会有以下收获:

◇ 区分显著性效果和进程性效果。

◇ 应用四维视角分析媒介效果。

◇ 将特定影响因素与特定媒介效果联系起来。

◇ 在日常生活中,制定一套应对大众媒介效果的个人策略。

大多数人对媒介效果的理解都非常狭隘，这限制了他们理解媒体在日常生活中以多种方式对个人产生影响的能力。人们往往认为媒介效果只会发生在其他人身上。他们还认为媒介效果是在接触到信息后立即产生的，并且这种影响往往是消极的。当然，媒介信息确实会对其他人的行为产生负面影响，但这样去理解媒介效果是非常狭隘的，它会让人们错过许多不断发生的媒介效果——长期的或即时的、积极的或消极的、对自己的或对其他人的。

本章的目的是帮助你扩展对媒介效果的理解，首先向你展示这些效果是广泛且持续的。然后，我将帮助你了解更多媒介效果类型，并向你介绍媒介效果的四个方面。最后，我将向你示范拓展媒介效果认知视角会如何帮助你更加积极主动地享受媒介。

持续发生的媒介效果

媒介效果是在一个复杂的过程中持续产生的。或许用一种隐喻的方式（见专栏8.1）思考能让我们更容易理解这个观点。

专栏8.1　将天气类比为媒介效果

媒介效果在很多方面都和天气很像。气候永存，而气象常新。有时它会让你颤抖，有时它会让你湿透，有时它会给你带来痛苦的晒伤，但这都是天气。天气很难被精确地预测，因为影响天气的因素有很多，它们之间的相互作用也非常复杂。超级计算机尝试用高度复杂的模型处理所有这些影响因素。这有助于在广义层面提高预测准确性，也就是说，它可以告诉我们某些地区今年的降雨量以及有多少晴天，但它无法准确地告诉我们哪些天会下雨。虽然国家气象局无法控制天气，但我们每个人都可以控制天气对我们的影响。我们可以携带雨伞，使用防晒霜，或者不出门来避开不好的天气，也可以跑出去拥抱美好的一天。

> 就像天气一样，媒介遍布在我们周围。与天气一样，媒介的影响也很难预测，影响媒介效果的因素太多，它们之间的相互作用也非常复杂。我们使用功能强大的计算机来分析大量变量，试图对媒介效果做出预测。我们已经了解了很多关于媒介效果的知识，也知道了哪些类型的信息通常会引发哪些意见和行为，但我们无法准确预测到谁的意见或行为会受到改变。作为个人，我们没有太多权力来控制媒介，但我们有很大的权力（如果我们用的话）来控制媒介对我们的影响。想要知道如何使用这种力量，我们必须充分了解媒介效果。

我们对于这样一种观念都不陌生，即天气总是有变化的，天气对我们的影响也在不断变化。此外，天气不仅仅对其他人有影响，我们自己每天也都会受到天气或好或坏的影响。

天气和媒介对我们的影响有一个重要的区别。对于天气，我们都能辨认出它的不同形式，并知道它们何时发生。我们可以很容易地分辨出雨、雾和雪之间的区别，因为这些天气出现时会有非常明显的特征。但是，我们很难察觉媒介的影响，除非有人指出这些影响，否则通常很难察觉。我们要训练自己察觉媒介效果的能力——无论积极的还是消极的。我们还需要了解这样一个事实，即除了显著性媒介效果（manifested media effects）外，还有过程性效果（process effects）。

有些媒介效果很容易被发现，因为在人们接触到媒介信息后，他们的行为会立即发生可观察到的变化。例如，哈利在看到比萨广告之后立即打电话给比萨店下订单，或者朱莉在观看视频时突然大笑起来，我们可以很容易地看到是媒介信息触发了这些反应。这些被称为显性媒介效果，它们易于观察并且是由特定媒介接触引发的反应。虽然我们要注意这些显性媒介效果，但也不能忽视其他一些不易察觉的效果，隐性媒介效果也在影响着我们的思想和行为。无论我们是否表现出受到媒介的影响，媒介都在不断地影响我们的思考、感受和行为方式。我们将它们称作"过程性效果"，因为我们总是处于被大众媒介信息影响的过程中。如果我们只将注意力放在显性媒介效果上，那么将会大大低估媒介的影响程度。我们没有看到影响的外在表现并不意味着媒介没有产生影响。我们还要考虑媒介的过程性效果。

为了说明显著性效果和过程性效果的差别，我们来设想一下两个男孩看电影《猎鹿人》(The Dear Hunter)时可能发生的情况。《猎鹿人》讲述了越战期间美国囚犯被俘虏并强迫玩俄式轮盘赌的故事。俄式轮盘赌是一种游戏，其中左轮手枪中的一个枪膛内有子弹而其他枪膛是空的，游戏玩家要把枪转一圈并用枪指着自己的头然后扣动扳机。如果玩家足够幸运，枪膛是空的，那么枪就不会开火，玩家得救。如果他运气不好，枪膛里有子弹，子弹就会射入他的大脑，当场毙命。看完这部电影几天后，两个男孩在父母卧室里玩耍时，在床下发现了一把左轮手枪。于是，他们开始玩俄式轮盘赌，最终，枪走了火，一个男孩死了。显著性效果是输了游戏的男孩死了。在这个男孩死后，许多人指责这部电影的制作人。但是，我们来分析一下这个问题。男孩们在观看电影时，就受到了电影内容的影响。演员玩俄式轮盘赌的危险性让男孩很兴奋并认为这个游戏很酷。这些情绪和态度的变化或许没有外在的表现，但这并不意味着男孩们没有受到媒介信息的影响。只不过男孩们在发现了一把左轮手枪并开始玩这个游戏时才有了显性表现而已。如果父母意识到"过程性效果"正在发生并且采取一些措施来减少这种"过程性效果"，也许就可以避免这一事件中可怕的显著性效果发生。

公众和媒体评论家都比较注重显著性效果。但是，如果从媒介素养的角度来看待媒介效果，我们需要更多地从过程性效果的角度思考问题。我们对过程性效果了解得越多，就越能控制媒介的影响。

这种理解需要你拓宽对媒介效果的看法，你需要从四个维度思考来拓宽你的视角。

> **概括**
>
> 你能用不多于25个字来解释显著性效果和过程性效果的区别吗？

媒介效果的四个维度

媒介效果的四个维度是时间、类型、效果价值取向和意向性。了解这些维度将拓宽你对媒介效果的认知。

媒介效果的时间维度

媒介效果可以是即时的，也可以是长期的。从时间维度对效果的类型进行区分更注重媒介效果何时展现而不是效果持续多久。

即时效果是指接触媒介信息期间发生的效果，并且效果能在你接触媒介时或之后立即呈现。即时效果可能只会持续很短的时间（比如观看电影时变得害怕），它也可能永远持续下去（比如了解总统选举的结果），但它仍然属于即时效果，因为你是在接触媒介时发生的变化。例如，当你访问朋友的Facebook页面时，你可以了解他们生活中的新鲜事；当你浏览体育网站，发现你最喜欢的运动队赢得重要比赛时，你顿时会感到很高兴；当你看动作片/冒险片时，你可能会在座位上跳来跳去甚至和你朋友摔跤。这些都是即时效果，因为这些事情是在你接触媒介时发生的。

长期效果只有在多次接触媒介后才会显现。不是某一次媒介接触或单一信息造成的这种影响，而是多次媒介接触产生的长期效果。例如，在观看了多年的犯罪节目和新闻报道后，你可能会认为你所在的社区是一个高犯罪率的环境。不是一次媒介接触或事件报道让你产生了这种想法，而是多年观看此类媒介内容，渐渐地让你有了这种想法，直到有一天，你意识到你最好为你的门再安一把锁。

与长期效果相比，我们更容易注意到即时效果。有两个原因可以解释这种现象。首先，即时效果发生在你接触该媒介的期间，让人很容易将效果和媒介内容联系起来，并得出结论——存在媒介效果。人们注意到长期效果时，受众已经接触了很多媒介内容，在他的生活中也发生了很多事情，因此我们很难将效果与媒介内容联系起来。

即时效果更容易被注意到的第二个原因是它们往往表现为突然的变化。例如，当你访问朋友的Facebook页面时，如果你看到一个具有侮辱性或令人尴尬的帖子，你会顿时感到愤怒。或者你的朋友发给你一个搞笑的YouTube片段，你会忍不住大笑。这些突然的情绪变化显然是因为你接触媒介产生的即时效果。

 概括

你能用不多于25个字来解释即时效果和长期效果的区别吗？

媒介效果类型

大家对媒介效果的关注大都集中在个人行为上。例如，有一种观点认为，观看暴力内容导致人们表现出攻击性，观看对性活动的描述会使人们变得浮想联翩，观看犯罪内容会让人们模仿犯罪。然而，我们不仅要关注行为效果，还要考虑认知、信念、态度、情感和生理效果。同时，除了考虑媒介对个人产生的影响外，我们还要考虑媒介对更宏观事物的影响，例如社会和制度。下面，我们来详细研究一下这些媒介效果。

认知型效果（Cognitive-type effect）

认知型效果也许是最普遍但却容易被忽视的一种媒介效果类型。媒介可以通过传播信息和观点影响我们的认知。这种情况一直存在，并且可能是最普遍的媒介效果。我们每次接触媒介时都会获取信息。但是，我们考虑媒介效果时，却很少会想到这种媒介效果类型。想想你从教科书、杂志和报纸中获得的所有信息。

认知学习不仅限于事实信息，还包括我们从媒体上了解到的大量社会信息。作为孩子，我们通过观察榜样——父母、哥哥姐姐、朋友等等来了解这个世界。观察社交榜样是儿童在上学前学习社交的主要途径。大众媒介提供了大量儿童可以学习的榜样。孩子们在媒体上花费了大量时间，媒体（尤其是电视和电影）上的榜样对孩子们的社交情境学习产生了很大的影响。

媒介可以影响我们的认知。在阅读本书时请思考一下获取信息的认知型效果。

图片来源：©iStockphoto.com/ youliya

即使是成年人，我们也会关注社会榜样。现实生活中没有我们需要的社会榜样时，我们可以在媒体上找到他们。这些榜样往往在特定的领域或体育运动中非常成功，他们强大、机智，外表具有吸引力。我们也希望从社会榜样的身上学到更多东西。我们借助专业运动员、著名演员、强大的政治家或富豪获得间接的感受。通过观察他们在媒体上的行为，我们收集了大量关于成功和快乐所需要的信息。想想你记忆中有关榜样的电视节目和电影中人物的所有信息，想一想他们的名字、面孔、行为、诙谐的话语和情感。这些你获得的信息都是认知型效果的例子。

信仰型效果（Belief-type effect）

信仰就是相信某事物是真实的或正确的。例如，大多数人对生命的意义，我们应该如何对待彼此，在我们死后会发生什么以及至高无上的神的存在，等等。

媒介通过向我们展示新闻人物和虚构角色的价值观来对我们的信仰产生影响。有些信仰是通过人物来表达的，因此我们很容易就能分辨出它们是什么。这时候，我们只需要决定接受还是拒绝。然而，我们的许多信仰都是通过观察媒体上的人物和角色在不同情况下采取的行为而建立的。例如，我们可能会看到视频中的人物面临着友情问题，这样我们就可以学习他们是如何处理这些问题的。随着时间的推移，我们就会建构关于什么是友谊以及如何发展友谊的信念。因此，媒介信息会逐渐影响我们对吸引力、成功和人际关系等重要事物的信念。

态度型效果（Attitudinal-type effect）

态度就是对事物的评价性判断。我们将事物（如人、歌曲、政治立场等）与我们的标准进行比较。如果这件事符合我们的标准，我们会判断它没问题；如果它高于我们的标准，我们会认为它是好的、非常好的、优秀的、出色的或超酷的；如果它不符合我们的标准，我们判断它是坏的、非常糟糕的、可怕的或不愉快的。

媒介可以影响我们对各种事物的判断，这就是态度型效果。我们可以倾听政治评论家、宗教领袖或有吸引力的人物表达他们的态度或简单地把他们的态度作为我们自己的态度，抑或我们根据媒介塑造的标准来构建自己的思想。例如，我们可能会在朋友的MP3上听到一首新歌并立即表示它是我们听过的最好的歌曲之一，这也就是说，你对这首歌持一种非常积极的态度。或者我们可以在一些博客上浏览有关某政治候选人的讨论，并立即认为她将成为一名优秀的领导者。在这些示例中，你可能认为这些不是媒介的影响。但请记住，媒介可以影响我们的判断标准，当我们做出自己的判断时，最终使用的是他们的标准。那么，思考一下你对"流行音乐"或"好领导者"的标准是什么，并问问自己，媒介塑造的标准在多大程度上影响了你。

态度依赖于信仰，因为信仰往往是我们在做评价性判断时使用的标准。例如，好莱坞电影、时尚杂志和互联网网站上多年来不断呈现迷人男女的形象，我们开始认为我们需要身材高大、有六块腹肌和浓密头发才具有吸引力。虽然我们知道这对每个人来说都是一个不可能达到的标准，但我们仍然会使用这个标准来评估我们所看到的人的吸引力以及我们镜子中看到的自己。很少有人能够达到这个不切实际的标准。我们也慢慢注意到周围人都无法达到这种不切实际的标准，因此我们会认为人们变得更加丑陋，对周围人的态度也会恶化。

相较于对具体事物的看法，人们对宏观事物的看法受媒介的影响更大。前者如对朋友、自身、亲身经历的看法，后者如对社会的看法（Chock，2011）。

情感型效果（Emotional-type effect）

媒介通过调动受众情绪来施加一种情感型的影响。它们可以引发强烈的情绪，如恐惧、愤怒和欲望，也可以唤起悲伤、烦躁和无聊等较弱的情绪。这种情绪反应还与生理变化有关。事实上，一些心理学专家认为情绪只不过是被我们标签化的生理应激反应（Zillmann，1991）。YouTube视频中的一个角色触发了我们强烈的情绪，我们可能会将这种感觉标记为爱，也可能会将其标记为讨厌；这取决于我们对这个角色持积极的还是消极的态度。

你在看悲情电影时哭过吗？那么你经历了媒介情感型的影响。

©iStockphoto.com/ killerb10

我们在接触媒介信息时都经历过情绪变化。恐怖电影会让人极度恐惧，部分博主会让我们感到愤怒，杂志图片可以唤起我们的欲望，平静的音乐可以放松我们的心情。

媒介也会对我们施加长期的情感影响，比如脱敏。多年来，在媒体呈现的暴力事件中，很少会展现受害者的痛苦，而是关注暴力的肇事者以及他们的吸引力。我们也逐渐失去了对受害者表示同情的能力,无论是在媒体呈现的世界中还是现实世界中。我们可能会把无家可归者的境地归咎于他们判断力低下,认为他们不值得我们同情。

生理型效果(Physiological-type effect)

媒介可以影响我们身体系统的本能,这就是生理型效果。这通常超出我们意识控制的范围,例如当我们看到强光时,眼睛的瞳孔就会收缩。我们无法控制瞳孔收缩的程度,但我们可以远离明亮的灯光,从而防止虹膜收缩。

媒介会使我们的许多生理效应被唤起。悬疑之谜会提升我们的血压和心率。恐怖片会让人呼吸急促,手心出汗。听到一首爱国歌曲,我们的皮肤可能会起鸡皮疙瘩。观看色情图片会导致心率加快。我们会因为一场闹剧而大笑不止,即便笑得肚子都疼了也停不下来。同样,听音乐可以降低心率,让我们平静和放松,并使我们的呼吸速率降低到常规缓慢的速度。

随着时间的推移,我们对特定媒介内容所产生的生理反应也会发生变化。例如,第一次看恐怖电影时,我们的心率可能会达到顶峰。但是,如果继续观看恐怖电影,我们会发现,我们需要越来越多的恐怖画面才能使心率增加。随着我们观看恐怖电影的次数增多,我们的生理反应也会逐渐消磨殆尽。

行为型效果(Behavioral-type effect)

媒介可以触发行为,这就是行为型效果。例如,看到某产品的广告后,我们可能会访问网站并订购该产品。或者在互联网的新闻网站上看到一些令人不安的事件后,我们可能会打电话跟朋友讨论。

这对我们的行为也有长期影响。例如,想想当你第一次上网冲浪的情景。最初,你可能访问了很多网站,每个网站停留了几分钟。但随着时间的推移,你会去访问一些喜欢的网站,并在特定的网站上花费越来越多的时间,形成你上网的新模式。也许你已经达到了几乎所有醒着的时间都在玩游戏或者在社交网站上与朋友联系的地步。也许你的互联网行为习惯正在取代其他活动,例如在现实生活中与朋友一起锻炼、闲逛或上课。或许,这种行为习惯已经成瘾。

宏观效果 (Macro-type effect)

之前提出的五种效果都是对个体产生的影响。媒介也会对组织、机构和社会等更大的单位施加影响，这种影响会导致宏观效果。由于媒介的直接影响，特别是电视和当今互联网的发展，一些制度（如政治）已经发生了根本性变化。其他机构，如家庭、社会和宗教，由于许多不同的社会压力也发生了变化，而媒介加剧了这些压力。

为了说明这一点，让我们来思考一下家庭制度。在短短几代人的时间里，美国的家庭结构发生了根本性的变化。传统双亲家庭的数量减少了，取而代之的是丁克夫妇、单身父母和独居者。从20世纪70年代初到2009年的近40年间，美国有孩子的已婚夫妇比例从45%下降到21%以下。结婚率也从1972年的75%下降到48%（美国人口普查局，2013）。

传统家庭衰落的原因之一就是美国的高离婚率，而且自从电视首次渗透到我们的文化中以来，美国的离婚率就一直在攀升。1960年，大约16%的初婚以离婚告终，现在这个数字为50%（美国人口普查局，2013）。批评人士声称，离婚率的上升和电视上对破碎家庭的描绘有关系；电视剧的描绘已经使人们社会化，认为离婚和非婚生子女是可以接受的。批评人士也指出，电视上频繁地描绘了离异、单亲家庭和另类的生活方式。这些内容通过大量不同类型的节目经年累月地呈现出来，往往会被观众内化。随着时间的推移，人们会对自己的婚姻感到不满，想着另择佳偶重订鸳盟。此外，许多热门电视剧一直以消极的方式描绘婚姻生活，从而让年轻人认为婚姻是一种没有吸引力的生活方式。

媒介可以使家人聚在一起分享共同经历。家庭可以围绕共享媒介行为建立一种联系仪式，并将这些接触作为交谈和联系的机会。例如，20世纪70年代，许多家庭只有一台电视机，观看电视是一种常见的家庭活动（Medrich, Roizen, Rubin, & Buckley, 1982）。但是，现在很少有家庭以这种方式使用电视或其他媒介。家庭成员很少一起看电视。相反，家庭成员可能会在不同的时间用不同的平台观看截然不同的节目，如笔记本电脑、智能手机和iPod。不同的家庭成员接触到的内容是分散的，因此家庭成员很少共享相同的媒介体验。

有些家庭通过一起使用某种媒介来建立联系，但家庭成员也可能在各自的设备上使用媒介，不与他人分享。
©Photodisc/Photodisc/Thinkstock

此外，父母减少了和孩子们在一起的时间——从20世纪50年代到90年代，他们花在孩子们身上的时间减少了40%（Pipher，1996），当前甚至更少。皮弗（Pipher）认为，"我们的技术正在迅速创造一种新的人类，他们与机器紧密对接，人际关系日益疏远，与其说他们生活在家庭里，不如说他们是活在虚拟现实之中"（p.92）。"在人们通过电子邮件和传真进行交流时，人类互动的本质发生了变化"（p.88）。科技的便利使我们与他人隔绝。我们对他人的依赖（至少面对面的）也越来越少。人并非是人类本身，而是我们面对的事物或服务。皮弗说，72%的美国人不认识他们的邻居，而自称从未与邻居相处过的人的数量在过去20年中翻了一番。

即使我们认同电视推进了传统家庭模式逐渐分崩离析，我们也必须认识到还有其他的影响因素。例如，经济的影响。要支撑一个家庭需要更多的钱，现在家庭收入的中位数约为5万美元（美国人口普查局，2013），因此两个成年人都有可能工作，这使他们更难生孩子并在家养育。到目前为止，劳动力中女性的比例一直在稳步攀升，美国所有16岁及以上的女性中约有60%的人在外工作（美国人口普查局，2013）。

家庭结构和家庭互动发生变化的另一个原因是，对于许多人来说，事业变得比家庭更重要。工薪阶层工作的时间更长,这使得他们除了睡觉之外,很少在家。时间、金钱和生活方式令人们背负巨大压力,这让人们把家视为结束工作后恢复状态的地方,在家里他们往往不会精力充沛。家庭不再是大多数人生活中最重要的部分(Pipher, 1996)。具有讽刺意味的是,也许人们工作的时间变长了,他们也能负担得起更多的电视广告商品,从而达到广告商所承诺的更幸福的生活,但却减少了与我们所爱的人在一起的时间,与幸福渐行渐远。

显然,过去四十年来,家庭结构和互动模式一直在发生变化。这是由多方原因导致的。在这种变化中,媒介是一个关键因素,但不是唯一的因素。经济需求、职业重要性的上升以及生活方式偏好的变化等其他因素都促成了家庭制度变革的可能性。

媒介效果的价值取向

媒介效果可能是积极的,也可能是消极的。这两者均有其价值。谁来决定哪些效果是积极的、哪些效果是消极的?问题可以从两个角度来回答:个人和社会。

从个人的角度来看,积极的媒介效果是指它可以帮助你找到实现个人目标的方向。在这种情况下,你通常能意识到自己的目标,并且战略性地使用媒介来实现这些目标。例如,如果你的目标是获取一些信息来满足你的好奇心,那么在书本、报纸或互联网上查找事实是一种积极的认知型效果。这可以使你朝着获得更多信息和更高知识水平的目标迈进。但是,媒介会不断尝试使用你和你的资源来实现他们自己的目标,当他们的目标与你的目标相冲突时,这将会对你产生负面影响。例如,广告客户希望你将更多的钱花在他们的产品上。如果你全盘听信,你可能会花钱解决一些无中生有的问题,最终走上破产的道路。

我们还可以从更广泛的社会角度来看待效果的价值取向。如果媒介教人们如何犯罪并触发犯罪行为,那么它就会产生负面影响。然而,媒介也提供了大量信息以增进公众对社会的了解,使公众能够选择更好的领导者,支持社会问题的最佳解决方案。在此情境下,社会变得更强大。因此,这是一种积极的媒介效果。

> **评估**
>
> 请思考你评判消极媒介效果的标准,你能否判断这个标准的优劣?

媒介效果的意向性

通常情况下，我们想要达成某种效果，就会有意识地在媒介中寻找特定的信息。例如，我们感到无聊，想要变得兴奋起来，那么，为了满足这种有意识的需求，我们就会去看一部动作或恐怖电影。看电影的时候，我们的血压和心率会大幅上升，由于恐惧而坐立不安。我们已经满足了我们的需要。此外，当我们在媒介中寻找事实性知识时，就会有意识地试图达到积极的认知效果。例如：你访问互联网上的体育网站，想要了解哪些球队昨天赢得了比赛；你观看烹饪节目，以获得新菜单的灵感；你访问智能手机上的应用程序，想得知哪些团体将出现在你所在地区的音乐会上。这些信息无须非常重要，也不需要用几分钟时间记忆就能产生效果。每天都有几十个这样的例子，你有意使用媒介来获取可用的事实或触发你想要体验的感觉。

很多时候，我们接触媒介的原因只有一个，但无意之中也触发了其他的媒介效果。举例来说，你可以通过社交网络与朋友联系，了解他们生活中的新鲜事。我们会为他们讲的笑话和发布的有趣照片而开怀大笑，我们想庆祝他们的成功。在接触媒介的过程中，我们通常会产生预期的效果，也就是说，我们会开怀大笑，并得到一些关于我们朋友的信息。但其他行为也在发生——我们自己没有意识到，或许直到有人指出才会意识到的行为。例如，我们越来越频繁地接触媒介，我们每天花越来越多的时间在这些平台上，这可能导致意想不到的效果，如网瘾。

无意识的影响可以是长期的，也可以是即时的。它们可以是认知的、信仰的、态度的、情感的、生理的和行为的。例如，多年观看令人兴奋的电影后，你会形成一种信念，认为现实世界应该更刺激才对。此外，你的情绪和生理反应可能变得麻木，也就是说，需要有更多的刺激才能让你快乐。你本不想让这件事发生，但它还是发生了。

分析和评估媒介信息可以帮助你控制无意识的影响

图片来源：©Jupiterimages/Photos.com/Thinkstock

即使你正在体验你主动寻求的媒介效果,你也可能同时面临着意想不到的媒介影响。例如,你看暴力电影纯粹是为了寻求刺激,这部电影确实传达了你想要的刺激。然而,这部电影也可能会给你带来除了兴奋以外的其他结果。你也许正在接受情感脱敏的影响。但同时,你也接收到了很多其他元素,可能会让你形成这样一个认知,即世界是一个卑鄙而险恶的存在,这是一个长期的认知效果。

当你处于放松状态时,防御意识被卸下,无意识的影响就会经常发生。你不知道正在进行何种认知。因此,你也没有积极地评估及处理信息。但是,即使你尝试成为积极的受众,无意识的影响也会作用于你。假设你正在观看新闻节目或阅读时事博客,你知道那些专家为了达到自己的目标而正在以某种特定的方式讲述故事。他们不想告诉你情况的复杂性;他们也不期望在这个问题上各退一步、达成一致或者在更高层面上形成整合。相反,他们将问题简化,呈现出两极分化的观点,以争取观众的认同。如果你积极地处理这些信息,你可以通过评估他们的可信度来让自己免受其影响,然后驳斥他们的论点。这比简单地接受他们两极分化的立场要好得多。通过积极地分析和评估信息,你可以控制自己的观点形成,这是好事。但当你对政治人物产生不信任时,负面影响仍然可能会发生。

影响媒介效果的因素

既然你对媒介效果有了更广泛的认识,你就需要了解导致这些媒介效果的因素。因为有太多不同的影响因素,所以我不能用一个表格来列出全部,但我可以给出一个列表,表上的内容通常与任何媒介效果都相关(详见表8.1)。表上列出了接触这些媒介信息的人的特征以及这些信息本身所具有的特征。在某种情况下,这些特征表现得越明显,产生媒介效果的可能性就越大。

 归纳

当你下次观看几个小时的电视节目时,请根据制作人的意图寻找一种模式。你能看出他们都有同样的意图吗?

提高媒介素养

你越了解媒介效果,就越能化被动为主动。如果我们只对媒介效果做出反应,那么我们所能做的就只是等待效果发生。这种反应性的态度并没有让你对效果有太多的控制权。相比之下,媒介素养可以帮助你形成更积极主动的视角,这样你就可以在一定程度上控制不同媒介效果发生的可能性。你越了解媒介是如何发挥其影响力的,就越能够让自己免受负面影响,并提高积极效果发生的可能性。

我们要想控制媒介对自己施加的影响,首先要了解各种各样的媒介效果以及这些媒介效果如何与其他效果相结合。

在媒介的影响下,记住以下三个观点是很重要的。第一,媒介效果是不断发生的,因为我们不断受到媒介信息直接或间接的影响。第二,媒介与我们日常生活中的其他因素一起发挥它们的影响力。第三,如果你了解这个过程是如何运作的,你就可以控制媒介影响你的生活的过程。

到目前为止,你应该对各种各样的媒介效果、关于你自己的主要因素以及影响这个效果的媒介信息有了一个基本的知识结构。

 推断

你是否可以考虑某种特定的媒介效果,然后在逻辑上推断可能存在哪些因素影响这种效果?

表8.1 对于媒介效果产生过程的影响

有关人的特性

- 发展成熟度。随着我们在认知、情感和道德上的发展,我们能够处理更多信息并更好地应用更复杂的技能。
- 认知能力。媒介素养两个最重要的认知能力是场景依存和概念差异。
- 现有的知识结构。拥有最多知识的人能从媒介中学到最多。
- 社会因素。长期以来一直与持有某种特定价值观的人在一起并完成社会化的人将拥有更强大的价值观,更能抵抗变革。
- 生活方式。那些生活方式积极的人,他们与许多人和机构互动,受到媒介的影响较小。

- 个人规划。具有强烈个人规划的人对媒介的影响过程有更多的认识，因此他们能对这一过程有更多的自主控制。
- 媒介接触习惯。一般而言，花在媒介上时间更长的人，可能更容易受到媒介的影响。
- 动机。当我们有意识地想要某种特定的信息时，我们就会积极地在媒介中寻找这类信息，并且从中获得更多的学习机会。
- 觉醒。我们被唤醒时，注意力更加集中，经验对我们来说更生动。我们会记住在这一时期呈现的更多内容，并且更有可能在被唤醒时采取行动。
- 身份认同程度。我们通常会更加关注那些与我们有相似之处的角色。

有关信息的特性

- 内容类型。看一部充满暴力的电影，与看一部幽默或浪漫的爱情电影，所受到的影响是不同的。
- 描述的语境。信息的含义源于它们被描绘的方式，特别是社会学内容。
- 内容的认知复杂性。当信息对受众的认知要求很少时，人们更容易理解它的意思。

自上而下，内容来源于：©iStockphoto.com/Nixken；©iStockphoto.com/HerminUtomo

应用媒介素养8.1

思考媒介效果

1. 选择一个你在他身上花了大量时间的孩子。你能想到孩子身上展现的哪些行为受到了媒介的影响吗？
2. 选择一个和你年龄相仿的朋友。你能想到媒介影响了朋友展现的哪些行为吗？
3. 选择一个经常和你在一起的成年人，父母或邻居都可以。你能想到媒介影响了这些成年人展现出的哪些行为吗？
4. 现在来想想你自己。你能想到你已展现出的哪些行为是受到媒介影响的吗？

现在到练习使用这些信息的时候了。从你身边的人开始（参见应用媒介素养8.1）。你注意到大众媒介对这些人产生的影响了吗？有什么明显的影响吗？你能推断出一些影响过程吗？

应用媒介素养8.2

识别即时效果

1.想想认知、信仰、态度、情感、生理和行为型效果之间的差异，然后想想在你接触某种特定媒介后，你的生活中发生了什么。

2.在一张白纸上，将页面分成六行，标记为认知、信仰、态度、情感、生理和行为。

3.在每一行上，看看你是否可以至少列出两个在接触媒介后立即产生的效果。写出即时效果，然后描述媒介是如何影响你或你认识的人的具体事例。

根据以下内容来指导你的思考。

a.认知：媒介可以立即提供给我们想法和信息。

b.信仰：媒介可以解释我们能接受的信仰。

c.态度：媒介可以影响我们的评价判断。

d.情感：媒介可以立即引发情绪反应，如恐惧、吸引、悲伤和放声大笑。

e.生理：媒介可以引起我们的兴趣。

f.行为：媒介可以触发行为。

现在集中讨论在接触特定媒介期间或不久之后可能产生的媒介效果（请参阅应用媒介素养8.2）。完成该练习后，接受更具挑战性的练习，看看你是否可以识别任何长期的效果（请参阅应用媒介素养8.3和8.4）。我必须提醒你，与识别即时效果的简单任务相比，识别长期效果更难，但请发挥你的想象力。一旦你开始创造性地思考长期效果，你可能会发现很多例子来说明媒介是如何塑造你对各种事物的态度的，并创建用来评估日常生活中许多事物的标准。当你做这些练习时，请考虑本章前面表8.1中列出的影响因素，这很可能会引发你对于这些效果的思考。

应用媒介素养8.3

识别长期效果

- 想一想长期以来媒介是如何对你产生微妙影响的。
- 在一张白纸上,将页面分成七行,标记为认知、信仰、态度、情感、生理、行为和宏观。
- 在每一行上,看看是否可以列出两种长期效果。在每种效果后面,具体描述长期接触媒介对你产生的影响。

根据以下内容来指导你的思考。

长期效果:信息、态度和形象的缓慢积累塑造你对现实世界的态度。

a. 认知:思考你在很长一段时间内获得的大量事实或从大量信息中观察到的模式。

b. 信仰:思考你所持有的价值观以及你用于评估的标准。它们来自哪里?它们是如何形成的?

c. 态度:随着时间的推移,你现有的态度是否有所减弱或增强?

d. 情感:你是否注意到随着时间的推移,你对某种特定类型的媒介信息的情绪反应强度有所减弱?(观看恐怖片时不那么惊慌失措,减少对新闻报道的愤怒感,听你最喜欢的歌手演唱时不那么感到愉快,等等)

e. 生理:寻找对某些内容耐受度提高的证据;检查对媒介或某些内容的生理依赖性。

f. 行为:你的行为模式会随着时间的推移而改变吗?检查你使用媒介的习惯。检查你花费时间和金钱的其他方式。

g. 宏观:你是否注意到一个机构发生了变化,并且其变化可以归因于媒介的影响?如果没有,也许你可以提出这样一个论点:由于媒介的影响,该机构一直保持稳定而不改变。

现在你已经了解了本章的观点,并开始练习内化这些信息。你已经有了一个良好的开端,能够识别更广泛的大众媒介效果,提高媒介对你和你身边人的积极影响。这样对你和你身边的其他人来说,效果会更好。这种对大众媒介效果的前瞻性观点也会帮助你尽早采取行动,防止最终产生负面影响。

应用媒介素养8.4

你如何诠释媒介文化？

1. 当你边开车边收听广播，你是否会换台，去找别的东西，即使你对目前正在听的歌曲感到很满意——想着也许别的台正在放更好听的歌？你是否会切换电视频道寻找更好的内容？你在网上冲浪时，是否一直在寻找新的网站？

2. 在恋爱关系中，哪个对你来说更重要，是承诺还是完美？你处于恋爱关系中并对另一个人做出持久而坚定的承诺时，你会感到快乐吗？或者你担心这个人对你来说可能不是最好的人，也许还有更好的人？

3. 在大学里，你更看重学习还是效率？你是否承诺过每门课都不旷课，并尽力学到课程的内容？你是否参加了各种各样的课程（一些你从未了解过的课程）来拓展你的经历？或者你是否想方设法在课堂期间来更好地度过你的时间，比如参加面试、完成另一门课程的学期论文或者补充睡眠？你是根据用最少的精力取得最高的分数来挑选课程的吗？

4. 在你的职业生涯中，对你来说，忠诚和成功哪一个更重要？你在找到一份工作后，会为了报答雇主给你提供的第一个机会，而在那里度过整个职业生涯吗？或者你会把第一份工作作为一个找到更好工作的踏板，一旦你在这份工作中学到了所有的东西就离开吗？

5. 当你遇到重大问题时，你会因为短时间内无法解决而感到沮丧吗？

◎ 核心观点

- 媒介效果每时每刻都在发生。其中一些很容易被观察到，因为它们以行为的方式表现出来，并且在使用媒介期间发生。但在即时效果之外，过程性效果更难以察觉，因为它们通常发生在人们的脑海里。

- 从时间、类型、效果价值取向和意向性四个维度扩展你对媒介效果的看法，你将能够感知到更多种类的媒介效果。

  ○ 时间指的是效果显现所需要的时间——要么在接触媒介内容后立即显现，要么是在多次接触媒介后的很长一段时间才显现。

  ○ 类型指个体如何体验这种效果——

- 作为一种认知、信仰、态度、情感、生理或行为反应。
  - 效果价值取向是评判效果积极或消极的标准。
  - 意向性指产生的效果是否符合发送者/接收者的预期。
- 有许多因素可以用来评估产生媒介效果的可能性。
- 当我们从积极的角度看待媒介效果时，我们可以做到以下几点：
  - 持续评估各种效果发生的概率，并采取措施避免出现潜在的负面效果，增强潜在的积极效果。
  - 获得生活中对媒介效果产生过程的控制权。

◎ 深入阅读

Johnson, S.（2006）. *Everything bad is good for you*. New York, NY: Riverhead Books.（全书250页，包括尾注）

史蒂文·约翰逊是一位畅销书作家，他认为媒介对我们有害的流行观点是错误的。相反，他说接触媒介，特别是电视和电子游戏，利大于弊。他解释说，随着时间的推移，媒介信息变得越来越复杂，而不是越来越简单。这让媒介接触行为变得更具有挑战性，因此也更有价值。与几十年前相比，如今电视节目的故事情节要复杂得多。今天的电子游戏比早期的电子游戏也更具有挑战性。他说，文化对智力的要求越来越高，而不是越来越低。

Nabi, R. L., & Oliver, M. B.（Eds.）（2009）. *Media processes and effects*. Thousand Oaks, CA: Sage.（全书643页，包括索引）

这本书包括37章内容，主要是关于各种媒介效果的讨论。它分为六个部分：概念和方法问题；社会、政治和文化；信息选择和处理；说服和学习；内容和受众；媒介问题。

Potter, W. J.（2012）. *Media effects*. Thousand Oaks, CA: Sage.（全书377页，包括索引）

在这本书中，我更全面地阐述了我在这一章中介绍的观点。此外，我还列举了更多有关媒介效果的例子。

◎ 内容更新资源

大概有数百种学术期刊发表了有关媒介信息如何影响个人和机构的研究。下面列出的七种期刊是每年发表的这类研究中最多的。

《传播研究》(Communication Research)

《广告杂志》(Journal of Advertising)

《广告研究杂志》(Journal of Advertising Research)

《广播与电子媒体杂志》(Journal of Broadcasting & Electronic Media)

《传播学报》(Journal of Communication)

《新闻与大众传播季刊》(Journalism & Mass Communication Quarterly)

《媒介心理学》(Media Psychology)

SAGE edge™

在 edge.sagepub.com/potterintro 使用 SAGE edge 提升你的技能。

SAGE edge for Students 提供了一种个性化的方法,帮助你在一个便捷的学习环境中完成课程目标。

每个人受媒介的影响都不同,因此,在接触媒介时,每个人都必须制定个人媒介素养策略。
图片来源:©iStockphoto.com/lovro77

知识测试:判断对错

在阅读本章之前,请判断以下陈述哪些是正确的,哪些是错误的。

1. 提高媒介素养需要不断分析媒介信息。

2. 提高媒介素养要求你对媒体行业有一个广阔的视角,了解它们如何看待受众,它们如何开发和营销内容,以及这些内容是如何影响你和整个社会的。

3. 提高媒介素养需要你对个人目标有更清晰的理解。

4. 提高媒介素养需要你远离负面内容。

(答案见书末。)

第九章

跳 板

学习目标

阅读本章后,你将会有以下几点收获:

◇ 描述提高媒介素养的十二条指导方针。

◇ 运用这十二条指导方针,培养自己对媒介的积极态度。

◇ 将前面章节中提到的信息整合到你的前瞻性观点中。

到目前为止，你应该对媒介素养的含义有了一定的认识。你在大众传媒行业、受众、内容和效果方面建立了良好的知识结构。当你完成应用媒介素养练习时，你已经开始将大部分信息内化。

下一步是制定一个有用的策略，以你学到的知识为基础并继续应用它。制定个人媒介素养策略的目的是为了让你在目前媒介所主导的影响过程中取得自主权。这并不是说要让你放弃所有自觉处理的信息。这是一个不切实际的期望。相反，你的策略应该是专注于逐步提高对过程性效果的认识，并逐渐对其进行越来越多的控制。

在本章中，我将帮助你开始这项任务，但我不能为你制定策略。你必须基于你自己的特殊需求发展自己的策略。本章从十二条指导方针开始，提醒你在制定自己的媒介素养策略时最重要的考虑因素。此外，我将展示一些有关媒介素养水平的例证。

十二条指导方针

1.强化个人定位

这是最重要的一条指导方针，因为如果你的个人定位很模糊，那么其他指导方针就变得无关紧要了。请记住，你个人的定位体现了你对目标的认识以及为实现这些目标而搜索信息和经验的驱动力。因此，你的首要任务是强化你的个人定位。

> **? 分析**
> 你能确定你今天、本周和未来最重要的目标吗？

首先分析你的目标。真正让你开心的是什么？什么样的人让你最开心？你最喜欢怎样度过你的时间？你真正想要在生活中实现什么？有时这些问题的答案对你来说是显而易见的，但有时它们需要经过数周甚至数月的思考。

一旦你有了清晰的目标，就要考虑这些目标的来源。你认为它们在多大程度上受到了媒介的影响？在设定目标的过程中，哪些榜样对你的影响最大？这些榜样是真实的人（如父母、亲戚、朋友、教师、权威人物等）还是媒介形象（你最喜欢的节目中的角色、新闻报道中的公众人物、游戏中的化身等）？考虑你的目标是如何形成的以及你对它们的满意度。

现在，想想你是否愿意付出精力来满足你的需求。你是否有设立容易实现的目标的习惯，这样你就不必非常努力地去满足每个需求？或者你是否已经养成了一种模式，在生活中不断寻求更困难的挑战？

想想你对阅读一本书、听iPod上的讲座、玩电子游戏或看电视节目所需要的脑力劳动的判断。每种媒介都需要不同的脑力劳动；每种媒介也需要不同的认知参与。当信息符合我们的预期时，我们会继续接触该媒介，甚至会养成不由自主地接触这一媒介的习惯。然而，当一条信息需要的脑力劳动超出预期时，我们可能会停止接触那条信息，转而寻找另一条不需要付出那么多精力的信息。

你提高媒介素养的个人目标是什么？
图片来源：©Polka Dot RF/Thinkstock

这是一种自然的反应，但有时，坚持阅读具有挑战性的信息，并试图找出为什么这些信息如此具有挑战性，是很有帮助的。脑力消耗得越多，理解能力、学习能力和最终的记忆能力就越强。

> ✓ 评估
>
> 将你的多个个人目标与你愿意付诸的努力相比较，哪个目标所需的努力超出了你愿意承担的范围？

2.把个人实用性作为目标

当你接触媒介信息时，问问自己：我最需要的服务是什么？如果你意识到了自己的需求，并将这种媒介信息作为满足自己特定需求的最佳方式，那么你就会最大限度地接触媒介。但是，如果你没有个人目标，而是习惯性地接触媒介，那么很明显，你就是大众媒介的工具，也就是说，大众媒介已经成功地让你满足了它们的需求。

3.准确认识你的媒介接触行为

定期（也许一年一次）记录一周的媒介使用情况。通过重复这个练习，你可以观察你对各种媒体、传播媒介和信息兴趣的变化。当你监控这些变化时，问问自己以下问题：

*我扩大了对不同媒体的接触，还是仅仅停留在一两个媒体上？

> **分类**
>
> 你能把你的个人目标分成三组吗？一组是你自己的个人目标，一组是别人强加给你的目标（朋友、家人、宗教领袖、政治领袖等），一组是媒介强加给你的目标？

*我是否扩大了接触不同传播媒介的范围？（如果你过去主要在电视上看体育和动作/冒险类节目，你现在会广泛拓展观看的类型吗？）

探索更广泛的网站、新的音乐艺术家、新的电视节目和不同的杂志。你不必喜欢所有内容；实际上，你很可能会讨厌这些内容。但是，通过尝试新的传播媒介，你有可能发现一些新的信息——相较于你习惯接触的媒介信息更为优质。如果你不探索一下媒介信息的边界，随着时间的推移，你可能会陷入一个越来越窄的媒介使用习惯怪圈。

4.广泛获取有用知识

知识的关键在于它是有用的；获取无用的知识对你没有帮助。这意味着我们必须要不断地意识到我们对知识的需求，然后专注于满足这些需求。

我们已有的知识与我们要更好地了解世界所需的知识之间总是存在差距。我们可以为自己填补知识鸿沟，但我们必须按主题逐个推进。缩小知识鸿沟的方法在我们的掌控之中，因

通过积极寻找不同类型的媒介信息来开阔你的视野。
图片来源：©Stockbyte/Thinkstock

为知识鸿沟更多地受到我们对某个话题的兴趣程度的影响,而非受教育水平(Chew & Palmer, 1994)。如果我们对某个话题有很强烈的兴趣,我们就会从许多不同的媒介和不同来源中搜索相关信息。但是当我们对某个话题不感兴趣时,我们就会让媒介来决定我们能得到多少信息。

在本书中,我在四个领域提供了足够的信息——传媒行业、受众、内容和效果——让你从四个有用的知识结构开始。如果你想了解自己吸收这些信息的能力如何,请参考应用媒介素养9.1。

应用媒介素养9.1

测试你的知识结构

这是这本书的章节列表。每一个都呈现了关于其主题的知识结构。

1.试着回忆书中每一章的内容结构。

a.你还记得每章结尾出现的核心观点吗? 你能记起这一章的核心观点或章节吗?

b.然后回到每一章检查你的回忆。每正确记住一个要点,给自己打1分。因此,这一章的分数应该在0到5之间。

c.在左边的"图书"一栏中输入你的分数。

图书	额外经验值	章节	
_____	_____	第一章	为什么要提高媒介素养?
_____	_____	第二章	如何看待媒介素养
_____	_____	第三章	大众传媒产业:历史视角
_____	_____	第四章	大众传媒产业:经济游戏
_____	_____	第五章	大众传媒受众:产业视角
_____	_____	第六章	大众传媒受众:个人视角
_____	_____	第七章	大众传媒内容
_____	_____	第八章	大众媒介效果
_____	_____	第九章	跳板

2.接下来,想想你在学习了每一章之后进行的深入阅读。

a.从深入阅读列表或参考文献中每读到一本书或一篇文献,给自己记2分。

b.学习本章以来,每多读一本与主题相关的书,给自己记1分。

c.学习本章以来，在该主题上每积累一次重要经验都给自己记1分（一个重要的经验是，你与某人就某一章的主题进行了一次扩展对话，有意识地尝试应用这一章中的原则，等等）。

d.在附加经验的"额外经验值"一栏中记录每一章的总得分。

3.看看各个章节的得分。关于你目前的知识结构，分数说明了什么？

a.查看"图书"一栏。如果你大部分的得分都是4分和5分，那么就证明你有了一套非常强大的知识结构。如果大部分都是3分，你就有了一个良好知识结构的开端。如果有一些是0分，那么你需要回到那些章节，重新定位你自己的知识结构。

记住，拥有强大的知识结构并不一定意味着你对那个主题有深刻的认识，但它确实意味着你能够明确主要的思想，这将帮助你更有效地获得拓展知识。

b.查看"额外经验值"一栏。如果你得到了3分或以上的分数，你就表现出了对扩展知识和细化知识结构的强烈决心。看看哪里有0分，问问自己为什么不愿意或者不能拓展你的知识。

c.看看得分的总体状况。你对某些章节比其他章节掌握得更好吗？这是可以理解的，你可能比其他人对某些特定的话题更感兴趣。但是请记住，知识的均衡获取是很重要的。要为自己取得的成就感到自豪——那么现在就在此基础上克服自己的弱点吧。

5.思考现实与虚构的统一体

当你持续问自己一件事真实或虚构的程度，这就涉及两者的统一。我们很容易就能发现有些节目是虚构的，比如《兔八哥》（*Looney Toons*）。但其他节目可能没有这么明显。有些电影有现实的背景和场景，但仍然是虚构的，比如《丑闻》（*Scandal*）或《好汉两个半》（*Two and a Half Men*）。其他电影或许是一个虚构的背景，但以现实的方式进行处理，如《星际迷航》（*Star Trek*）。区分媒介中的现实和虚构是一项艰巨的任务，这需要你考虑信息的不同特征。因此，你必须进行分析性思考，并将信息分

> **归纳**
> 当你体验到更广泛的媒介信息时，你能否识别出一些模式，以便指导你后续探索新类型的信息？

解成不同单元,然后评估哪些部分是真实的。不要试图将信息简单归类为真实或虚构,媒介信息都是既真实又虚构的。

现在,电视上有那么多所谓的"真人秀"节目,我们意识到真实—虚构的统一体是特别重要的。虽然这些节目中都有现实元素,但也包含了许多虚构元素。一些真人秀节目可能混合了某种使它们看起来比一些虚构的节目更不真实的元素。标榜真实性或是表明虚构性的电视剧之间并没有明显的区别。因此,在接收信息的简单标签时要分外小心。最重要的是,我们要认识到虚构元素,这样你才能以不同的方式处理它们,也就是说,享受它们,但不要让它们影响你用来评估现实生活的标准。

不要仅仅因为在现实世界中使用虚构元素是危险的,就追求避免虚构。在享受媒介的过程中,虚构也应占有一席之地。凭借自身的想象力或幽默的吸引力,虚构内容可以是非常有趣的。

它们能激发我们的创造性思维;然而,我们必须认识到虚构是一种激发我们想象力的工具,而不是一个可以模仿的模型。

> 🔍 **推断**
>
> 你能把现实和虚构区分清楚吗?如果可以的话,你就能把它作为一个普遍的原则,在你看电视节目的时候判断现实和虚构的内容。

6.思考你的心理代码

当你养成固定的媒介接触习惯后,定期问问自己:为什么你的习惯是这样的?你的习惯在多大程度上满足了你的需求?大众媒介在多大程度上决定了你的习惯来满足它们的需求?在你考虑了这些问题之后,重新思考你的心理代码,然后重新编程来更好地满足自己的需求。在重新编程之后,你自然而然地会返回到常规的媒介接触习惯中,但是请将思考后的心理代码用来满足你的目标,而不是媒体的目标。

7.思考你的观点

问问你自己:你的观点和行为一致吗?如果没有,那么你很有可能持有一些错误的观点。如果你诚实地面对这个分析,你会发现一些不一致的地方,因为我们每个人都有。

不一致的一个方面是我们对电视节目的看法和我们观看电视节目的行为之间的

差异，也就是说，我们经常抱怨一些节目，但仍然会观看它们。例如，20世纪80年代初，全国广播公司赞助罗珀民意研究中心做了一项调查，让全国范围内的受访者表达对17部电视节目的看法，其中16部是宗教组织反对的含有性和暴力的内容。只有13%的受访者认为《哈扎德公爵》(*The Dukes of Hazard*)的节目中有太多的暴力镜头，10%的人说《达拉斯》(*Dallas*)的节目中有太多的色情镜头——这些都是负面评价最高的节目。但是，当被问及对电视的总体看法时，50%的受访者表示，电视上有太多的性和暴力(The Roper Organization, 1981)。虽然这项研究是在你出生之前进行的，但这些发现对你来说仍然有效吗？在形成你的观点之前，你系统地收集过一些有效信息吗？那么，你会用行为来支持你的观点吗？

8. 改变行为

你的行为在多大程度上符合你的信念？例如，如果你认为社会过于物质化，你会不再购买大量物质产品吗？如果你把物质消费控制在最低限度，那么你的行为和信念就是一致的。但是，在我们这个物欲横流的社会，总有人不断抱怨浪费，然后却出去买了很多他们不需要的新东西。在最近的一项调查中，82%的美国人认为，我们大多数人购买和消费的东西远远超过我们的需求。67%的人认为美国人造成了世界上许多环境问题，因为美国消耗的资源和产生的废物比世界上任何国家都多。然而，美国人每年仍然消耗着地球上近30%的资源和服务，尽管人口还不到世界人口的5%。我们可以从4万多种超市商品中挑选所需，谷类食品就有200种。我们真的需要这么多物质产品吗？

信念和行为之间脱节的另一个例子是污染和环境保护。从20世纪70年代到90年代，媒体通过提高环境报道的重要性以及篇幅将污染问题提上了公共议程（Ader, 1995）。在同一时期，空气污染程度下降了约三分之一，但固体废物污染却增加了约25%。这表明，美国人越来越关注污染问题，他们向政府施压，要求政府通过监管制造工厂和控制汽车排放来净化空气。但是，公民个人控制的固体废物自愿回收项目

> **归类**
> 你能把你的观点（关于学校、课程、教授、同学等）分成三组吗？一组为信息完备的观点，一组为需要更多信息支撑的观点，以及一组你只从别人那里接受的观点，而自己没有收集任何信息。

却没有那么成功。这意味着个人并没有通过减少消耗或回收来减少废物排放。同样，许多人都希望政府或其他人来解决他们自己的问题。

改变你的行为，使之与你的信仰相一致，这表明你致力于履行自己信仰的道德责任，而不是简单地指责别人，自己却什么也不做，尽管后者已经成为许多社会问题的通用解决策略。改变行为的第一步是对你的信仰和现有行为之间的匹配度进行现实的评估。

你可以抵制广告商，取消订阅，当你在媒体上看到不喜欢的东西时，你可以写信反馈。当然，这种行为对媒体本身几乎没有任何影响，除非很多人也和你有同样的感受并做同样的事情。然而，这并不是你停止做这些事情的理由。通过采取行动，你会给自己一种掌控媒介的感觉，这种新的权力感将会改变你的个人生活。

9. 进行跨渠道比较

尽管媒介素养是一个跨媒介的普遍概念，但不同的渠道也会带来一些特殊的挑战。例如，显而易见，阅读杂志文章需要一些在看电视情景喜剧时不需要的技巧。但这些差异本身的性质并不那么明显。为了说明这一点，你可以在互联网上阅读一篇新闻报道，然后在当地报纸或电视新闻节目中阅读这篇报道。分析它们的相似点和不同点。这些异同重要吗？

我们在观察交互性的媒体，如社交网站和视频游戏时，这些差异尤为明显。最明显的区别就是，在交互式网站上，你不仅是信息的接收者，还能积极地参与创建信息。但也有其他更微妙的差别。当你处于自我反思状态时，你越多地使用这些网站，你就会越欣赏这些差异，甚至开始更好地利用它们来提升你的媒介使用体验。

比较不同媒介渠道的新闻报道，找出信息的相似点和不同点。

图片来源：©iStockphoto.com/scanrail

10. 更加熟练地设计信息

现在，许多媒体不仅让你有机会创建自己的信息，而且也要求你这样做。最好的例子就是,当你创建了一个 Facebook 账户,你必须设计自己的页面,并且需要不断地更新你的网站。你的 Facebook 页面和你朋友的相比怎么样？它的设计美观吗？你的文本中有图片和图表吗？人们访问你的页面只是为了看看它的设计有多好看吗？

从信息的角度来看,你的 Facebook 页面设计得如何？你决定展现自己什么？你页面上的信息可能会对你的朋友产生怎样的影响？你的父母呢？未来的雇主呢？

11. 不要认为拥有隐私是理所当然的

在过去的几代人中,个人使用媒介是一件相对私人的事情。然而今天,你的媒介使用习惯被精确地跟踪记录,这些信息将被卖给广告商或任何对你的媒介使用习惯感兴趣的人。当你在自己的网页、博客或推特上发布信息时,你最初可以控制谁会看到你的信息。但是,当网页服务器、网页浏览器、博客所有者或互联网服务提供商可以复制你的信息,重新打包并将其出售给互联网的其他用户时,你很快就会失去这种控制。一旦你的信息以数字形式发送,就可以无休止地被复制、存储和分发给任何人。因此,在你将信息数字化并发布到互联网之前,考虑一下所有可能阅读到该信息的潜在受众——营销人员、潜在雇主、朋友、未来的配偶、孩子、父母、政府官员,等等。你会给这些受众留下什么样的印象？

> **评估**
> 你能判断出你最喜欢他人 Facebook 页面上的哪些元素吗？

> **概括**
> 你能重新设计你自己的 Facebook 页面,并从其他人的 Facebook 页面中吸取你喜欢的所有元素吗？

12. 承担个人责任

这可能是最难做到的。我们美国人喜欢把责任推到别人身上,因为这让我们觉得问题出在别处,要由他人来解决。例如暴饮暴食的问题。美国医学协会告诉我们,三分之一的美国人肥胖,另外三分之一超重。这似乎是一个个人问题,但大多数人还是吃得太多,锻炼得太少。他们等待政府出台解决方案。2002年春天,加州立法机构正在考虑通过《加州儿童肥胖预防法案》(*the California Childhood Obesity Prevention*)。这项法案基本上禁止了在公立学校销售碳酸饮料(Bartholomew,2002)。到2002年夏天，已经有8个州以各种形式限制垃圾食品的销售，另有12个州正在考虑立法。此外，人们还对快餐连锁店提起诉讼（Tyre, 2002）。人们的意志力真的薄弱到需要政府出台法令禁止他们才会停止消费有害的东西吗？然而，很多人就是这么意志薄弱。你是他们中的一员吗？

有关媒介素养水平的例子

人们有各种各样的原因去接触不同类型的内容，人们也可以从特定的信息中获得许多不同的好处。正因为如此，分析一条信息并假设所有接收该信息的人都能从中提取出相同的含义或获得相同的经验是不可能的。接下来，我们将通过几个例子来说明这一点。

电视真人秀

真人秀是一种可以吸引各种媒介素养水平的观众来观看的节目类型。媒介素养水平较低的人会觉得角色和情景都是真实的。他们无法解释为什么喜欢这些角色或这档节目。

> **推断**
>
> 想想隐私对你来说有多么重要。将这一通则与你的互联网实践相比较，你能得出关于实践结果的结论吗？

媒介素养水平高一些的人看真人秀是因为他们对角色有一种个人认同感，并享受他们与这些角色的社会交往。同他们自己无聊有限的生活相比，这让他们感到兴奋，有一种强烈的情感回应。另一些人看真人秀是因为他们想知道有魅力的人的穿着和行为；他们也会对角色的外貌和行为进行认知和评估。

媒介素养水平较高的人会与他人分享媒介经验。他们分别观看真人秀节目，这样他们就可以在节目展开时进行讨论。或者他们稍后会打电话给他们的朋友，把其中的情节作为一个重要的讨论话题。他们通过观看节目来维持一个没有真人秀节目就不会有的朋友圈，这需要大量的认知处理和情感联结。这也说明了他们如何利用媒介工具来实现自己的个人社会目标。

在更高的层次上，观众会对真人秀中所展示的美学和道德元素进行深入分析。观众对节目的剪辑感到惊奇，节目将他们的注意力集中在人物生活中最令人兴奋的部分，并把他们的世俗问题放大成巨大的伦理问题，将其戏剧化。这说明了他们可以利用媒介信息来提高他们对周围事物的认知，并构建对周围世界更深层次的理解。

Facebook 页面

媒介素养水平较低的用户会创建 Facebook 页面并上传他们认为很酷的快照，通过添加元素、发送信息来增加好友数量。同时，用户会花大量时间查看不断增长的好友列表，并向他们发送一些简短的、肤浅的信息来保持联系。

媒介素养水平更高的用户会试图提高他们的图像和声音的艺术质量，以便给访问者留下深刻的印象。他们会为更新带来的点击率增长、好友增加而感到自豪。

媒介素养水平最高的用户将 Facebook 作为一种工具，策略性地创建和维护个人形象，以满足特定的目标，如加强重要好友的维系，吸引恋人，或用花哨的网页制作技术吸引未来的雇主。他们非常清楚自己展示了什么，并确保这些展示对长期构建一个积极的形象有实质性的帮助。

记住，并不是你所观看或生产的信息类型使你具备媒介素养。相反，是你的媒介素养决定了你在媒介接触过程中的想法和感受。在媒介接触中，你表现得越积极，越有自己的见解，你就能从媒介中获得的越多，而这样的媒介接触经历也会帮助你实现个人目标。

◎ 核心观点

- 媒介素养是一种视角。要建立一个最能满足你日常需求的媒介素养视角，你要有一个积极主动的策略。
  - 为了使这个策略有效，它需要基于你的个人需求。
  - 这一章为你提供了十二条指导方针，用来制定和执行你的个人策略。
  - 积极的视角能让你改变习惯和思维方式，远离消极影响，去满足你真正的需求。
- 当你把书中的信息更多地融入你看待媒介的视角中，你就会更加了解你的媒介使用习惯为你带来的优势，你也就能更好地控制自己，避免错误的思维和行为方式。
- 只有你自己有能力提高自身的媒介素养水平。

◎ 深入阅读

Frechette, J. D.（2002）. *Developing media literacy in cyberspace: Pedagogy and critical learning for the twenty first century classroom.* **New York, NY: Praeger.**（全书185页）

这本书提供了一种重视社会赋权而不仅仅是技术技能学习的愿景。作者认为，媒介素养为今天的年轻人提供了最好的长期培训，让他们能够熟练使用21世纪的新技术。作者提供了指导方针，以帮助教育工作者发展和提供具体的学习策略，使学生能够判断他们在互联网上看到的东西的有效性和价值，让他们努力在技术负载的世界中变得至关重要。

Jenkins, H., Purushotma, R., Weigel, M., & Clinton, K.（2006）. *Confronting the challenges of participatory culture: Media education for the 21st century.* **Cambridge, MA: MIT Press.**（全书128页）

这本书由约翰·D.麦克阿瑟（John D.）和凯瑟琳·T.麦克阿瑟（Catherine T. Mac Arthur）基金会资助，主要关注的是应对新媒体文化最重要的技能。新媒体文化的特点是作为互动媒体，它使人们能够以前所未有的方式参与社会。

Macedo, D. P., & Steinberg, S. R.（Eds.）.（2007）. *Media literacy: A reader.* **New York, NY: Peter Lang.**（全书710页）

编辑们表示，这本书的目的是帮助学生提升对媒介的理解能力，以及理解他们自己消费媒介和情感投入媒介的方式。这本书收录了大范围的论文。主要受众是那些对媒介素养不具备专业认知，需要这一主题的介绍而非学术处理的人群。

Mackey, M.（2007）. *Literacies across media*（2nd ed.）. **New York, NY: Routledge.**（全书224页）

这本书描述了一个为期18个月的项目，旨在研究一群年龄在10岁到14岁之间的男孩和女孩是如何理解各种形式的叙事方式的，包括印刷品、电子书、视频、DVD、电脑游戏和CD-Rom。作者的分析揭示了这些孩子是如何通过接触不同的文本和媒介来发展叙事策略的。

Potter, W. J.（2013a）. *Media literacy*（7th ed.）. **Thousand Oaks, CA: Sage.**（全书452页，包括词汇表及索引）

这本书是《媒介素养纲要》（*Media Literacy Essentials*）的基础；它包含了更多的细节，涵盖了更多的主题。《媒介素养纲要》是对第七版中几乎所有观点的介绍，所以如果你想了解更多的细节

（特别是关于传媒行业、内容或观点），你可以阅读这本《媒介素养》。

Tyner, K. Ed.（2010）. *Media literacy: New agendas in communication*. New York, NY: Routledge.（全书243页，包括索引）

这本书用10章内容讲述了有关媒介素养的倡议在过去是如何发生的，以及它们所强调的内容。这些倡议基于四种情境：社区环境、基础教育、高等教育和虚拟环境。

◎ 内容更新资源

以下这些网站有很多关于媒介素养的信息，可供不同的群体使用。虽然其中一些信息以书籍、报告、CD和DVD的形式传播并以象征性的价格出售，但这些材料大多都是免费的。这里向传媒机构推荐以下网站：

媒介素养中心（www.medialit.org）

现在的孩子（www.childrennow.org/index.php）

媒介素养公民（www.main.nc.us/cml）

媒介教育实验室（mediaeducationlab.com）

媒介观察（www.mediawatch.com）

全国家庭和社区教育协会（www.nafce.org/home-overview.html）

全国媒介素养教育协会（http://namle.net）

家长选择基金会（www.parent-choice.org）

SAGE edge™

在edge.sagepub.com/potterintro使用SAGE edge提升你的技能。

SAGE edge for Students提供了一种个性化的方法，帮助你在一个便捷的学习环境中完成课程目标。

附录简介

分析媒介素养议题

在附录中,我们将分析当下较为盛行的四种媒介批评理论。附录A涉及对体育的批评,即职业运动员的薪水过高问题。在附录B中,我们将分析针对媒体所有权模式的主要批评,讨论的是传媒业所有权集中的问题。在附录C中,我们将分析针对新闻的典型批评——新闻往往并不客观。最后,在附录D中,我们要讨论的是媒介中存在太多暴力内容的问题。

我们将逐一对附录中的四个问题进行分析,目的是想说明如何从媒介素养角度挖掘这些流行的媒介批评的内核,从而发现其缺乏事实依据和推理错误的问题。附录不会尝试解决这些问题,相反,这些附录旨在向你说明每一个议题都比表面反映出来的问题要复杂得多,因此,解决这些问题需要的不仅仅是一些权宜之计。

我的意思并不是说你现有的观点是错误的,也不想试图改变你的观点。相反,我想告诉你如何更深入地审视自己的观点,从而要么以更明智的方式审视你现有的观点,要么决定做出一定的改变,让你的意见对你来说更加有用。

我将从公众对于这些话题有代表性的批评开始,然后将这些批评进行分解,并对分解出来的每个部分进行分析。其中一部分具有事实基础,我们就来看看这些事实是否能够有效地支撑这些批评,而一些没有事实依据的批评则主要是专家或公众所表达的观点。

为了帮助你解决这些问题,每个附录都提供了扩展练习。当你完成练习中的每一步的时候,你将会用到在前几章中学到的媒介素养技能和知识结构。这些技能和知识你运用得越多，你就越能从媒介素养的角度出发思考问题。然后，这种练习将会变成你的媒介使用经验，让你在以后的媒介接触中受益。你将在这些媒介经验中感受到更多的东西，并知道如何利用这些媒介经验达成自己的目标。

　　附录选择的这四个问题并不仅仅与媒介素养有关，在所有值得商讨和讨论的媒介问题中，它们都可以说是最突出和最重要的四个话题。有关媒介的问题，很多都值得讨论，当你遇到有关媒介的其他问题时，你在附录中学习和使用到的知识会帮助你更加系统地思考这些问题。

　　媒介素养的价值是帮助你更好地独立思考，而不是用一种观点取代另一种。学习如何处理重要问题，避免肤浅的争论和毫无争议的事实性主张，深入了解其本质，这样你就能更充分地理解复杂问题的本质。这将帮助你重新审视议题，并提出更现实的方法来解决其中令人感到沮丧的问题。

附录A　媒介问题分析：职业运动员的薪酬是否过高？

在过去的五十年中，人们对体育运动最多的批评是：支付给职业运动员的报酬大幅增长，现在的运动员挣得太多了。批评人士认为，急剧增长的薪酬是不可持续的，而那些高薪运动员正在毁掉职业体育。

我们来分析一下此类批评及其所支持的观点，一共有四个组成部分：(1) 薪酬增长；(2) 目前薪酬过高；(3) 不可持续性；(4) 破坏职业体育。下面我们分别就这四点来逐一分析。

薪酬增长

第一个观点是事实性观点——我们可以根据真实情况得出事实，确定该观点的真假。如果我们去核查事实，该观点显然是正确的——在过去的五十年里，职业运动员的薪酬大幅增加。

为了说明现在职业运动员的薪水提升幅度，让我们回溯到20世纪50年代，当时美国职业棒球大联盟（MLB）是美国主要的体育运动项目，特德·威廉姆斯（Ted Williams）是MLB中的超级明星，也是收入最高的运动员之一。1959年，波士顿红袜队（the Boston Red Sox）为威廉姆斯拟定了一份新合同，酬劳是12.5万美元。但是威廉姆斯将这份合同退回给了管理层，他拒绝了他们的提议，因为他觉得这钱太多了。威廉姆斯认为他不值这么多钱，因为他这一年的表现并不理想，平均击中率"仅仅"达到了0.259。这对于威廉姆斯来说是糟糕的一年。虽然对曾经打过职业棒球的人来说，威廉姆斯这一年的成绩已经比普通运动员的平均水平都要好，但威廉姆斯要求减薪25%,这也是减薪的最大幅度。

自特德·威廉姆斯以后,MLB 球员的薪酬一直在快速增长。例如,2013年纽约洋基队(the New York Yankees)向亚历克斯·罗德里格兹(Alex Rodriguez)支付了2,800万美元,折合每场比赛的薪酬为17.3万美元或每局19,000美元(Baseball Player Salaries, n.d.)。因此,在2013年,亚历克斯·罗德里格兹打六局比赛的薪水却比特德·威廉姆斯整整一个赛季的酬劳还要多。同样在这一年,收入最高的投手是CC.沙巴西亚(CC Sabathia),纽约洋基队向他支付了2,300万美元的薪水,相当于每局约10万美元。

特德·威廉姆斯(左)1959年在波士顿红袜队整个赛季的收入还不如亚历克斯·罗德里格兹(右)2013年在纽约洋基队打一场比赛的收入。

图片来源:©Bettmann / Corbis

至于美国职业篮球联赛(NBA),迈克尔·乔丹(Micheal Jordan)在1995/1996赛季的收入为400万美元,当时他正带领芝加哥公牛队在6年内第4次获得职业篮球冠军。他被评为年度最有价值球员,许多篮球迷至今仍然认为乔丹是有史以来最好的篮球运动员。一年后,他成为一名自由球员并签下一份1,800万美元的新合同,这使他暂时成为NBA中薪水最高的球员(Rhodes & Reibstein, 1996)。如今,NBA七名球员的年薪都超过1,800万美元,如果你想成为薪水最高的球员,就要击败薪水高达2,780万美元的科比·布莱恩特(Kobe Bryant)("NBA Player Salaries, 2012-2013")。美国国家橄榄球大联盟(NFL)球员的薪水也在急剧上升。例如,在1999赛季,2,000名NFL球员的收入中位数为43万美元;十年后,这一数字增加到了77万美元。1999年,如果你的薪水达到620万美元,你可能是排名前五位的精英球员,但到2012年,有40

名NFL球员的薪水都超过了这一数字（Spotrac.com, 2012）。

运动员薪酬大幅上涨的背后有两个原因。一个是来自电视网络的支持越来越多，它们抬高了电视转播价格。另一个原因是20世纪80年代以来，球员开始成为自由成员。直到20世纪70年代，球队老板和联盟仍在很大程度上控制着球员的合同和薪水。一名球员签下合同为该球队效力的同时，该球队也就拥有了这名球员的比赛权，也就是说，除非将他卖给其他球队，否则球员只能为该球队效力。如果一名球员被交易到一支他不想为之效力的球队，他只能选择为那支球队效力或直接不参加比赛。20世纪70年代，所有职业运动员都对这种模式提出了挑战，最后他们赢得了成为自由球员的权利，并允许任何球队为他竞标。因此，对体育人才的竞争大大增加，并一直持续到今天。

我们在考虑职业运动员的薪酬时，不仅要考虑他们球队付给他们的薪水，还要考虑到公司为它们的产品代言支付的费用。公司愿意为宣传其产品的运动员支付巨额费用，因为这样的代言可以增加销量。例如，耐克公司向勒布朗·詹姆斯（LeBron James）支付了9,300万美元，签下了七年的代言合同，即每年1,330万美元。阿迪达斯公司向德里克·罗斯（Derrick Rose）支付了1.85亿美元，签订了为期13年的合同，每年约为1,420万美元（Saporito, 2012）。

虽然顶级职业运动员能够通过体育比赛获得非常高的薪水，但许多人通过代言商业产品赚了更多的钱（见表A.1）。

表A.1　2014年收入最高的运动员（按代言排名）

各运动员2014年的收入（以百万计）				
姓名	运动项目	从运动项目中获得的收入	从代言中获得的收入	合计
泰格·伍兹（Tiger Woods）	高尔夫	$6.2	$55	$61.2
勒布朗·詹姆斯（LeBron James）	篮球	19.3	53	72.3
罗格·费德勒（Roger Federer）	网球	4.2	52	56.2
菲尔·米克尔森（Phil Mickelson）	高尔夫	5.2	48	53.2
科比·布莱恩特（Kobe Bryant）	篮球	30.5	31	61.5
拉斐尔·纳达尔（Rafael Nadal）	网球	14.5	30	44.5

续表

克里斯蒂亚诺·罗纳尔多 (Cristiano Ronaldo)	足球	52	28	80
马亨德拉·辛格·多尼 (Mahendra Singh Dhoni)	板球	4	26	30
乌塞恩·博尔特（Usain Bolt）	短跑	0.2	23	23.2
莱昂内尔·梅西（Lionel Messie）	足球	41.7	23	64.7
玛利亚·莎拉波娃 (Maria Sharapova)	网球	2.4	22	24.4
诺瓦克·德约科维奇 (Novak Djokovic)	网球	12.1	21	33.1
罗里·麦克罗伊（Rory McIlroy）	高尔夫	4.3	20	24.3
德瑞克·罗斯（Derrick Rose）	篮球	17.6	19	36.6
李娜（Li Na）	网球	5.6	18	23.6

来源：The World's Highest-Paid Athletes（2014）。

如今过高的薪酬

现在我们知道球员的酬劳（工资和产品代言）已经有了大幅增加，让我们接下来继续讨论下一个观点，即支付给职业运动员的薪酬过高这一问题。这不是一个事实性观点，而是个人判断。人们将目前职业运动员的薪酬与他们认为运动员应得的薪酬进行比较，得出运动员薪酬过高的结论。理解这一判断的关键是考虑人们心目中的薪酬标准。由于没有客观的薪酬标准，人们必须使用个人觉得公平的标准来判断薪酬是否过高。在这些标准中，我们看到的可能更多是两种感觉——嫉妒和欣赏。

关于嫉妒，很多人都不喜欢比自己赚钱多的人。他们认为，仅仅因为其他人生而幸运，拥有运动天赋，就获得更多回报是不公平的，他们嫉妒那些获得更多回报的人。还有一些人意识到了自己在其他方面具备的一些才能，但这些领域的人才获得的回报不如有天赋的运动员获得的回报那么丰厚，因此他们认为，因"错误"的天赋而错过更多的回报是不公平的。

关于欣赏，很多人都赞叹于一些职业运动员的表现。运动员的表现如此惊艳，或许1亿人中只有一个人能够做到，所以他们优秀的表现值得更高的酬劳。此外，很多人都是专业球队的忠实球迷,他们希望球队获胜。如果球员能帮助球队继续获胜,他们会觉得任何价位的薪水都值得付出。

你的个人标准是什么?如果你并没有仔细思考过这个问题,那么你的标准可能就是一个基于感性的模糊主观标准。我们不太可能找到对于职业运动员薪酬的客观标准;相反,我们所秉持的都是基于感性的主观标准。因此,从媒介素养角度思考这个问题的关键是要认识到我们的标准是什么,并思考这个标准是否合理。

不可持续性

这些团队还能继续支付这种天价薪酬多久?这种增长是否可持续?该观点具有事实依据。现在看来,运动员薪酬的增加似乎并没有破坏这项运动。尽管支付了球员巨额薪酬,那些大的职业体育联盟却仍然在盈利(见表A.2)。

表A.2 美国四大职业运动联盟

	美国国家橄榄球联盟(NFL)	美国职业棒球大联盟(NLB)	美国职业篮球联赛(NBA)	北美职业冰球联盟(NHL)
球队数量	32	30	30	30
每季度比赛场数	16	162	82	82
平均每场比赛到场人数	67,413	29,950	17,273	17,455
每支球队的平均价值	$1.04亿	$6.05亿	$3.93亿	$2.4亿
每个联赛的年收入	$9.5亿	$7.7亿	$4.3亿	$3.0亿
平均营业收入	$9.79亿	$4.32亿	$1.75亿	$3000万
每支球队发放的薪水				
最高球队薪水	$13,840万	$19,800万	$11,690万	$7,010万
最低球队薪水	$8,189万	$5,520万	$3,220万	$2,970万
中等球队薪水	$10,650万	$8,500万	$7,620万	$5,600万

资料来源:Plunkett Research(2013)和今日美国薪资数据库(2013年)。

球队老板和联盟一直试图通过设定薪资上限来控制球员薪酬的增长。然而,许多老板却往往忽略了这个上限。例如,NFL的1995赛季,每一个NFL球队规定的薪酬上限为3,710万美元，然而联盟里的30支球队中，26支球队都超过了这个上限，其中达拉斯小牛队（Dallas Cowboys）花费了6,220万美元（"NFL Team"，1996）。到2009/2010赛季，薪酬上限达到非常高的水平（高达1.27亿美元）。在薪酬上限如此高的情况下，只有一支球队（纽约巨人队，1.384亿美元）超过了支出上限（"National Football League 1999 Salaries"，2000）。现在，联盟对超支的球队征收高额税收，因此所有球队都在创造性地使用新的方式来支付给球员，因为他们很难保证薪酬支出不超过上限。

所有薪酬上限都有空子可钻。例如，1996年的篮球赛季，芝加哥公牛队的支出上限为2,430万美元，但他们却想向迈克尔·乔丹支付1,800万美元薪水。他们发现了一个漏洞，可以让球队回避乔丹工资与薪资上限之间的矛盾。决心达成交易的球队老板和球员代理人会千方百计地找到解决工资和奖金限制的方法。

尽管运动员的薪酬持续上涨，薪酬上限制度失效，职业球队仍然有利可图，因为球队获得的收入远远超过他们的支出。他们的收入所依赖的资金链上不仅有球队老板和联盟的参与，还有电视网络、广告商以及我们这些数百万观众的参与。

球员工资的大幅增长在很大程度上得益于电视台支付给联盟的费用大幅增加。没有电视台的支持，任何体育联盟都无法生存。20世纪60年代初，美国橄榄球联盟的电视转播收入为170万美元。尽管在今天看来这笔钱并不算多，但它在20世纪60年代决定了该联盟是否能存活下来。1965年，哥伦比亚广播公司支付了1,410万美元用于播出NFL比赛。20世纪90年代中期，NFL每年收取5亿美元的转播费。五家电视网络（ABC，NBC，ESPN，Fox和TNT）共同分担了这笔高昂的费用。截至2014年，NFL通过出售转播权每年获得的利润超过70亿美元。电视网络愿意花这么一大笔钱是因为NFL能提高电视收视率。2012年秋季，在美国排名最高的32个电视节目中，有31个是NFL比赛（Eichelberger，2013）。

电视网支付给体育联盟的巨额费用来自哪里呢？答案是那些希望获得这些体育观众注意力的广告客户。广告商向电视网支付巨额费用，让其向目标受众传递信息。在1967年第一届"超级碗"（Super Bowl）比赛期间，广告商花费4.2万美元获得了30秒的广告时间；1995年，费用增加到100多万美元；2001年，广告费突破了200万美元；2013年，单个30秒广告的成本为400万美元（Stampler，2013）。

电视网会为体育比赛支付转播费。主持人和评论员在赛前、赛间和赛后加入评论,以此来填充播出时间,这样就可以出售更多广告,使投资回报最大化。

图片来源:Marianne O'Leary / Flickr / Wikimedia

为什么广告商愿意付这么多钱在体育观众面前投放广告?这是因为,对于广告商来说,体育观众作为消费者是非常有价值的。几乎每个人都会观看某类体育比赛,我们也会购买电视上的广告产品。这刺激了广告商在体育赛事的电视转播中花更多的钱,也为电视台带来了更多的收入,从而使得电视台更愿意提高电视赛事转播合同的价格,这让联盟和球队老板更有钱,也让他们有能力向球员支付更高的薪水。这就是资金链。

作为球迷,我们在赛事中购买比赛门票、纪念品,支付停车费,等等,就是在为资金链的循环做贡献。同时,我们也会购买运动服装和装备。体育赛事每年吸引的球迷越来越多,并让他们成为球队和球赛的拥趸,他们就会花更多时间观看比赛,去体育馆购买球队商品,这会支持广告产业,最终促进资金的循环周期加速。

媒体向公众播放各种各样的体育赛事，人们也会接触各种各样的信息。1998年，研究人员统计，当年运动赛事电视转播活动超过800场（Kinkema & Harris, 1998）。这听起来像是一个巨大的数字，但你算一下发现，这相当于平均每天有22场转播，就不会觉得那么多了。在今天，这个数字可能会更庞大。通过长尾营销，各种各样的体育赛事都有许多细分受众群。人们可以利用互动技术即时访问各种体育赛事，这远远超过了传统媒体提供的内容。

资金链不仅需要球迷的持续支持，还需要非球迷的支持。这一点在全国各地新体育场馆的建设中表现得最为明显。各大体育联盟依靠当地市政部门，成功地利用公共融资和税收为这些体育场馆提供了大部分资金。从1998年夏天到2003年夏天，共有12个新的NFL球场开放——其中许多是城市已有的球场。这些新体育场，每一个都有许多可以供NFL老板们出租给富商或是企业的豪华包厢，数量则从82个（在西雅图）到208个（在华盛顿特区）不等。但在这场交易中，最让球队开心的部分是NFL让城市支付了大部分建设成本，仅有一个老板〔华盛顿红人队的老板丹尼尔

斯台普斯中心（The Staples Center）同时是NBA的洛杉矶湖人队和洛杉矶快船队，WNBA（美国女子篮球联盟）的洛杉矶火花队和NHL的洛杉矶国王队的主场，由私人注资3.75亿美元，同时也是一家兼营零售、住宅和娱乐等服务的企业 L.A. Live 的一部分。

图片来源：©iStockphoto.com/ Stockbyte/Thinkstock

斯·奈德（Daniel Snyder）］为三个体育场馆支付了一半的费用（佛罗里达州坦帕的雷蒙德·詹姆斯体育场得克萨斯州休斯敦的雷利安体育场，以及田纳西州纳什维尔科洛西姆的体育场）。NFL确保所在城市支付体育场馆的全部费用。所以如果你使用了机场、出租车，或者在有着NFL球队的城市里住过酒店，你所缴纳的税费就是在帮助该城市提供体育场的建设资金。

　　大多数城市都认为拥有大型球队很重要。拥有这些球队的城市愿意花大量的公共资金来留住他们，没有球队的城市也愿意花大量的公共资金来吸引其他城市的优秀球队。20世纪90年代中期，四支NFL球队为了获得更高的收益离开了他们的主场城市。例如，洛杉矶公羊队选择前往圣路易斯，当时圣路易斯提供了一个全新的体育场，并且保证每年有1,600万美元的门票收入以及其他财政方面的支持（Bellamy，1998）。洛杉矶前几年没有橄榄球队，广告商向NFL施压，全美第二大媒体市场怎么能没有球队？！ 1999年，NFL向洛杉矶施加压力，要求这座城市建造一座体育场并提供其他配套设施（包括停车场、训练区等），这样NFL就可以让一支球队回到洛杉矶。洛杉矶的一位亿万富翁组建了一个所有权集团，洛杉矶市投入了1.5亿美元的国家税收债券，在已有设施——洛杉矶体育馆的周围建造了停车场。但NFL专员保罗·塔利亚布（Paul Tagliabue）反对这项协议，称该市政当局没有投入足够的税收资金，因此，球队的所有者将无法盈利——预计每年的利润只有2,500万至2,800万美元。而休斯敦市拿出2亿美元的公共资金，修建了一座新体育场，并为附近的足球博物馆提供了私人投资。如果洛杉矶市不将更多纳税人的钱投入其中，NFL将把特许经营权授予休斯敦，而休斯敦也是一个非常重要的媒介市场（Flanigan，1999）。从那时起，NFL为了将特许经营权授予该国第二大媒介市场，不断地向洛杉矶施压，要求他们投入数亿美元的纳税人资金，建造一座最先进的体育场。

　　通过我们的分析，你应该意识到资金链可以带来的许多好处及其加速效应。老板们用高薪来争夺最优秀的人才，这样他们就可以使球队更具有竞争力，也更为成功，从而吸引更多来自球迷、媒体和广告商的投入，使他们的生意变得更有投资价值。同样，媒体就会转播有超级巨星参加的更具竞争力的比赛，继而吸引更多的球迷。广告商也因此能够借机向目标消费者播出广告并从中获益，这也刺激了他们广告产品的销量。所有这些业务都得益于资金链的加速循环。

　　但是我们这些消费者呢？也会受益吗？我们的成本肯定在上升。我们必须支付更多的钱去看那些比赛，包括门票、停车费等。我们在电视上观看比赛时，还必须忍受更多的商业广告；我们购买广告产品时花的钱会更多，因为还要为这些商品支付它们额外的广告费用。我们需要评估成为职业体育赛事的球迷能获得多少乐趣，而不应该认为参与是理所当然的。

破坏体育运动

球员薪酬的快速增长会破坏体育运动吗？这个问题的答案取决于是谁在询问——球员、球队老板还是球迷。

球员

显然，球员可以从增加的薪酬中受益。五十年前，薪酬开始增加之前，许多职业运动员无法靠打球的工资养活自己，他们还需要在休赛期做另一份工作。现在，职业运动员的薪酬足够养活自己，他们也不再需要第二份工作，可以全身心投入训练。这有助于提高他们的潜力，展示他们的才华，从而提高收入和知名度，并有机会代言产品。

球队老板

从业务的角度来看，球队老板与其他任何企业老板的目标都一样，那就是随着时间的推移增加企业的价值。球队的竞争力强，球队的价值也会慢慢增加，而球队竞争力的关键是获得顶尖人才。因此，球队老板把增加的薪酬当作不可避免的经营成本。

建立一支有竞争力的团队通常有两种方法。一种方法是：在合同到期时追逐那些成熟的运动员，球队向优秀运动员支付更多的钱，吸引他们加入你的球队。这就是很多大城市的球队所做的事情，比如纽约洋基队和洛杉矶道奇队，他们支付的薪酬最高。另一种方法是：在运动员成名并被更有钱的球队招募之前，让独具慧眼的球探找到他们并签下合同，正如奥克兰球队就是这么做的［关于这方面的更多细节，请阅读Lewis（2004）的《点球成金》（*Moneyball*）一书，或者观看由他的书改编的电影］。然而，第二种策略只能在短期内很好地发挥作用，它并不能提供一个持续有竞争力的团队，因为并非所有具备潜力的人才都能充分发挥其潜力。

如果球队老板始终能够派出一支有竞争力的球队，他们的年收入不仅会随着球迷数量的增加而递增，他们的特许经营权价值也会大幅增加。正因为如此，他们认为向顶级运动员支付巨额酬劳是必要的生意投资。例如，1985年迈克尔·乔丹的新秀赛季，芝加哥公牛队的球队价值1,750万美元。1996年，在公牛队赢得他们的第四个NBA总冠军后，球队价值达到1.78亿美元。球队老板每年都从转播权、商品销售和门票销售中获得巨额收入。公牛队在联合中心球场打球，球队在那里拥有216间酒店套房，每间售价17.5万美元。

1996年，所有赛事门票被抢购一空之后，还依然有超过1.7万名球迷等着买季赛门票（Rhodes & Reibstein，1996）。时至今日，公牛队的价值已经超过8亿美元（Badenhausen，Ozanian，& Settimi，2013）。

球迷

对于球迷来说，不断上涨的球员工资是否在破坏职业体育运动呢？这个问题不可能笼统地回答，因为球迷对于运动的理解有不同的标准。对于很多球迷来说，职业体育运动已经毁了，高昂的门票、停车费、特许经营权等费用让他们没有能力去看比赛。一些球迷现在甚至无法在电视上观看比赛了，因为有太多商业广告打断了比赛进程。相比之下，还是有足够多的球迷依然可以去赛场或在电视上观看比赛。所以对于大部分球迷来说，我们还是认为观看职业体育比赛的益处和成本的增长是成正比的。

球迷从职业体育运动中的获益不仅仅是观看职业比赛时体会到的乐趣。专业的体育比赛和非常有才华的运动员非常有吸引力，让球迷们增加了对各项运动的兴趣。四大职业联赛联盟——NFL，NBA，NHL和MLB——在这方面表现得最为明显。它们为所有其他在大学、高中和联盟级别的运动员提供了榜样。他们也鼓励我们参加业余联赛甚至是家庭后院比赛，从而给我们带来更多的欢乐和更好的身体素质。因此，我们在考虑益处时，需要关注一下整个体育行业。美国体育产业每年产生4,350亿美元的收入。其中，只有不到6%（每年240亿美元）来自四大体育赛事（Plunkett Research，2013）。这也就是说，球迷们为体育运动花了很多钱，其中94%以下的支出不足以支持最引人注目的体育项目中职业运动员不断增长的薪水。相反，除了购买运动器材外，几乎所有的钱都用来支持大学、高中和业余联赛的运动员。如果我们把职业运动员视为能够激励更多人去参与体育运动的榜样，那么他们拥有的影响力则是巨大的。

小结

如今,体育运动被每年不断加速运行的资金链所主导。运动员要求有更高的薪酬才会为特定的球队效力,而球队又需要这些优秀的运动员来提高球队的竞争力并赢得比赛。

这些球队以及联盟老板们的巨额收入主要来自电视转播合同。电视网为了获得电视体育赛事转播权而相互竞标,因此体育赛事的赞助费每年都在增长。广告商为了播放广告愿意支付更高的费用,因为他们非常想让体育赛事观众看到他们的广告。为什么?因为球迷每年都愿意以更高的价格去购买这些广告商品,同时,我们也买了很多的运动器材和随身装备。

资金链由我们这些球迷开始。如果我们不再观看体育节目,广告商将不会在体育比赛的电视转播中投入巨额广告费,电视网也将因此停止对电视体育赛事转播权的竞标,联盟和球队老板们的收入将会随之大幅下降,球员们的工资也就会相应削减。因此,如果你认为运动员获得的报酬过高,那么请看看自己对他们薪酬上涨的贡献。你是否花了更多时间和金钱来支持体育运动?

想要回答这个问题,首先思考一下你心目中对运动员薪酬的标准。你的标准改变之后,你的评估结果也会随之发生改变。所以,找到一个对你而言最有意义的标准吧。

◎ 深入阅读

Lewis, M.(2004). *Moneyball: The art of winning an unfair game*. New York, NY: Norton.(全书288页)

作者写了关于比利·比恩(Billy Bean)的故事,尽管在他的球队里,球员们的薪水比几乎所有球队的职业球员的薪水都低得多,但他仍然能够让奥克兰竞技橄榄球队具有竞争力。他善于发掘新人并能够把这些人才培养到很高的水平来建立一支有竞争力的团队,同时,新球员的工资还比较低。

Raney, A. A.(2009). The effects of viewing televised sports. In R. L. Nabi & M. B. Oliver(Eds.), *Media processes and effects*(pp. 439-453). Thousand Oaks, CA: Sage.

这本书的这一章节评述了一些实证研究,主要集中于在媒体上观看体育比赛对观众产生的影响。

Raney, A. A., & Bryant, J.（Eds.）. （2006）. *Handbook of sports and media.* **Mahwah, NJ: Lawrence Erlbaum.** （全书633页，包括索引）

这本书的许多章节由媒介体育专家撰写。它分为四个部分：体育媒体的发展、体育媒体的报道和业务、体育媒体受众以及有关体育媒体的批判性观点。

Wenner, L.A.（Ed.）.（1998）. *MediaSport.* **New York, NY: Routledge.** （全书336页，包括索引）

这本书包含17个章节，分为四个部分：运动场、制度、文本和观众。虽然这本书现在有点过时（其大部分研究都是在20世纪90年代早期到中期），但它仍然对体育如何在美国发展成如此强大的经济和社会力量提供了宝贵见解。

◎ 内容更新资源

ESPN（http://espn.go.com）

该网站是主要报道体育的有线电视网，提供有关球员、球队和比赛的大量最新信息。

Plunkett Research（http://www.plunkettresearch.com/Industries/Sports/SportsStatistics/tabid/273/Default.aspx）

这是一家公司的网站，负责开展和报告各种主题的研究。它是体育统计信息的宝贵资源，例如球员工资、不同体育特许经营权的价值、比赛的上座率等。

USA Today Salaries Databases（http://content.usatoday.com/sportsdata）

该网站提供了美国主要体育项目的职业运动员和球队薪酬的详练细节。

应用媒介素养A.1

解析对体育比赛的批评

通过应用抽象归纳技巧,我们可以证明本附录的四个主要观点:

A.职业运动员的收入大大增加。

B.当今职业运动员的薪酬过高。

C.薪酬不可能不断增长。

D.薪酬的急剧增加正在破坏职业体育。

我们将其他技巧应用于本附录中的观点。

I.分析

1.检查用于判断论证可信度的标准。

★你是否考虑事实的准确性?

★你是否考虑支持该论点的信息量?

★你还会考虑什么?

2.检查用于判断公平性的标准。

★你是否根据个人经历定义了公平性?

★你是否会使用某种社会或法律观点?

II.评估

3.用你的可信度标准评估第一个陈述(A)——判断该陈述的可信度。

4.用你的公平性标准评估第二个陈述(B)——判断向职业运动员支付当前薪酬的公平程度。

III.归纳

第三个陈述(C)阐述的是将来会发生什么。你可以使用归纳技巧测试一下。首先,仔细研究在这本书出版之前职业运动员的薪酬增长状况,然后确定薪酬增长率,这是你观察到的模式。其次,看看你观察到的这个模式是否可以推广,也就是说,看这个模式接下来能不能持续发挥作用。

IV. 分组

比较不同的体育运动项目，看看它们是遵循相同的模式还是各有不同的模式。

V. 推论

7. 考虑以下三段论，并做一些研究，看看结论是否成立：

——资金链对大学体育产生了强大的影响力。

——我的大学有体育课程。

——因此，我的大学体育项目受到资金链的强烈影响。

VI. 综合

8. 现在，你对资金链已经有了深入的了解，尤其是关于它如何改变了体育运动，以及大众媒介在资金链中的作用。

*这个议题里有没有特别让你感到困扰的东西，让你想要对此做出改变？如果是这样，制定一个策略来尝试做出这种改变。

*如果你喜欢当代体育运动的发展模式，那么制定一个策略来确保体育行业会这样一直发展下去。

9. 利用综合技能制定战略。

*首先列出你在阅读本附录时的所有感悟，以及到目前为止完成的练习。

*将这些感悟分为两组：（a）你喜欢并希望保留的内容；（b）你不喜欢和想要改变的内容。

*就如何保留你认为好的内容提出建议。

*就如何改变你认为不好的事情提出建议。

*将你所有的建议汇集到一个系统中——里面有你提出的所有策略——以便所有建议能共同发挥作用并相互支持。

*想想哪些人和群体会反对你的策略，分析一下你的策略的可行性。

——你让反对派放弃了什么？

——你能否向他们表明你的策略会让他们得到更多而不是失去更多？如果不能，你的策略是否可行？

附录B　媒介问题分析：媒体企业的所有权是否过于集中？

对媒体企业所有权的持续批评是，少数几家公司拥有了绝大多数的媒体资产。批评者认为，这种对媒体的垄断是有害的，因为它使媒介权力过于集中，减少了行业竞争，限制了受众接触媒介的渠道，并以一种消极的方式改变了内容——媒体所有者以牺牲其他人的利益为代价而让自己变得更富有。

我们来分析一下这种批评及其论据。有六个组成部分：（1）所有权固化；（2）权力集中；（3）竞争减少；（4）接触受限；（5）内容改变；（6）少数人获益。我们来分别分析一下这六个观点。

所有权固化

媒体资产所有权固化是事实性判断。我们核实这个观点是正确的。特别是在过去的三十年里，媒体行业确实进行了大量的兼并和收购。20世纪80年代，媒体行业有2,308宗并购案，共计2,140亿美元（Ozanich & Wirth, 1993）。20世纪90年代，由于并购利润丰厚，它变得更加流行。并购不仅没有放缓的迹象，相反，它似乎变得更加普遍。2011年到2012年间，媒体相关公司的并购数量增加了一倍多，超过1,350起，总价值近750亿美元。然而，90%的并购规模相对较小——每个并购金额不到5,000万美元（BtoBonline, 2013）。

1983年，本·巴戈迪肯（Ben Bagdikian）开始对媒体所有权模式进行分析，他发现媒体的控制权基本上掌握在50个人手中，这是媒体资产所有权整合的趋势。大型媒体公司的首席执行官们联合起来控制了媒介市场的营收和受众。不到十年,巴戈迪肯(1992)发现这个数字已经缩减到二十三家。这二十三家公司的首席执行官控制着该国2.5万家媒体的大部分业务。十一家公司控制了大部分日报的发行。在杂志出版业,年度行业总收入大部分都流向了两家公司。五家公司控制了超过一半的图书销售。五家传媒集团共享95%的唱片市场,

亚马逊首席执行官兼创始人杰夫·贝索斯(Jeff Bezos)于2013年8月收购了《华盛顿邮报》,还增加了多个投资对象,如IMDB, Zappos和Audible.com。

图片来源: AP Photo/Reed Saxon

仅华纳和哥伦比亚广播公司就占据了65%的市场份额。八家好莱坞电影公司占据美国电影租赁市场89%的份额。三家电视网的收入占美国电视总收入的三分之二以上(Bagdikian, 1992)。截至2004年,巴戈迪肯发布他第七次的分析报告时,五家公司(贝塔斯曼、迪士尼、新闻集团、时代华纳和维亚康姆)仍控制着美国绝大部分的报纸、杂志、图书出版商、电影制片厂、广播电台和电视台以及许多其他世界各地的媒介资产。

权力集中

到目前为止,我们已经看到了媒介所有权的大量整合,但这是否意味着权力过于集中?我们需要根据一定标准对这一问题进行判断。或许以下这两个价值标准可以帮助我们进行判断:地方主义(Localism)价值标准和效率(Efficiency)价值标准。地方主义重视在尽可能多的人之间分享权力。一个重视地方主义的人会认为这种趋势导致了权力的过分集中。与此相反,效率价值标准则认为权力应当集中在少数几个人手里,这些人能够快速作出正确的决定。一个更重视效率的人认为这种趋势不会导致权力的过度集中。接下来,让我们更细致地研究一下这些价值标准。

地方主义价值标准(Value of Localism)

地方主义是一种民粹主义价值观。它主张对重要机构的控制权应尽可能地分散,

让更多人分享权力。因此，基层组织应当拥有一定的权力，它和每个人都密切相关。地方主义价值标准是建立在每个人都是理性的基础之上，每个人在政治和经济领域都应该拥有平等的发言权，个人自由最大化。它还赋予所有人权利，让他们尽可能多地参与重要决策。

地方主义是美国传统的一部分。美国的开国元勋们遵循这一价值观，建立了民主政体国家，而不是更有效率的集权政体（如君主政体）。他们认为个人比机构或政府更重要。如果必须要有政府，那么它的权力应该是分散的，要贴近人民的需求并担负起应负的责任。因此，他们限制联邦政府在某些领域的权力，让州和地方政府自己决定。因此，政治权力的结构是分散在许多层面上的。美国现在有1.8万个市镇和1.7万个乡镇，其中50万个地方政府单位是由当地居民直接选举产生的，17万个政府单位有征税权。长期以来，美国公众认同权力分散的价值，并继续支持政府采取权力重叠、分层的体制结构，即使它往往效率低下。

关于大众传播媒介，许多人认为如果它想要更好地满足个人和社会需要，就应该关注地方的声音。新闻媒体的革新最早起步于地方。政府对媒体进行监管时，往往遵循地方主义价值标准来制定政策。联邦政府处理广播业的发展就是一个很好的例子。如果想要开办广播电台或是电视台，你必须以一定的频率发射信号。如果你和我想使用相同的频率发送不同的信号，我们的信号就会相互干扰，那么，受众就会接收到失真的信号。因为无线电广播只能使用有限数量的电磁频谱，所以必须有人决定谁来使用哪个频率。联邦政府决定自己分配无线电广播的电磁频率，理由是电磁频谱属于所有美国人，就像国家公园或其他应该由所有公民共享的资源一样。

在无线电广播的早期，联邦政府要求个人向联邦通信委员会（FCC）申请广播频率。不久，FCC收到了大量AM无线电频率的申请。

然而，电磁频谱上的AM波段大概只允许有117个广播频率。FCC可以选出117名申请人，授予他们各自的频率。这样，117个AM无线电台都能使用其频率向整个国家播出他们的节目信号。但FCC并没有这么做。相反，FCC将美国划分成若干地方市场，并向每个市场授予一些频率。此外，每个无线电台的广播信号功率都有限，这样信号就不会传播到当地市场之外。这样一来，FCC就可以将相同的频率分配给许多不同的市场，而不必担心信号彼此干扰。FCC选择了这种替代方案，因为它希望将有限的广播频率资源分配给更多的人。

纽约市政厅外的抗议者反对康卡斯特公司和时代华纳有线电视公司并购,他们担心这样会让一家大公司拥有过多控制权。

图片来源：Bloomberg via Getty Image

FCC保留了当地无线电许可证的所有权,建立了一个最符合当地社区利益的运行系统。私营企业可以在这些频率上进行广播,前提是它们的运作"符合公共利益、方便和必要"。因此,广播监管的基本原则主要基于以下几点：频谱稀缺、地方主义、公共利益和促进所有权多元化。

当电视在20世纪40年代出现时,FCC采用了与广播相同的监管模式,向全美215个地方电视台分发许可证。现在,美国有超过6,800个无线电视台和1.3万个广播电台。

为了维护地方主义价值标准并防止垄断,数十年来,FCC一直限制一家公司同时拥有的广播资产数量。他们早期禁止一家公司拥有超过七个AM频率、七个FM频率和七个电视台频道,而且两家公司不能在同一个市场。

效率价值标准（Value of Efficiency）

与地方主义价值标准截然相对的是一种朝着权力集中、巩固和集权化方向发展的强烈趋势。这种效率价值标准在美国建国时也有所体现。开国元勋们虽然保留了各州的权力并组建了许多地方政府机构,但他们也建立了一个强大的中央集权政府。

媒介行业的发展也体现了效率价值标准。几乎所有媒体公司都是从小型本地公司开始运营的,但随着业务的发展,它们也呈现出了大企业的特点。大型企业是销售不同产品和服务的复杂机构,一般采用权力集中模式以实现更高效的运营。它们通过占据更大的市场份额不断发展,为此就要收购或投资其他公司以获得更多的市场资源。

整个媒介行业呈现出这样一种趋势:越来越少的人控制越来越多的媒体。如今购买和运营媒体公司的成本不断上升,进入这个行业也变得更加困难,因此这种趋势可能会一直持续下去。现在,一个人必须有大量资金和专业知识才能在成熟的媒介行业中收购一家企业。一家公司想要成功收购新业务,旗下也必须已经在经营媒体业务。当然,企业家们仍可以在杂志、图书出版和互联网行业中开创媒体业务,但它们都是一些小公司。这些小公司要么很快倒闭,要么发展得很成功,最后通常被某大型传媒集团所收购。

广播公司曾经建议FCC放宽对广播许可证所有权的限制。20世纪80年代,这一限制放宽到12个AM频率、12FM频率和12个电视台频道。随后,1996年的"电信法"以开放竞争为幌子,在很大程度上进一步放宽了限制。此外,公司在同一市场拥有电视和广播电台的禁令也被取消。管制的放松引发了媒体公司兼并的浪潮。20世纪90年代,主要的媒体公司达成了3,000多亿美元的交易,一些公司购买了多家广播和电视台(Croteau & Hoynes, 2001)。从那时起,FCC定期召开公开听证会并继续允许媒介产业向所有权集中的方向发展。现在,一家公司可以拥有不限数量的电视台,只要该电视台的覆盖率不超过39.5%。当然,它还可以在同一个电视市场拥有多家电视台。至于广播电台,一家公司可以拥有任意数量的电台,一个广播市场中可以有三到八家电台,具体数量取决于该市场的规模。现在,一家名为iHeartMedia(原Clear Channel)的公司在美国拥有850家广播电台,而且没有违反目前对所有权的"限制"。

为什么FCC不断放松对广播业的管制呢?答案是:广播公司不断向联邦政府施加压力,要求放松管制。广播公司辩称其拥有多项业务的权利受到了不公平的限制,并指出杂志、图书出版商、报纸和互联网网站都没有所有权限制。此外,对电影制片厂的限制也已放宽。反对放宽所有权限制的消费者团体却无法提供令人信服的证据来证明广播业务的多重所有权对公众造成了伤害。相反,广播公司却表示,通过企业合并，它们的效率更高，这更有益于消费者。

有线电视运营商也在一直争取放宽限制，以便扩大规模。2009年，FCC限制有线电视系统服务的美国人口不得超过30%。当时全美最大的有线电视公司康卡斯特拥有全国近25%的有线电视用户。他们起诉FCC并要求放宽对他们的限制，最终在联邦法院赢得诉讼。他们认为，限制必须取消，以反映动态视频市场不断变化的现实。今天，很多消费者已经有了可以替代有线电视的媒体，因此不应再将有线电视视为垄断（Flint，2009）。

总之，对于这个问题的争论可以追溯到这两个价值观的冲突。评论家们用这两个价值标准对"是否太多"进行判断。地方主义价值观和效率价值观之间的争论可以追溯到国家建立之初。一部分制宪者想要限制政府的权力，试图尽可能地分散权力。另一部分制宪者则希望建立一个强大的联邦政府，以便能够迅速做出决定，并由单一的实体对这些决定负责。经过妥协，宪法建立了一个强大的联邦政府，且被授予一定的权力。但它也为州和地方政府保留了其他权力，而这一争论也影响了大众传媒业的发展。

竞争减少

有些人认为行业权力的集中是一件好事，它能带来经济效益，然后以更低的价格卖给客户。例如，沃尔玛和麦当劳这样的大公司能够持续提供低价格产品，是因为它们规模庞大，工作高效。

有些人认为任何减少竞争的事情都是不好的，应该加以防范。他们认为商业垄断是不好的，将过多的权力集中在一个企业手中会使其缺乏竞争对手。这样，它就可以随意提高价格并降低服务质量。那些认为所有权过于集中的人指出，当前七家企业集团控制着一半以上的媒体（见表B.1）。但这就一定意味着竞争减少了吗？

这种所有权集中会降低市场竞争的观点表面上看似乎是正确的，但经过分析后就会发现，这种批评根本站不住脚。举例来说，假设一个城市有两份报纸，连锁集团购买了其中一份报纸。这家连锁集团旗下的报纸削减了订阅成本和广告费用。读者和广告商就会转向这份连锁报纸——因为它更便宜。最终，另一家报纸倒闭了。市场集中度不断上升是因为现在只有一家报纸。批评人士会指出，随着报纸竞争的消失，剩下的唯一一家报纸将会降低服务质量，提高其广告费和订阅价格。但是，这种推理实在目光短浅。仅仅因为当地市场只有一份报纸并不意味着这家报纸在读者和广告商方面没有竞争。该报必须与其他新闻服务（如广播、杂志、电视和网站）争夺受众，销售人员必须要和其他媒体争夺广告客户。报纸还必须争夺新闻人才。若报纸降低其竞争优势，新闻产品将会减少，读者也会转向其他新闻来源。随着发行量的下降，报纸将不得不降低向广告商收取的费用，这样其收入就会减少。收入减少，企业就需要裁员，新闻产品将进一步退化。这种下行周期会一直持续直到公司倒闭。当然，我们必须意识到大型企业集团的报纸在增加利润方面承受着很大的压力。他们试图通过削减成本来实现这一目标，但他们也清楚，降低成本会使产品质量降低，最后受众减少。如此一来，他们不仅会失去订阅收入，还会失去广告收入。因此，即使市场上只有一份报纸，其仍然处于竞争激烈的环境中。

没有一家媒体公司可以垄断媒介市场并避免竞争。所有公司都在争夺媒介市场中的受众、广告商和人才。

接触受限

批评人士认为，随着集中度的不断增加，个人接触媒介的机会就会减少。在这里，接触受限包括两方面：获得所有权和利用媒体发声。

获得所有权

媒体整合是否会减少人们获得媒介所有权的途径？大多数媒体公司都是上市公司，任何人都可以购买它们的股票。因此，能否拥有一家大型媒体集团的所有权取决于个人的财务资源，而不是有没有垄断。

多数大众传媒行业的门槛相对较低，也就是说，个人创办杂志、报纸、视频制作公司、唱片公司和网站相对比较容易。只需几千美元、一台台式电脑和一个优秀的创意，任何人都可以在这些媒体行业中开展业务。当然，他或她应该为面临激烈的竞争做好准备，以获得受众的注意力和广告商的信心。但在这些行业中，我们至少有可能创建自己的媒体公司。相比之下，进入广播、无线电视和有线电视行业的门槛就要高得多。政府监管比行业垄断这一门槛更难跨越。

借媒体发声的机会

"接触"还意味着你能够通过媒体发表自己的观点。媒体公司的规模变得越来越大,所有权越来越集中,而人们的诉求却没有越来越多被听到。例如,如果你给一家发行量为1000份的报纸编辑写信,你的信很有可能会被发表。但是,如果你把同样的信寄给一家发行量为100万份的报纸,信被刊登的机会就很小。因此,媒体公司的规模越大,你就越不容易利用它让别人听到你的声音。大公司必须过滤掉很多的请求,但如果把发给编辑的信件比例降低等同于编辑发布更少的来信就大错特错了,恰恰相反,报纸在报道和评论版中重视争议性,所以一个持不同观点的人与那些表达相同观点的人相比,投稿被发表的可能性更大。

大型传媒集团自动减少传播的观点也存在另一个缺陷。大型传媒集团拥有许多不同的媒体资产,以吸引不同类型受众的注意力。虽然为了最大限度地吸引特定受众,一家媒体公司的编辑重点可能比较狭窄,但该集团很可能拥有多家媒体公司,能够吸引各个领域的受众。

传媒集团收购媒体公司不是为了限制内容,而是为了增加收入。默多克(Rupert Murdock)旗下的新闻集团(News Corp)拥有图书出版企业哈珀·柯林斯(Harper Collins)。1988年,该公司收购了宗德文出版社(Zondervan),后者出版了500多本《圣经》,圣经市场上的35本畅销书都是该公司出版的。对此,比尔(Beal, 2011)作出了如下解释:

> 鲁珀特·默多克收购宗德文出版社只是因为他想扩大《圣经》系列图书的传播,一如他收购MySpace一样,也只是为了扩大朋友圈而已。作为哈珀·柯林斯的所有者,他还出版了《撒旦圣经》(*The Satanic Bible*)和《死亡经》(*The Necronomicon*)等经典著作。出版《圣经》是一桩不错的生意。(pp.24-35)

一些研究人员研究了媒体内容的多样性,以确定多样性的减少是否与所有权的集中有关。例如,爱因斯坦(Einstein, 2004)指出,"经过长期研究,学者们已经确定,媒介所有权集中和媒体内容多样性之间没有关系。"(p.vii)她认为,内容多样性的减少并不是因为媒体合并,而是电视依赖广告作为其主要收入来源。这种依赖会让媒

表 B.1　美国国内最强势的媒体公司

	公司基本情况	图书出版	杂志	报纸	电视
贝塔斯曼（Bertelsmann，178亿美元）	创立于1835年，总部位于德国居特斯洛，拥有11.2万名员工	兰登书屋、克诺夫-道布尔戴出版集团			拥有欧洲最多的电视台
康卡斯特/NBC环球（Comcast/NBC Universal，646亿美元）	创立于1963年，总部位于宾夕法尼亚州费城，拥有13.9万名员工				NBC广播网、Telemundo的28家电视台
迪士尼（Disney，488亿美元）	创立于1923年，总部位于加利福尼亚伯班克，拥有18万名员工	Hyperion Books出版公司、迪士尼全球出版部	《发现》（*Discovery*）、《传记》（*Biography*）、漫威系列		ABC电视网、8家ABC附属公司
新闻集团（News Corporation，363亿美元）	创立于1979年，总部位于纽约，拥有6.4万名员工	哈珀·柯林斯出版集团、Zondervan出版社	几家澳洲杂志社	275家国际报纸，包括：《华尔街日报》《纽约邮报》	福克斯电视网的25家电视台

有线电视网/卫星电视	唱片	电影工作室和分销商	广播	有线电视互联网电话服务	在线服务	体育专业队	其他
	贝塔斯曼音乐集团（BMG），业务遍及54个国家，在美国有200家唱片公司		拥有欧洲最多的广播电台				
全国领先的有线电视运营商：MSNBC CNBC Bravo Syfy SportsNet		环球影城		拥有超过1700万客户的主要高速提供商	Hulu售票网	费城76人队、费城飞人队	
迪士尼频道、ESPN、A&E、ABC家庭生活频道	几家唱片公司，包括：迪士尼唱片、博伟唱片	华特·迪士尼影业、试金石影业、博伟影业、漫威娱乐梦工厂	ABC广播电视网，覆盖超过277家广播电视台			阿纳海姆天使队、阿纳海姆小鸭队	主题公园、迪士尼商店
福克斯新闻频道、福克斯体育、国家地理、高尔夫频道		21世纪福克斯	福克斯体育广播电台		直播电视 AmericanIdol.com	科罗拉多火箭队	

	公司基本情况	图书出版	杂志	报纸	电视
索尼（Sony，755亿美元）	创立于1964年，总部位于日本东京，拥有14.09万名员工				哥伦比亚电影集团公司
时代华纳（Time Warner，298亿美元）	创立于1990年，总部位于纽约，拥有2.56万名员工	小布朗 DC漫画	美国最大的杂志出版商，包括：《时代》（*Time*）、《生活》（*Life*）、《人物》（*People*）、《财富》（*Fortune*）	七日报（7 dailies）	华纳兄弟联合电视网
维亚康姆CBS（Viacom and CBS，280亿美元）	创立于1971年（维亚康姆国际），2006年分裂成为两个独立的公司	西蒙与舒斯特（Simon & Schuster）			CBS电视网（大约有30家电视台）

资料根据以下来源汇编而成：Compiled from Albarran（2001）；Baker, Falk, and Manners（2000）；Bettig and Hall（2003）；CBS Corporation.（N.d.）；Chmielewski & Fritz（2009）；Comcast.（n.d.）；Croteau and Hoynes（2001）；Flanigan（2003）；Free Press（2012）；NBC Universal（n.d.）；News Corporation（n.d.）；Polman（2003）；Sony Corporation（n.d.）；The Walt Disney Company（n.d.）；Time Warner（n.d.）；Verrier and James（2003）；Viacom（n.d.）。

续表

有线电视网/卫星电视	唱片	电影工作室和分销商	广播	有线电视互联网电话服务	在线服务	体育专业队	其他
哥伦比亚电影集团公司	超过50家唱片公司，包括：索尼音乐娱乐、CBS唱片、哥伦比亚唱片、三星音乐	索尼影业、哥伦比亚电影集团、哥伦比亚电视集团					索尼游戏机、索尼爱立信公司
HBO、CNN、WTBS、TNT戏剧频道、特纳经典电影频道、卡通频道	华纳兄弟、大西洋、艾丽卡	华纳兄弟、DC娱乐、试金石影业、Hanna-Barbara动画公司			美国在线服务公司	亚特兰大勇士队、亚特兰大老鹰队、亚特兰大鸫鸟队	
维亚康姆电视集团：喜剧中心、MTV、VH1、BET	Famous Music	派拉蒙电影公司、MTV电影、尼克电影	无限广播网、CBS广播公司				派拉蒙剧院、著名演员剧院

体对内容有严格的限制,包括节目长度、"最小公分母"心态以及尽量避免争议。在对过去40年的电视行业进行分析后,爱因斯坦发现,电视行业越集中,节目会变得越多样。她指出,这种多样性在20世纪60年代达到顶峰,直到FCC实施《关于通过企业联合分享节目计划》,内容多样性才有所下降。此后,当这些联合规则被放宽,广播公司能够保留自己制作的节目时,节目多样性又急剧增加。

内容的变化

批评人士认为,媒体公司之间竞争的减少对信息内容产生了负面影响。他们认为,随着公司规模的扩大,其内容质量会下降,这些信息更有可能伤害公众。

那么,媒体产品的质量是否下降了?目前还没有证据表明这一点。蕾西和瑞夫(Lacy & Riffe, 1994)研究了广播电台的新闻内容和传媒集团所有权集中的影响。他们发现,集团所有权对财务的承付能力以及当地居民对新闻报道的关注并没有影响。此外,一项关于报纸内容的研究发现,报纸被一家大型媒体集团收购后,内容并没有变化(例如,参见Picard, Winter, McCombs, & Lacy, 1988)。没有证据表明这些报道发生了改变,评论版的观点维度、报纸刊登新闻的比例都没有发生变化。此外,克莱德(Crider, 2012)对广播电台网站上的新闻报道进行了内容分析,统计了当地电视台记者报道本地新闻的数量,以及从其他新闻机构导入的新闻数量。统计结果表明,虽然小型商业电台的本地节目数量不多,但大型企业所有权集中与当地节目减少之间并没有关系。

所有权集中的趋势会导致不良信息的增加吗?还没有直接的证据能够证明这个观点,但有间接证据表明,广播行业所有权的集中与负面言论和淫秽内容的增加有关。一项研究发现,随着大型广播公司购买更多的广播电台,耸人听闻的节目往往会取代本地内容。2000年到2003年间,美国四大广播公司的罚款占FCC罚款总额的96%,即使其电台听众只占全国的一半左右(Hofmeister, 2005)。

大量媒体公司整合带来的风险并不是信息在生产过程中的质量损失。无论是否存在竞争,媒体公司为了巨大的利益都会竭力吸引和留住受众。相反,为了吸引受众,这些信息变得过于圆滑和商业化,这才是危险的地方。于是,批评家的观点继而可能就会转向批评媒体提供的内容过于圆滑,但这是一个相当虚伪的论点,因为媒介工业本身就是生产内容,以吸引受众来彰显其自身价值。如果确实出现了一种向更圆滑的内容发展的趋势,那么它肯定是为了满足受众的需求。因此,我们难道不应该研究一下,为什么吸引受众的是那些耸人听闻的商业化的信息,而不是那些内容更丰富、更需要受众思考的新闻故事呢?

我们分析这些批评发现,内容的变化(如果已经发生的话)更有可能归因于受众的口味,而不是所有权的集中。因此,要解决这个"问题",更多的是要改变公众的口味,而不是限制媒体的所有权。想要依靠政府的规定来让我们免受不良习惯的影响,充其量是一个迂回的解决方案。

少数人获益

批评人士抱怨,媒体所有权的整合导致了大型企业集团的形成,这些企业集团制造了更多的利润,但这些利润是以牺牲多数人的利益为代价换来的。这种批评让人联想到一些"强盗大亨"通过剥削公众而暴富的形象。然而,媒体公司——尤其是那些非常大的媒体公司——绝大多数都是公开交易的公司,他们发行的股票对所有人公开。这些股票大部分由保险公司、银行和养老基金所持有,因此会有数千万人受益于一些财务状况良好的公司。那些想要分割所有权的批评者很可能会损害这些公司的效率,从而降低它们的经济价值,这将波及数百万人。例如,迪士尼在纽约证券交易所公开交易的股票有17亿股,其中约64%的股份由银行、保险公司和共同基金等机构所持有。

小结

媒体评论家对媒体行业的垄断持谨慎态度。他们关注的焦点是更重要的核心问题:效率(由行业一体化和规模经济带来)和地方主义(内容多样化,更容易进入媒介市场,带来一系列不同的声音)哪一个更重要。如果你站在地方主义一边,你得出的结论是媒体所有权过于集中;如果你站在效率这一边,你会得出这样的结论:大众传媒企业所有权的集中是一件好事。

你也许对这个话题有自己的观点。但是想要形成一个有见地的观点,你需要有对形势的分析。

在形成一个有见地的观点时,你要思考一下当前形势给你带来的坏处,然后再想想所有的好处。如果你提议做出改变,那么考虑一下这样的变化将带来的好处,但也要考虑改变的成本。总而言之,你认为你提出的改变会带来足够的利益以承担所有的成本吗?

◎ 深入阅读

Bagdikian, B. H.(2004). *The new media monopoly*. Boston, MA: Beacon.(全书299页,包括尾注及索引)

1983年以来,巴戈迪肯(Bagdikian)一直对媒体行业进行经济分析,研究其集中度。每推出一个新版本,大型媒体公司的数量就会减少,同时媒体(以及非媒体)的资产都在大幅增长。这是一本关注媒体公司集权问题的必读之书。

Bettig, R. V., & Hall, J. L.(2003). *Big media, big money: Cultural texts and political economies*. Lanham, MD: Rowman & Littlefield.(全书181页,包括参考书目和参考文献)

在这本书中,宾夕法尼亚州立大学的两位教授认为,媒体在毫无限制地追求更大的利润,并控制着我们文化中的意义建构。他们在六章内容中提出了大量的论据来支持这一观点。作者指出这种媒体整合的结果是:在我们的生活中,一些非常强大的公司变得更具有侵略性,并成功地取代了家庭、朋友、宗教和教育作为构建意义的控制源。

Einstein, M.(2004). *Media diversity: Economics, ownership, and the FCC*. Mahwah, NJ: Lawrence Erlbaum.(全书249页,包括参考文献、附录和索引)

作者探讨了媒体行业的整合是否导致了多样性的减少。对于这个问题,这本书提出了强有力的历史和经济观察视角。她的结论是,虽然媒体资产的所有权不断固化,决定媒体内容的人数也在减少,但如今的信息比40年前更加多样化。

Maney, K.(1995). *Megamedia shakeout: The inside story of the leaders and the losers in the exploding communications industry*. New York, NY: John Wiley.(全书358页,包括索引)

这本书对20世纪90年代中期技术领域的主要参与者进行了详细的描述,涉及很多发生在电话、有线电视、计算机、无线电和娱乐行业的轶事。这本书充满了有关人物性格和个人的描述。然而,这个行业发展迅速,不断推出新产品,这本书可能已经过时了。

McChesney, R. W., Newman, R.,

& Scott, B. (Eds.). (2005). *The future of media: Resistance and reform in the 21st century*. New York, NY: Seven Stories Press. (全书376页，包括索引)

这本书包括由一些学者共同撰写的19个章节和一个导论。他们一直非常关注美国媒体垄断问题以及联邦通信委员会允许甚至鼓励垄断发生的现象。作者记录了媒体资产所有权越来越集中在少数大型传媒公司手中的趋势，并认为这种趋势对消费者和公众都是有害的。

◎ 内容更新资源

哥伦比亚新闻评论（www.cjr.org/resources）

这个网站可以让你查看大型企业集团的所有媒体资产。

穹窿（www.vault.com/wps/portal/usa）

这个网站提供了许多各行各业的实用信息，特别是与媒介素养相关的行业，比如出版、报纸、互联网和新媒体、音乐、广播和有线电视、广告、公共关系。

应用媒介素养 B.1

解析对媒介所有权的批评

通过抽象和归纳，我们发现，这个附录集中了人们在讨论媒介所有权问题时使用的六个论点：

A. 所有权固化

B. 权力过于集中

C. 竞争减少

D. 访问限制

E. 媒体内容的负面变化

F. 只让少数人获益

我们将其他技能应用于本附录中的观点。

（一）分析

1. 检查判断论点可信度的标准。
   - ★你认为事实准确吗？
   - ★你认为有多少信息支持这个论点？
   - ★你还会考虑什么？
2. 检查用于公司所有权的标准。
   - ★你是否更倾向于地方主义的原则，认为媒介所有权应当分散？
   - ★你是否更倾向于效率原则，认为所有权集中是好的，因为它可以带来更高的效率？

（二）评估

3. 用你的可信度标准来评估观点A、C和D，也就是说，判断这些观点的可信度。
4. 用你对媒体业务所有权的标准评估第二个观点（B），即判断所有权是否过于集中。

（三）推论

5. 第三个观点（C）认为，由于所有权的集中，内容发生了负面变化。
   - ★首先，在你经常使用的媒体和传播渠道中寻找模式。你看到过你认为是"负面"内容的案例吗？如果有，这些是个别现象还是大量存在？
   - ★查一查你正在调查的传播渠道属于哪家公司，然后找出这家公司其他的传播渠道，并在这些传播渠道中寻找更多负面内容的例子。继续查看一下其他传播渠道，看看负面内容有多普遍。

（四）分组

6. 比较和对比不同类型媒介的所有权模式，你觉得自己拥有多少访问权限？是否有一些媒体让你觉得自己被排除在提供内容甚至反馈的角色之外，而另一些媒体让你觉得自己是可以参与其中的？

（五）综合

7. 现在你对媒介所有权问题已经有了深入的理解。
   - ★这个议题里有没有特别让你感到困扰的东西，让你想要对此做出改变？如果是这样，制定策略来尝试这种改变。

★相反，如果你喜欢媒介所有权的发展趋势，那么制定一个策略，确保媒介行业会一直这样运行下去。

8. 运用综合技能制定战略。

★首先，列出你在阅读本附录时获得的所有感悟，以及到目前为止完成的练习。

★将这些感悟分为两组：（a）你喜欢并希望保留的内容；（b）你不喜欢和想要改变的内容。

★就如何保留你认为好的内容提出建议。

★就如何改变你认为不好的事情提出建议。

★将你所有的建议汇集到一个系统中——里面有你提出的所有策略——以便所有建议都能共同发挥作用并相互支持。

★想想哪些人和群体会反对你的策略，分析一下你的策略的可行性。

——你让反对的人放弃了什么？

——你能否向他们表明你的策略会让他们得到更多而不是失去更多？如果不能，你的策略是否可行？

附录C 媒介问题分析：新闻是否客观？

我们经常听到人们抱怨新闻不客观。他们认为，在一个民主国家，公众需要社会及政治环境的准确信息，以便他们在公投和选举中做出正确的决策。因此，记者的工作是提供全面真实的信息。不论记者以何种方式歪曲事实，他们都是在践踏公众的信任，侵犯受众的权益。因此，新闻需要客观，公众需要充分了解情况。

评估这种批评是否有效的关键在于明确评论家对"客观"的定义。

分析客观性观念

新闻工作有很强的客观性原则（Parenti, 1986）。但这是什么意思呢？从哲学的角度来看，客观性意味着记者对他们报道的事件有全知视角，能够完全看清一切；然后他们以准确、不失真的方式呈现事件的全貌。简而言之，他们就是一面镜子，简单地向公众反映正在发生的真实事件。

然而，这种纯粹的客观在新闻业中是无法实现的，因为新闻工作者无法对事件拥有全知视角，无法看到有关事件的所有内容。相反，记者会决定报道什么以及忽略什么来构建新闻。那些被选择报道的内容称为新闻。记者还会决定如何讲述他们的报道，即报道中应包含哪些事实以及如何对这些事实进行排序。

新闻是一种建构

如果你问别人新闻与娱乐节目有什么不同，大多数人会说娱乐是虚构的，是由作家编造的，而新闻则是发生的真实事件。因此，我们认为新闻是正在发生事件的真实反映，也就是说，媒体是反映现实的一面镜子。

正如你在上一节中所看到的那样，记者不仅仅是把现实反映给公众的一面镜子。

相反，记者是在建构新闻，建构新闻还要受到许多限制。当然，新闻报道是从客观现实出发。但我们所看到的媒体报道并不完全是事件本身。媒体向我们提供有关事件的报道，这些报道受到各种约束，特别是截稿日期、资源和新闻视角的限制。

记者经常受到多方面的影响，这会影响到他们对新闻的建构和最终塑造的新闻内容。即使他们努力提供最准确的信息来传达事件的全貌，他们也无法实现这一目标。我们来看看其中有哪些事对他们产生了影响。

截稿日期

截稿日期是对记者来说最明显的限制。截稿日期通常会阻碍记者搜集所有事实并对事件进行完整而准确的报道。例如，日报每天都有截稿日期。早报通常在前一天晚上11点截止。假设一座知名建筑物在星期三凌晨2点发生火灾，消防队员执行灭火任务到凌晨4点，当火熄灭后大楼已经不复存在了。人们在早餐时会阅读周三早报，想知道关于这场火灾的信息，但周三的报纸上并没有这篇报道。然后，报纸的编辑必须决定是否在周四的报纸上刊登火灾的报道，这将使报道成为旧闻。截稿日期的限制让报纸不能将火灾报道为"新闻"。周报和新闻杂志的截稿日期更加麻烦；等到读者读到他们的报道时，时间已经过去了很久，报道也难以被称为"新闻"。

从表面上看，广播、电视或互联网新闻机构中的记者似乎不像印刷媒体的工作者那样受最后期限的限制。然而，这种想法是错误的，所有记者都有截稿日期。为了清楚地说明这一点，让我们假设有几个正在发生的新闻事件。报社记者每天都有截稿日期，每天必须写一篇新报道，尽快让读者了解这些最新事件。如果广播电台每小时插播一次新闻，电台记者可能每小时就有一个截稿日期。所有的电视新闻频道，如CNN和FOX新闻，要求他们的记者每隔30分钟就对发生的事件进行更新并提交最新信息。新闻博客上的记者可能每10分钟就要发布一次更新。所有这些记者都有截稿日期，一旦他们提交了正在发生的事件的新闻报道，它就已经过时了，因为事件是不断发展的。因此，截稿日期是一种限制，也就是说，你在报纸、电视或博客上看到正在进行的事件的新闻报道时，该报道已经缺少了关键要素。

资源限制

虽然主要媒体机构的新闻采访部门，特别是广播网、主流日报和资金充足的网站，往往都规模庞大、资源充足，但这些资源仍然有限。即使再充足的资源也不可能涵盖某一天发生的所有事件，当班责任编辑必须决定登出哪些报道，忽略哪些报道。编辑必须在过滤过程中进行选择。因此，我们所看到的新闻报道绝不是对当天所有重要事件的完整报道。

更糟糕的是，编辑并不总能很好地分配他们的资源。例如，美联社在华盛顿特区有100多名记者，其中许多人都试图联系白宫。每四年，两个主要政党都会举行提名选举，选出各自政党的总统候选人。新闻机构派了大约1.6万名记者去报道这个"非事件"新闻。之所以称它为"非事件"新闻，是因为在"提名"大会前几个月，我们就已经知道了提名名单，因此大会的新闻价值非常小。如果将分配给大会的那些新闻资源转移到其他地方，新闻受众可能会从有限的新闻资源中获得更广泛和更丰富的新闻。同样的原则也适用于美国各个城镇的小型媒体公司，因为经常有几家报纸、杂志、广播电台和电视台都派记者到同一个警察局、市政厅，还有同一场体育比赛。

尽管有24小时的播放时间和相当充足的预算，CNN还是倾向于每天持续关注几个报道而不是每小时报道一些全新的事件。

图片来源：© Nancy Kaszerman/ZUMA/Corbis

新闻视角

对新闻构建最微妙但同时也是非常重要的也许就是所谓的"新闻视角"（Altheide，1976）。新闻视角是一种思考什么是新闻以及如何最好地呈现新闻的方式。记者发现，如果他们想要发布更多的报道，或是希望他们的报道更突出，他们就需要遵循新闻视角。虽然向公众提供信息是新闻机构的一个重要目的，但相对于吸引受众并使其不断地进行媒介接触这一主要目的而言，它是次要的。这种新闻视角主要受商业主义和营销导向（marketing orientation）因素的影响。如果新闻机构不是商业企业，并且通过不同的方式（例如政府支持或慈善事业）获得资金支持，那么受到这些因素的影响就会大大降低。

新闻机构的业务是构建受众群，然后将这些受众出租给广告商。受众越多，租金越高，新闻机构获得的收入也就越多。因此，新闻的最终目标是商业目标，记者则要被迫建构能吸引大量受众的报道。新闻机构必须小心谨慎，不可以发表容易冒犯受众的强势报道。此外，新闻机构也必须注意不要冒犯他们的广告商（Lee &

Solomon, 1990)。例如,烟草的危害性被大大低估了,因为烟草广告对许多杂志和报纸的生存来说至关重要。尽管三十多年来,电视上从来没有宣传过烟草产品,但电视同样受到了烟草公司的影响。烟草公司是大型企业集团,销售和宣传许多非烟草产品。电视新闻节目冒犯烟草公司就有可能失去大型烟草集团旗下其他品牌的广告。

此外,记者有时候撰写的也并非严格意义上的新闻报道,但这些报道有助于推广新闻机构所属组织正在营销的其他商业产品。例如,卡尼斯(Kaniss, 1996)批评了费城地区的新闻节目,指出在1996年11月的清扫月中,当地CBS在其晚间新闻节目中播出了9篇关于泰坦尼克号的报道,一艘已经沉没了84年的轮船的重要性甚至超过了其他事件,因为这是CBS迷你剧的主题。费城ABC的附属机构经常播放关于米老鼠的"新闻"报道,这是因为ABC网络由迪士尼拥有。许多电视市场的本地分支机构也经常在他们的网络剧中集中播放关于明星的新闻报道,并且他们也经常在当晚出现的电视电影主题节目中发布软新闻报道。

1912年4月15日,泰坦尼克号沉没后的第二天,其新闻报道价值显而易见。然而在事件过去八十多年后,一个相关主题的迷你剧播出之际,有关泰坦尼克号的新闻报道价值很值得人怀疑。

图片来源:National Archives and Records Administration

新闻编辑部的核心争论之一是关于记者应该向新闻受众提供什么样的内容——记者认为受众需要的内容还是受众自己想要的内容。这场争论的本质在于谁更有权力决定新闻的内容。一些记者秉持职业责任导向（professional responsibility orientation），认为他们是新闻行业的专家，因此，他们应该决定什么是新闻。他们认为自己有责任告知公众当天最重要和最有意义的事件，在报道事件的选择上，他们认为自己比公众更加专业。例如，持该观点的记者将努力在竞选期间提供有关候选人和议题的深入信息，以便选民能够做出更明智的决定。这些记者还试图对经济状况、政府政策的影响、社会变化的模式以及其他更广泛领域的问题做出清晰的解释，以便公众了解公共事务。但是，深入报道如此复杂的问题的风险在于，这种报道可能会让大多数受众感到无聊。

相比之下，新闻机构的业务经理以营销为导向，认为他们的工作是满足公众的需求。如果某个特定类型的报道有市场，那么管理者就要找到能够提供这类新闻的记者。例如，以营销为导向的记者更有可能通过报道不寻常的事件来震撼人们，从而引起大量受众的注意力。这种营销观点使新闻工作者相信公众需要更多的软新闻，而不是关于政府、经济和政治事务的报道。在对12家日报的1.3万件产品进行内容分析后发现，市场导向性较强的报纸刊登的政府和公共事务的新闻较少，而生活和体育新闻则较多。后者在市场导向较弱的报纸中报道量相对较少。

> 今天，数百家美国报纸、杂志和电视台的新闻编辑部或多或少地接受了这种制作新闻的方式。通常，市场驱动型组织为产品选择目标市场，确定其目标市场中潜在客户的需要和需求，并尽可能高效地满足这些需要和需求（Beam, 2003, p.368）。

此外，舒德森（Schudson, 2003）发布报告称，20世纪80年代和90年代，电视网、主要的新闻杂志和全国性报纸中，软新闻的数量急剧增加。

商业化的影响使新闻远离了职业责任导向，并将其置于营销导向之下。结果，新闻试图变得更有趣，报道变得较短。人们更关注那些个性张扬的人而非真正有才能的领导者，关注社会名流超过现实群体，关注八卦多于新闻。

在民意调查中，社会责任和娱乐之间的这种矛盾很明显。例如，当美国人被问及电视台是否应该直播人质被劫持的情况时，只有22%的人表示同意。但当这些人被问及是否会观看此类报道时，59%的人表示他们会观看（Luntz，2000）。我们大多数人都知道传播这种事件是很不负责任的。然而，我们还是会被这些事件所吸引，如果可以的话，我们还会密切关注它。

总而言之，新闻永远不可能是完全客观的，因为它是记者建构出的，而记者总会受到各种限制。然而，这并不意味着所有新闻对受众都有相同的价值。新闻质量天差地别。

解析新闻质量观

新闻的质量标准是什么？这是一个必须由你自己回答的问题。在本节中，我们将介绍与新闻报道相关的六个质量要素。当你浏览这六个质量要素时，请考虑它们是否合理，如果是，那么将这些元素纳入你的新闻标准。

避免捏造

对于大多数人而言，质量的最低标准是要求记者杜绝捏造，避免像小说家那样编造事实或信息来源。虽然新闻可以像虚构故事那样娱乐和唤起受众强烈的情感，但新闻故事需要有坚实的事实依据。

新闻写作尚不能全然免于杜撰之害，因为有时记者没有足够的时间或者懒得获取全部事实，所以他们就捏造或接受一些未经证实的事实。此外，记者有时会因为很想讲述一个好故事，而忽略了有碍于讲述本身的事实（Jamieson & Waldman，2003）。

幸运的是，捏造的例子并不多见，但已被发现的几个主要案例的确损害了新闻业的可信度。在《美国新闻评论》（*American Journalism Review*）发表的一篇文章中，洛瑞·罗伯逊（Lori Robertson，2001）强调了近二十多起引人注目的道德违规行为，这些行为导致相关记者被解雇。这个问题似乎出现在各种印刷媒介上，包括知名杂志（《时代周刊》《新共和周刊》《商业周刊》）、大型报纸（《华尔街日报》《纽约时报》《波士顿环球报》）和小型报纸[《太阳新闻》（南卡罗来纳州）、《新闻企业》（宾夕法尼亚州布鲁斯堡）、《信使调查报》（肯塔基州欧文斯伯勒）]，并涉及体育、商业、常规新闻等多个领域的记者、专栏作家和艺术评论家。

或许最广为熟知的一起新闻道德事件出自27岁的《纽约时报》记者杰森·布莱

尔（Jayson Blair）之手。为了在自己的事业上更进一步，他试图写一些非常有趣的报道，以便让报道发表在报纸的头版上。然而，为了写这样的报道，他恣意篡改事实，甚至编造了整篇报道。终于，《泰晤士报》的编辑们开始调查他的报道，并发现了许多捏造的事实，他们迅速解雇了布莱尔。但是，对《泰晤士报》可信度的损害已经造成，编辑们不得不在头版发表了一篇14,000字的道歉信（Wolff, 2003）。

有时，新闻人物会编造事实，并将其提交给记者，记者必须决定是发表这些编造的事实还是将其曝光为虚假信息。尤其是在政治运动中，候选人的公关人员经常捏造"事实"，以强化候选人的地位。对于Politifact和FactCheck.org这样的事实核查新闻机构来说，2012年的总统竞选是一个很好的机会，他们发现了许多歪曲事实的案例，以及彻头彻尾的谎言，并引起了公众的注意。然而，这种曝光似乎对选民或竞选活动并没有产生什么影响。例如，罗姆尼（Romney）的竞选活动声称巴拉克·奥巴马（Barak Obama）正在放弃福利工作。事实核查人员发现这是假的，并最终认定该言论是错误的。然而，这个竞选谎言被曝光后，并没有阻碍罗姆尼的竞选。选民们要么没有听说这是一则谎言，要么根本不在乎。民意调查结果显示，支持罗姆尼的人数反而增加了。罗姆尼的民意调查专家尼尔·纽豪斯（Neil Newhouse）回应该谎言称："我们的竞选活动不会由事实核查者来决定。"（Poniewozik, 2012）

避免偏见

另一个质量标准是尽可能避免偏见。揭露偏见需要大量解释，所需要的整理搜集工作较捏造新闻要困难得多。评估一个事实是否是捏造的需要相对较少的解释，但是由于存在偏见，我们必须推断记者是否报道了新闻的所有要素，这些要素是否支持了记者不希望支持的问题。因此，就像捏造事实一样，记者也可能持偏见进行报道，但受众很难意识到偏见报道何时发生。如果你同意该记者的话，你可以得出结论：没有偏见；相反，如果你是这位记者的批评者，你可能会认为该记者的所有报道都存在偏见。我们来了解一下偏见影响记者决策的两种方式：忽视重要报道的偏见和对特定政治观点的偏见。

忽视重要报道的偏见

新闻机构只报道了某一天中发生的一小部分事件。偏见会影响他们决定报道什么内容吗？有些人坚称偏见是一个主要影响因素。例如，让我们看看某审查项目的结果。这是一项年度分析，将现实世界中的事件与新闻机构所报道的事件进行比较（Jensen，1997）。该项目始于1976年，旨在监测大众媒体的新闻报道，并确定是否存在未被报道的重大事件或问题。詹森（1997）说：

> 该项目提出的主要问题是，大众传播媒介未能向人们提供他们所需要的所有信息，帮助他们在生活中作出明智的决定。选民具有知情权才能实现一个公平、公正的社会。公众有权利知道对他们有影响的事件，而新闻界有责任让公众对这些问题有充分的了解。(p.10)

詹森（1997）认为媒体在选择报道何种事件时存在偏见：

> 媒体更关心的是他们下一个季度的利润，而不是宪法第一修正案赋予他们的独特权利。大多数记者更关心保住工作和增加收入，而不是争取公众的知情权……如今，美国主流大众媒体基本上服务于当今社会的三个阶层——富人、政客和体育爱好者。新闻媒体做一项出色的工作，为那些参与或关注股市的人、参与或关注政治的人、参与或关注体育的人提供了全面而可靠的信息。(p.12)

詹森（1997）认为，新闻工作者在审查新闻时并非有意操纵阴谋：

> 新闻太过多样、快速和不可预测，不可能被一些阴险保守的传媒集团所控制。然而，大众传播机构的所有者和管理者的态度和利益是一致的。多方实则不谋而合，再加上各种其他因素，导致新闻媒体未能系统性地向公众提供信息。尽管它不是一种可以观察到的公开审查形式，但它是真实的，而且往往对公众的福祉同样有危险。(pp.14-15)

詹森（1995）在他的著作《审查：没有成为新闻的新闻——究其原因》（*Censored: The News That Didn't Make the News—And Why*）中描述了许多看似重要的新闻，这些新闻就算被报道，也没有得到新闻媒体太多的版面。例如，1985年，美国国家癌症研究所、美国职业安全与健康组织（NIOSH）发现，全美258个工作场所有超过24万人处于危险之中。NIOSH的目的是监察工作地点的安全，并在工人因接触工作场所的化学品和其他危险物质而有致命危险时通知他们，但NIOSH在十年前发现的日常危险人数不到30%。十年过去了，尽管每天仍有17万人在高风险的环境中工作，但NIOSH却没有告诉他们。十多年来，新闻媒体忽视了政府的这一疏漏。

最近的一个例子是，在伊拉克战争爆发之前缺乏足够的新闻报道。新闻机构只是接受了布什政府声称伊拉克拥有威胁美国和世界安全的大规模杀伤性武器的说法，后来发现这种说法毫无根据。

对特定政治观点的偏见

那些密切关注媒体的人经常抱怨自由派或保守派的新闻偏见，或者认为他们太消极。盖洛普（Gallup）对民意数据的分析显示，超过半数的美国人认为媒体受到广告商、商业公司、民主党人、联邦政府、自由派、军方与共和党人的影响（Becker, Kosicki & Jones, 1992）。在报业进行的调查中我们也发现了同样的情况。例如，美国报纸编辑协会（ASNE）的一项调查发现，大多数人认为媒体有政治倾向（Jeffres, 1994）。

有趣的是，保守派认为媒体具有普遍的自由主义倾向，而自由派则认为媒体是保守的。保守派抱怨说，大多数新闻记者可以自由发表他们的观点，而这些自由主义记者在报道时会表现出他们的偏见。相比之下，自由派认为保守派评论员拥有太多的权力，他们重新定义了美国的议程，以诋毁自由派。

在早期的美国，大多数报纸都是由有明确政治观点的人创办的，他们想要宣扬这种政治观点。美国的城镇里有多家报纸，每一家都迎合了不同的政治思想。报纸在政治上是有偏见的，而且这种偏见有明显的标签。但到了19世纪末，报纸已经从政治焦点转向商业焦点，目的是拥有最大的发行量。为此，报纸失去了政治优势，以免得罪任何潜在读者。重商业的属性仍然是大众传媒的基础。报道的内容是为了吸引受众，而不是为了支持某个政治观点。有时候，针对某一特定的政治观点开展辩论可以作为一种吸引受众的工具，但这类案例往往发生于定位为细分市场的媒体。相反，大型国家新闻机构，如电视网络和大型报纸，试图报道任何政治问题的正反两面，以显得他们客观和平衡，从而吸引政坛上各种各样的人。这一结论得到了阿莱西奥和艾伦（D'Alessio & Allen, 2000）的支持，他们对1948年以来的59项关于总统竞选中新闻偏见的定量研究进行了分析，没有发现报纸或杂志存在偏见的证据，只发现网络电视新闻存在"非实质性"偏见。

重要的是，要敏感地觉察到特定的新闻媒介是否呈现了自由派或保守派的偏见。但更重要的是，我们要对所有新闻媒介背后的偏见——商业主义、娱乐和肤浅的偏见——保持敏感。当谈到新闻偏见时，如果我们所做的只是辩论自由与保守的问题，就有可能会忽略新闻媒介提供给我们的更大的图景，即它们提供给我们的世界观不仅决定了我们的观点（如在议程设置中），还决定了我们思考什么、我们如何思考以及我们是谁。

使用最好的资源

记者根据消息源提供的信息来打造新闻；因此，在选择新闻质量的标准时，我们需要考虑新闻的来源。至少，记者需要说出他们的信息来源。虽然匿名信息的来源可能是非常可信的，但受众未必会相信来源不明的信息。同样，实名的信息也不一定就可信，记者也不一定非要采用它。可信度似乎需要同时具备两个特征：专业知识和可信赖性。专业知识指的是信息提供者了解事实的能力。可信度指的是信息提供者愿意诚实地向记者讲述这些事实。

记者如何知道谁是专家？大多数记者都不知道。他们缺乏相关经验或教育来评估新闻报道专家的资历，所以他们选择这些人不是基于知识，而是基于他们专业的外表和讲好新闻故事的意愿。这就是为什么新闻的主要来源是企业和政府部门的公共信息官员。大多数公司和机构都设有公共关系部门，其唯一的工作就是把自己打造成专家，并向记者提供信息。一旦一个人被确定为权威消息来源，记者就会打电话询问他/她关于某个特定问题的专家意见。斯蒂尔（Steele, 1995）对电视新闻机构如何选择和邀请专家解释新闻进行了研究，研究结果证实了这一点。她发现新闻机构对权威来源的选择反映了记者对专业知识的理解。记者根据专家的专业知识与电视制作中的"操作偏见"的匹配程度进行选择，后者将重点放在受众、政策和预测未来将发生的事情上。斯蒂尔总结说，这些过程破坏了平衡和客观的思考，并严重限制了新闻的构架。

主要的新闻机构都使用相同的信息来源——其中很多都是匿名的——所以媒体总是报道相同类型的新闻。这是两位记者——李和所罗门（lee & Solomon, 1990）的明确结论，他们写了一本书，名为《不可靠的来源：检测新闻媒体偏见的指南》（*Unreliable Sources: A Guide to Detecting Bias in News Media*），在书中他们对美国的新闻实践进行了强烈的批评。他们观察到，随着时间的推移，记者与他们的信息来源方成为亲密的朋友，不再寻找其他观点。这使得他们的工作更容易，因为这些记者不必不断开发新的和更好的信息来源。但这种做法的问题是，信息提供者有自己的议程。信息提供者一般是政府机构、企业或政治行动组织的公关人员。因此，这些信息提供者并不想提供公正且专业的知识来帮助记者更好地理解这个问题；相反，这些人接受了报酬，只陈述他们在此问题上的一面，并让他们的立场成为在这个问题上的唯一有效立场。例如，军方机构一直有一个复杂的公共关系运作部门，帮助维持公众对其目标和增加资金需求的强烈支持。20世纪60年代，苏联拥有100枚远程导弹，美国拥有2,000枚。美国国防部让美国人民相信，美国在武器方面远远落后于俄罗斯，公众最终支持增加国防预算。在里根政府时期，国防部每年的公关预算为1亿美元，雇用了3,000名员工。

白宫新闻秘书乔希·欧内斯特（Josh Earnest）代表总统和其他政府官员在每日简报会上与白宫记者团互动。白宫记者团是一群主要报道白宫新闻的记者。

图片来源：AP Photo/Pablo Martinez Monsivais

信息提供者经常与记者的关系交错纵横。许多记者进入政府部门，担任新闻秘书或新闻官员。此外，新闻秘书也会从事新闻工作。长此以往，这两种职业逐渐融合，报道的范围趋于一致。舒德森（Schudson, 2003）指出，"政治机构和媒体机构如此紧密地交织在一起，如此深入地参与到彼此复杂的运行中，很难区分它们从哪里开始，从哪里结束"（p.154）。本内特（Bennett, 2003）认为，这种密切的关系导致了他所说的引导关系。他的意思是，记者会从政府的角度出发决定公众舆论的讨论范围。记者接受政府规定的舆论范围，并限制自身的报道范围。

避免失衡

新闻报道均衡指争议各方的观点都得到了平等的表达。因为大多数新闻报道呈现的都是简单的冲突，通常有迥然不同的两方观点，所以如果两种立场的观点都被平等地呈现出来，我们就可以很容易地判断孰是孰非。然而，在现实中，许多冲突一般都有两个以上的立场，这就很难确保均衡报道。

新闻报道是否均衡？ 菲科和索菲芬（Fico & Soffin, 1995）研究了报纸对堕胎、学校中的避孕套和各种政府法案等有争议性问题的报道均衡状况。评估均衡报道的方法是检查报道是否从双方的信息源出发阐述问题的正反两方面，双方的主张是否出现在头条、首段和图表中。研究发现，48%的新闻报道是片面的，也就是说，另一个方面根本没有被报道。他们计算了每个问题不同方面的新闻报道元素数量，发现平均而言，一方比另一方多得到了三个元素，也就是说，新闻报道是不均衡的。只有7%的新闻报道是完全均衡的。作者的结论是，许多记者缺乏专业能力和/或道德自觉。

完整的新闻报道

衡量新闻质量的另一个标准是考虑记者是否只告诉了我们新闻报道的一部分。我们通常不认为这种扭曲是偏见，因为记者似乎没有误导受众的意图。相反，记者要么是时间不够用，要么是没有足够的信息来源或能力来讲述整个新闻故事。虽然记者并没有试图误导受众，但人们看到的是一个片面的报道，呈现出的仍然是一个扭曲的事实，因此这篇报道不算是高质量的。

有一种片面报道是指，即使重要事件还在继续发生，新闻也没有继续报道。比如，烟草业在谈判期间达成了210亿美元的和解金额。但后来，烟草公司在2000年至2002年间开始向州政府支付数十亿美元，媒体却停止了对此事的报道。为什么要掩盖这笔钱的用途？因为和解协议规定，各州应将这笔钱用于医疗保健，并教育人们，尤其是儿童，让其了解吸烟对健康的危害。但这笔钱中只有5%按照计划用于反吸烟。相反，它被用于50个州的各种地方建设经费项目，而在北卡罗来纳州，大部分钱被用于补贴烟草种植者。这些补贴并没有帮助烟农转向生产其他作物；相反，大部分资金用于帮助他们的烟草农场现代化（Mnookin, 2002）。此外，媒体在告知公众这笔钱的来源方面也做得很差。大多数人都知道它来自大型烟草公司，但他们不知道烟草公司是从哪里获得的这笔支付给各州烟草和解协议的钱。各大烟草公司现在都控制着超市里数百种不同品牌的食品。因此，这笔支出可能来自饼干、谷物、花生酱、狗粮、汤等价格的上涨。

另一种类型的片面报道是记者从单一的角度报道新闻。美国记者通常会从这样一个角度来讲述他们的新闻：美国的军事行动总是正当的，而我们侵略的那些行动则是不正当的。例如，菲什曼和马文（Fishman & Marvin, 2003）分析了21年来出现在《纽约时报》头版的照片。他们关注的是暴力，并发现外国特工比美国特工表现出更明显的暴力倾向，他们更经常与各种变相的暴力行为联系在一起。照片中会反复出现外国无秩序的暴力形象。相比之下，美国的暴力画面则没有那么令人担忧，显示的是一种没有被残酷破坏的秩序。因此，暴力更多关乎的是社群外部而非社群内部的状态。

提供完整的背景

也许最苛刻的质量标准是新闻要提供一个完整的背景。这涉及需要提供多少背景信息来帮助读者理解事件。如果没有背景信息，这个新闻的意义就会模棱两可。例如，一则新闻报道说琼斯先生今天早上因谋杀被捕。如果我们改变上下文，这个事实可以传达非常不同的含义。比方说，这位记者提供了一些历史背景，如琼斯先生在十年前谋杀了几个人，后来被捕并定罪在监狱里服刑，但最近一名缺乏经验的自由派法官将他释放了。相比之下，让我们假设身为市长候选人之一的琼斯先生被逮捕了，尽管警察已经拘留了另一名疑似持有凶器的男子，并且他已经认罪。逮捕的事实在不同的语境中有非常不同的含义。

巴格迪肯（Bagdikian, 1992）认为，新闻报道中最显著的偏见形式就是报道缺乏背景。令人担心的是，记者提供背景信息往往只是基于个人的观点，而个人观点正是"客观报道"要极力避免的。巴格迪肯继续说道，"但是偏袒支持和将事实置于合理的历史和社会环境之中是有区别的。美国新闻业并没有对它们作出切实可行的区分"（p.214）。他说，"有强大的商业压力要求美国主流新闻公司（standard American news）去除社会意义。了解到社会经济背景具有不可避免的政治影响，这可能会使一些世界观不同的受众感到不安"(p.214)。因此，媒体一般报道毫无争议的事实，却忽略了事实背后的意义，这样做严重限制了我们透过现象看本质的能力。

虽然背景资料非常重要，但是很多报道都忽略了背景信息(Parenti, 1986)。例如，我们每天看到的许多关于犯罪的报道都局限于某一犯罪事实。很少有关于犯罪率的背景信息，或者新闻报道中的犯罪如何与某种背景相关联——历史、社会、经济，等等。犯罪报道就像爆米花一样刺激人的大脑。每个新闻都很小，很简单，而且几乎相同。它们给我们一种正在消费信息的感觉，但这些故事几乎没有营养价值。多年来，我们不断接触此类信息，并开始相信大多数犯罪都是街头暴力犯罪，而且这种犯罪在我们周围不断涌现。但现实数据显示，大多数犯罪是智能犯罪（贪污、诈骗、伪造证件、身份盗窃等）和财产犯罪（盗窃、入店行窃等），而不是暴力犯罪（谋杀、强奸、持械抢劫等）。但被报道的是更罕见的暴力犯罪，因为它更离经叛道，所以更有可能吸引新闻观众的注意力。

要求记者在他们的报道中加入更多的背景信息存在两个问题。首先，记者的才能千差万别，只有才华横溢、经验丰富的记者才能在截稿日期前挖掘出大量相关的背景信息。其次，当记者有责任构建语境时，他们很可能在为读者定义事件的意义方面显示出强大的影响力。如果记者遗漏了（不管是有意还是无意）重要的背景信息，他们就可以在很大程度上改变新闻的意思。

我们来看一个新闻事实报道的例子，这些事实是准确的，但因为记者没有为这些事实提供足够的背景信息，导致读者得出错误的结论。2004年，《洛杉矶时报》(*Los Angeles Times*)记者拉里·斯图尔特（Larry Stewart）根据一个自称为体育多样性与道德研究所（Institute for Diversity and Ethics In Sport）的组织发布的报告撰写了一篇报道。斯图尔特（2004）在他的报道中说，该报告称，在2004年全美大学生体育协会（NCAA）篮球锦标赛"Sweet 16"中，有六所学校的毕业率不高于50%。这给读者留下的印象是，大学（至少有六所）在剥削他们的运动员。但记者没有报道的是，在全国范围内，只有大约50%的学生在入学时加入了四年的教学计划并最终获得学士学位。因此，这篇报道暗示篮球队学生的毕业率异常低，但问题并不在此。真正的问题是所有大学生的辍学率都比较高。此外，该记者还表示，该报告还抱怨称，16支球队中只有3支球队的主教练是非洲裔美国人。为什么这个数字不好？应该是多少呢？如果这个数字与非裔美国人的数量成正比，那么我们预计12%的教练是非裔美国人，也就是说应该有两名教练。或者,非裔美国教练的数量是否应该与NCAA篮球队中非裔美国球员的数量成正比?这将是一个更大的比例。这就引出了一个问题,也许非裔美国人在这些篮球队中所占的比例过高,而问题在于,非裔美国人在NCAA篮球队中的比例占多少合适?为什么西班牙裔和亚裔球员不多?确定合适的比例是一个复杂的问题。如果新闻机构认为自己有告知受众的功能,帮助他们做出正确的决定,那么记者就必须提供更详细的背景信息。相反,如果一名记者写的是一篇肤浅的文章,只以争议为特征,那么这只会激起负面情绪,而不是给公众带来教育意义。

总之,你可以看到客观性是一个具有多层含义的复杂概念。这让我们很难理解人们使用这个词时的真正含义。因此,抛开客观性,把注意力集中在新闻质量的其他指标上是有益的。

对新闻标准的思考

回顾一下,评估过程需要将一些元素(在本章中是新闻报道)与某些标准进行比较。理解的关键是检查我们用来进行评估的标准,这些标准决定了我们的态度。在这一节中,我们将首先研究记者的标准,然后转向受众的标准。

记者的标准

1922年,ASNE通过了《新闻准则》(Canons of Journalism),其中包括6条:责任、新闻自由、独立、真实和准确、公正和公平竞争。这些条款于1975年进行了修订;它们被重新命名为《原则声明》(the Statement of Principles)。这份文件中没有提到客观性的概念,但公众仍然认为这是新闻业的基本准则。

记者使用的标准不是客观性,而是可信度和均衡性。他们试图以专家的身份展示他们的信息来源,这样他们才显得可信。他们也尝试提出问题的另一面。

受众的标准

作为受众,我们应该使用什么标准呢? 我们一般使用可信度、均衡性和实用性作为标准。前两者的问题在于它们很难被检验,也就是说,我们不能简单地阅读一篇新闻报道,然后对可信度和均衡性做出正确的判断;相反,我们需要对新闻报道的主题有一个成熟的知识结构,或者我们需要对这个主题做大量的研究。这就是为什么知识结构如此重要。

实用性是一个更容易应用的标准,因为我们都知道我们接触特定新闻报道的动机是什么。如果我们只想跟上时代,而一篇新闻报道恰好展示了一些我们感兴趣的时事,那么我们很可能会得出这样的结论:这篇报道是有用的。这就提高了我们的媒介接触频率,使我们更有可能在未来习惯性地阅读该媒体的报道。

小结

想想你阅读新闻的标准,问问自己以下几个问题:我的标准是否现实?客观的标准是不现实的,但以下标准是可以实现的,即准确性、避免偏见、均衡、使用好的信息来源以及完整的报道,提供足够的背景信息。

然后问自己这个问题:是谁为我设定了这些标准?如果答案是大众媒体,那么你可能要检查一下这些标准的性质——这些标准是更符合媒体机构的目的,还是更能满足你自己的需要?调整你的标准,让它们更满足你自己的需要。然后评估你每天习惯性接触的新闻报道的实用性。如果你通常阅读某一家媒体的报道,而这家媒体并没有报道你认为最有用的新闻,或者没有向你提供足够的信息,那么请考虑一下为什么阅读这家媒体的报道。

◎ 深入阅读

Henry, N.(2007). *American carnival: Journalism under siege in an age of new media*. Berkeley: University of California Press. (全书326页,包括索引)

本书作者是一位关注传统新闻在新媒体环境下如何生存的记者。

Jensen, C.(1995). *Censored: The news that didn't make the news—and why*. New York, NY: Four Walls Eight Windows. (全书332页,包括索引)

"审查计划"(Project Censored)由作者于1976年发起,邀请记者、学者、图书管理员和公众提名他们认为在当年没有得到充分报道的新闻。根据"新闻报道数量、该问题在国内或国际上的重要性、信息来源的可靠性以及该报道可能产生的潜在影响"（p.15），该名单从数百份投稿中减少到25份。然后，一个由顶级评委组成的评审小组选出了本年度十大被审查的新闻。

Mindich, T. Z. (2005). *Tuned out: Why Americans under 40 don't follow the news.* **New York, NY: Oxford University Press.**（全书172页，包括索引）

作者清楚地记录了过去两代美国人对传统媒体新闻关注度急剧下降的状况。此外，只有11%的年轻人会关注互联网新闻。作者对年轻一代如此不关注新闻的原因做出了一些解释，然后推测这将如何影响政治体系和整个社会。

Paul, R. P., & Elder, L. (2006). *How to detect media bias & propaganda* **(3rd ed.). Dillon Beach, CA: Foundation for Critical Thinking.**（全书46页，包括词汇表）

这是一本关注批判性思维和新闻的小册子。它提供了许多实用性建议，如何批判性地看待新闻报道，从而使自己免受偏见，特别是不受新奇和哗众取宠的新闻的影响。

Postman, N., & Powers, S. (1992). *How to watch TV news.* **New York, NY: Penguin.**（全书178页，包括索引）

作者认为，电视新闻想要呈现的内容和它实际呈现的内容是两码事。电视呈现了所有公民都应该知道的当天发生的重要事件。但它真正呈现的是表面故事，旨在为广告商吸引大量受众。为了做好看电视新闻的准备，人们需要充分了解广博的世界以充实他们的大脑。

Schudson, M. (2003). *The sociology of news.* **New York, NY: Norton.**（全书261页，包括尾注和索引）

作者在"不仅报道事实，而且创造事实"（p.2）这一论点中进一步强化并澄清了许多观点。他深入探讨了这个问题，解释了新闻建构是如何发生的，以及这些建构对公众的影响。在简要介绍了新闻史之后，他指出，有两种批评在当今尤为突出：首先，新闻对政治的报道是批评性的，这助长了公众的冷嘲热讽。其次，新闻本身已经变"软"了，也就是说，它是信息和娱乐的混合体，而不再为阐明复杂的情况做出适当的努力。

Shoemaker, P. J., & Reese, S. D. (1996). *Mediating the message: Theories of influences on mass media content* **(2nd ed.). White Plains, NY: Longman.**（全书313页）

在这本书中，作者回顾了对媒介内容的研究，建立了一个包含假设、命题和猜想的理论。这本书的优势在于它对新闻研究所采取的广泛视角。它包括许多实证性的社会科学工作、许多行业例子和轶事，以及一整章关于意识形态的文化方法。但它有两方面不足。首先，它声称其涉猎了全部媒介内容，但它几乎只关注新闻。我们读到第五章，几乎没有关于娱乐的内容，也没有任何关于广告的内容。此外，重点也仅限于电视和报纸媒体。第二个限制是，这里实际上没有什么新东西。作者的"理论"实际上只是几个列表而已。

◎ 内容更新资源

广播与电子媒体杂志（http://beaweb.org/jobem.htm）

新闻与大众传播季刊（www.aejmc.org/home/publications/jmc-quarterly）

这些学术期刊发表研究报告，研究新闻如何在大众媒介的内容中呈现，尤其是在报纸和电视上。

维基解密（www.wikileaks.org）

维基解密成立于2007年，是一家非营利性媒体组织，它为信息源向公众泄露信息提供了一种安全和匿名的方式。它依靠来自世界各地的志愿者网络。泄密者通常在私营企业或政府机构工作，他们认为他们的组织在做一些对公众有害的事情，因此他们窃取了该组织的私密信息，并将其提供给公众查看。

新闻博客（News Blogs）

有成千上万的新闻博客。许多报纸都由CNN（news.blogs.cnn.com）和《纽约时报》（www.nytimes.com/interactive/blogs/directory.html）等主要新闻机构所有。最受欢迎的新闻博客是《赫芬顿邮报》（www.huffingtonpost.com），它由阿里安娜·赫芬顿（Arianna Huffington）创办，独立于任何新闻机构，但2011年被美国在线收购。

Technorati（http://technorati.com）

Technorati是一个用于搜索博客的互联网搜索引擎。Technorati是technology（技术）和literati（文人）的合成词，意为"技术智能"或"智识主义"。Technorati使用开源软件并为其做出贡献。Technorati拥有一个活跃的软件开发人员社区，其中许多人来自开源文化。

应用媒介素养C.1

解析对于新闻的批评

I.分析

1.本附录分析了新闻建构过程中的影响因素。你能想到本附录中没有提到的关于新闻构建的其他约束吗?

2.分析报纸、杂志或网站上的新闻报道。
   a.确定这些报道中由于截稿日期而造成的不足。
   b.确定这些报道中由于资源有限而存在的缺陷。
   c.从新闻的角度找出这些报道的不足之处。

3.分析你的新闻质量标准。
   a.本附录讨论的质量标准中,对你个人来说,哪些是最重要的?
   b.本附录讨论的质量标准中,对你个人来说,哪些是不重要的?
   c.你还想为你的质量标准添加其他成分吗?

II.评估

4.按照你自己的标准,评估印刷新闻的质量。

5.从收音机或电视上找到一篇新闻报道,评估其质量。

III.归纳

6.在分析和评估过的新闻报道中寻找问题的模式。
   a.你能看到任何捏造事实的证据吗?
   b.你能看到任何关于记者偏见的证据吗?
   c.你认为记者使用了最好的信息来源吗?
   如果不是,你认为哪些来源是薄弱的?
   如果没有,记者应该使用哪些来源?
   d.你认为这篇报道是均衡的吗?也就是说,这篇报道缺少另一方重要的观点吗?
   e.你认为记者的报道是全面的吗?
   如果不是,他遗漏了哪些事实?

f.你认为记者提供了一个完整的背景资料吗？也就是说，是否有足够的背景信息来帮助你理解这个新闻事件？

7.根据你之前得出的结论，你认为这些结论有多普遍？通过分析更多的新闻报道来测试这些结论的普遍性，看看这些模式是否成立。

IV. 概括

8.参加公开会议或活动，记录下发生的事情。然后以新闻报道的形式写下你的笔记，最多100字。

a.你是如何决定省略哪些内容的？

b.你是如何决定在报道中强调哪些内容的？

c.你是否觉得你抓住了事件的本质，让非亲历者可以从你的新闻报道中了解该事件？

附录D　媒介问题分析：媒体中是否存在太多暴力内容？

公众不断抱怨大众媒体中有太多暴力内容。每当现实生活中发生重大暴力事件，比如校园枪击案，这种批评就会再次爆发。这一论点是基于这样一种观点，即媒体呈现大量暴力内容会对某些群体（尤其是儿童和罪犯）产生危险的影响，这增加了这些人在现实生活中实施暴力的可能性。因此，为了保护社会免受这种有害影响，媒体需要减少它的暴力内容。

我们来分析一下这种批评及其论据。似乎有三个组成部分构成一个推论：（1）媒体上充斥着大量的暴力内容；（2）某些人群易受媒体影响；因此，（3）媒体减少暴力内容将减少对这些群体的影响，使社会更加安全。下面，我们详细探讨一下这些说法。

媒体上充斥着大量的暴力内容

媒体上充斥着太多暴力内容的说法是事实判断。我们寻找支持这一说法的证据时，发现它相当准确。虽然我们没有太多关于各大媒体中有多少暴力内容的信息基础，但我们有一个很好的研究文献，分析了电视暴力的数量（Potter, 1999, 2003）。自电视诞生之初，对电视内容的科学分析就一再表明，在所有黄金时段和周末早间节目中，有一半以上是针对儿童的一些暴力行为节目，在所有类型的电视节目中，平均每小时大约有6起暴力行为。

虽然公众确实认为电视上有大量的暴力内容（Potter），但具有讽刺意味的是，公众对暴力镜头的数量却认识不足。也就是说，公众对于媒体暴力内容的定义是狭隘的,这导致他们过滤掉了许多他们应该视为暴力的行为。而且,正是那些被公众忽视的行为很有可能对公众造成更大的伤害。我们来研究一下这两个公众认知缺陷的含义。

公众对暴力的狭隘理解

公众使用的暴力概念比研究人员分析电视中的暴力数量时所使用的概念更狭隘。这种差异很重要。为了说明这一点,请看专栏D.1中提出的问题,并以"是"或"否"回答这8个问题。如果你对这8个问题的回答都是肯定的,那么你对暴力的定义就非常狭隘,当你看电视的时候,你可能很少会察觉到暴力行为。相反,如果你对所有这8个问题都回答"否",那么你对媒体暴力就有了一个非常宽泛的定义,当你看电视时,平均每小时可能就会感知到30起暴力行为。

媒体暴力的广义定义比狭义定义更有用,因为它包括许多不同种类的暴力,而每一种暴力都有可能产生负面影响。因此,如果我们对媒体暴力的关注主要集中于对受众的伤害,那么最好使用一个更宽泛的定义,以便列出所有不同类型的媒体暴力及其后续危害。因此,公众狭隘的定义是错误的,因为它忽视了许多可能产生负面影响的暴力内容。

专栏D.1　暴力的定义

定义"暴力"的关键要素

1.暴力行为必须是针对人的吗?帮派成员向一辆汽车挥舞棒球棒,将它彻底摧毁。这是暴力吗?

2.这种行为必须"人"来做吗?一场泥石流夷平了一座城镇,造成20人死亡。自然行为算吗?　请记住,大自然不会编写脚本或生成编程。

3.暴力行为必须是故意的吗?一名银行劫匪开着一辆高速汽车逃跑。当他急转弯时,撞上了行人(或者毁坏了邮箱)。算不算事故?

4.这种行为会造成伤害吗?汤姆向杰瑞开了枪,但子弹没打中。这是暴力吗?或者,如果汤姆和杰瑞是卡通人物,汤姆把铁砧扔向杰瑞,他立刻被压扁了,像煎饼一样。一秒钟后,杰瑞突然恢复了原来的体型,毫发无伤。

> 5.那么我们看不到的暴力呢?如果一个坏人向屏幕外的角色开枪,我们听到一声尖叫,一具尸体掉了下来,即使我们没有看到他真的杀了这个人,那么他的这个行为算是暴力行为吗?
> 6.暴力行为必须是身体上的(比如攻击),还是也可以是语言上的(比如侮辱)?如果汤姆恶毒地侮辱杰瑞怎么办?在节目的其他部分,杰瑞都经历了深深的心理和情感创伤。如果汤姆让杰瑞难堪,杰瑞就会从房间里跑出来,结果摔了一跤,胳膊摔断了怎么办?
> 7.虚构的内容呢?如果100名战士"变形"成10层楼那么大的怪物,然后把敌人踩死,这算不算暴力?
> 8.幽默的描述呢?三个臭皮匠用锤子互相殴打对方,这是暴力吗?

公众对媒体暴力的概念注重形象性。举个例子,人们可能不会认为一部充满汽车追逐和枪战的动作/冒险电影比剧情片更暴力,在剧情片中,一个角色被意外击中,子弹撕裂了血肉。电影中一个非常生动的场景很可能会让人觉得这部电影很暴力,相比之下,电影中不断有汽车追逐、枪战和爆炸,而受害者从来没有以非常形象的方式出现过。如果暴力行为被展现得非常形象,这通常会冒犯观众,并引发批评。因此,制片人会通过净化暴力来避免冒犯观众。制片人知道,如果他们较少展现受害者受伤害的图像,就可能不会冒犯观众。研究一再表明,观众能够容忍这种经过净化的暴力行为,而当画面异常鲜活时,会打断观众的欣赏状态,引发其强烈的负面情绪(British Broadcasting Corporation, 1972; Diener & De Four, 1978; Diener & Woody, 1981)。

影响公众对暴力定义的另一个重要因素是,幽默是一种伪装。似乎当幽默掩盖了暴力时,公众就看不到暴力。所有人都认为这是理所当然的。一件轶事可以说明这一点。几年前,我在纽约会见维亚康姆标准与实践部门的工作人员。这七名女性负责预览将要在维亚康姆的MTV、VH1和尼克有线电视频道上播出的内容。当时我正在看一个音乐视频,房间里的七名女性正在解释她们如何筛选音乐视频,以确定这些视频是否符合她们的标准,或者,在她们的判断中,这些内容是否会冒犯观众。在一个小时的时间里,这些女性播放了部分音乐视频,并解释了她们是如何要求不同的音乐团体删除或淡化她们认为有损女性尊严的图片的。最后,当我有机会提问时,我问,"那音乐视频中的暴力呢?"一些女性急于回答说,她们对这一问题很敏感,这些视频没有任何直接的暴力镜头,虽然某些歌词中暗含暴力。然后我问了尼克儿童频道的暴力事件。有很长一段时间,女人们看着我,好像我是一个刚刚说"2+2 = 7"的三年级学生。其中一位女性看起来很困惑,她说:"但是尼克国际儿童频道没有暴力。"我变得满脸疑惑,然而她却露出一个大大的微笑,说道:"但这些并不是暴力。这些都是动画片!"这些女人是天真吗?不,在公众的普遍观点中,她们对暴力的认知极具识别力。这些女人知道,公众并不关心漫画中描绘的行为,即使是最残酷的行为。

公众对《忍者神龟》等动画片中的暴力镜头可能不那么敏感。
图片来源:© Moviestore collection Ltd / Alamy

为什么幽默能够掩盖暴力?幽默似乎能消除暴力的威胁。观众需要感受到一定程度的人身威胁,才会认为这是暴力行为,这种见解可以在英国学者巴里·冈特(Barrie Gunter)的著作中找到。作者认为,当虚构的场景在时间和地点上更接近日常现实时,观众对暴力行为严重性的评估更高。相比之下,"在卡通或科幻小说等明显的奇幻场景中所描绘的暴力,本质上被认为是非暴力的、不可怕的、安全的"(Gunter,1985,p.245)。

公众也不太关心导致非身体伤害的攻击和暴力行为,比如对受害者造成情感、心理和社会伤害的言语攻击。研究表明,言语暴力会比身体暴力更频繁地发生,发生次数是身体暴力的三倍(Greenberg, Edison, Korzenny, Fernandez-Collado, & Atkin, 1980; Martins & Wilson, 2012; Potter & Vaughan, 1997)。例如,马丁斯和威尔逊(Martins & Wilson, 2012)对最受2-11岁儿童欢迎的50个电视节目中的社会攻击性描述进行了内容分析。结果显示,样本中92%的项目存在一定的社会攻击性。在这些节目中,平均每小时有14起不同的社会攻击事件,或者说每4分钟就有一起。

总而言之,平均每周看一次电视的观众很可能会看到一次暴力行为,展现了对身体造成严重伤害的形象。这就是他们批评媒体暴力过多的基础。然而,平均每个人每周可能会看到100多起身体暴力行为——几乎所有这些行为都经过了净化或用幽默加以掩饰。此外,还有200到300种非身体攻击行为,包括仇恨言论、严厉的侮辱、奚落,等等。的确,电视画面中充斥着大量的暴力镜头——远远超出了普通人的想象。

公众低估了媒体中暴力内容的数量,是因为对暴力的定义很狭隘。如果我们对暴力有一个更宽泛的概念,我们就会明白公众对暴力的狭隘理解是错误的。

过滤与伤害

具有讽刺意味的是,人们用狭隘的理解过滤掉的暴力行为恰恰可能造成更大的危害。就像你之前看到的,人们过滤掉了非形象的暴力行为、奇幻或幽默的暴力行为,以及非身体伤害的暴力行为。

人们会过滤掉不露骨的暴力行为,因为它们没有冒犯他们。具有讽刺意味的是,人们应该感到被那些以非攻击性方式呈现暴力内容的制片人冒犯。暴力应该是攻击性的。当暴力以一种非攻击性的方式呈现时,人们并不会感到不安,反而认为这没什么大不了。反复接触没有流血的暴力以及受害者没有表现出痛苦的暴力会让人们对暴力和他人的痛苦变得麻木。长此以往,这些形象对公众产生了负面影响。

当暴力行为以幽默和/或幻想的方式呈现,人们就会过滤掉它们。他们通过笑来贬低动画中的形象(比如《活宝三人组》和卡通人物)。但这淡化了暴力以及对受害者伤害的严重性。例如,卡通人物被刺伤、烧伤、枪击和爆炸,但在接下来的场景中,他们又都完全没有受伤。公众也认为动画片是不现实的,这让他们认为人们也不太可能模仿这些动画片。但是如果你曾经观察过小孩子周六早晨观看动画片,你就会发现这些孩子会模仿这些角色。这种幻想模仿通常是无害的,但它确实也增加了孩子们受伤的风险。

人们会过滤掉非肢体的暴力行为。虽然肢体暴力行为可能会对受害者造成严重的伤害,但是非肢体攻击行为(如口头欺凌、奚落、威胁、侮辱、使他人尴尬等)更有可能被模仿。例如,如果你看到一些大胆的罪犯抢劫高安全级别的银行并炸毁追逐他们的汽车和直升机的画面,你不太可能模仿这种暴力行为。但是,如果你看的是一些侮辱、辱骂和让其他角色尴尬的画面,而且这些画面都非常诙谐有趣,那么你模仿这些行为的可能性就会高得多。我们把语言暴力和肢体暴力放在一起考虑,可以看到很少出现的影响,例如模仿行为,其发生的概率远远高于我们最初的想象。我们对接触媒体暴力可能产生影响的狭隘理解,使上述观点成为可能。与肢体攻击相比,社会攻击更容易被模仿,所以我们会认为社会攻击的内容比肢体攻击的内容能够带来更多的负面影响,这些影响不仅仅是对行为的模仿,它们也可能是对情感的负面影响。例如,马雷什、布劳恩和埃尔南德斯(Mares, Braun and Hernandez, 2012)在中学生中开展了一项实验,向他们展示了一些深受青少年(8-14岁)欢迎的节目,这些节目描述了严重的社会冲突。他们发现习惯性的接触某些媒体内容会影响到人们对校友的期待(人的图式),会让他们认为校友不那么友好以及会有很多霸凌行为(行为脚本),也会对未来的学校有更深的焦虑。同样,那些看到严重暴力内容的学生对未来学校会有更多的敌意和更少的友善,对于去学校,他们比那些看轻微冲突内容的学生感到更焦虑和更消极。

最后,电视上的言语攻击行为远比肢体攻击行为多。鉴于言语攻击的描绘更多,它们被模仿的可能性也更高,忽视它们的影响是一个严重的错误。

有些人比其他人更脆弱

弱势群体

当人们抱怨媒体暴力内容过多时,他们通常担心这些内容会对罪犯和儿童产生影响。至于犯罪分子,公众担心不断呈现的暴力内容将教会这些人的暴力行为,并激励他们那样做。

至于孩子,许多成年人认为孩子还不具备抑制暴力行为的能力。成年人担心,孩子们观看像摔跤这样的暴力电视节目时,会无意识模仿看到的暴力行为,这可能会对他们造成伤害。

罪犯和儿童容易受到媒体暴力内容的负面影响。然而,并不仅仅是这两个群体是脆弱、易受影响的。我们每个人都是脆弱的。错误地认为只有其他脆弱的人才会受到媒介的影响,这被称为第三人称效应(third-person effect)。

第三人称效应

如果你问一个人,"媒体中的暴力内容对别人有影响吗?"大多数人会说是的——回想起有人模仿电影或新闻中暴力犯罪行为的可怕例子。然而,如果你问这些人,媒体中的暴力是否对他们产生了影响,大多数人会说没有。因此,大多数人认为其他人有被媒介内容影响的风险,但他们自己没有风险。这种自我与他人之间的感知差异被称为"第三人称效应"。

媒体暴力的第三人称效应的产生原因可以追溯到公众狭隘的观点,即接触媒体暴力的负面影响仅限于攻击性的行为。鉴于这种狭隘的观点,大多数人认为,他们观看暴力内容后不记得攻击性行为,因此他们不会受到此类内容的影响。然而,这种想法是错误的,因为我们都是脆弱的。

最近哪些媒体暴力内容让你感到震惊?你对电影或电视里的某些暴力镜头麻木了吗?
图片来源:©iStockphoto.com/PhotoTalk

我们都是脆弱的

为了了解媒体暴力内容影响的普遍性,我们需要拓宽对媒介效果的看法。回顾第8章,我向你展示了如何拓宽你对媒介效果的看法。现在让我们专注于拓宽你对媒体暴力这一特定领域的视角。

表D.1向你展示了媒体暴力内容带来的不同类型的媒介效果,它们都可能发生在你身上。这些都被研究者清晰地记录了下来。请注意,有些是即时效果(即它们发生在接触媒体暴力内容的过程中),而另一些是长期效果(需要长时间多次接触才能形成一种表现)。还要注意,不仅有行为上的效果,还有更多的生理上、态度上、情感上和认知上的效果。

让我们来看看其中一个人们很少察觉到的媒介效果。这是一种让你产生恐惧的效果,它塑造了你对自己成为暴力受害者的恐惧情绪。当然,现实世界确实存在暴力和犯罪行为,但暴力犯罪的程度还没有达到公众习惯性认为的那样。美国的犯罪率从1960年到1990年一直在上升,然后开始下降。现在的犯罪率是40年来的最低水平,谋杀率也是50年来的最低水平(好信息就是没有信息,2011年6月4日)。虽然整个20世纪90年代犯罪率都在下降，但1996年的一项民意调查发现，只有7%的美国人认为暴力犯罪在前5年有所下降（Whitman & Loftus, 1996）。此外，从1992年3月至1994年8月，认为犯罪是美国最重要问题的公众从5%跃升至52%（Lowry, Nio, & Leitner, 2003）。

表D.1 媒介效果是什么？

即时效果

行为型效果

1. 行为模仿：人们观看暴力镜头时会模仿这些行为。
2. 触发新的行为：接触媒体暴力会刺激人们以一种暴力的方式行事，而不是真正模仿他们在媒体上看到的行为。
3. 净化假说：接触媒体暴力可以减轻公众的压抑，防止他们做出暴力行为。
4. 吸引力：人们在媒体中寻找暴力，因为暴力内容是激动人心、振奋人心的，同时令人紧张。

生理型效果

5. 战斗/逃跑：当身体准备对抗或逃离威胁时，接触暴力内容会导致心率和血压升高，从而在生理上暂时引起人们的兴奋。
6. 激励性转移：媒体呈现的暴力内容往往会激发和激励受众。然后人们以各种方式宣泄这种能量，不一定是暴力或侵略性行为方式。这种被唤醒的能量是短暂的，通常会在几分钟内消散。

情感型效果

7. 暂时的恐惧：电影和电视上的暴力内容会让你产生强烈的恐惧。这种恐惧反应通常只持续很短的一段时间，但它也可以持续几个小时、几天，甚至更长时间。

态度型效果

8. 态度的即刻塑造/改变：塑造或改变一个人的态度可能只需要一次媒介接触。例如，研究人员发现，当人们接触暴力电视节目时，他们的同情心会立即下降。

认知型效果

9.学习特定的行为和经验：人们可以通过观看角色在媒体中的表现来学习他们的行为模式。例如，孩子们观看卡通人物互相打对方的头但并没有受到伤害，这也可能会促使他们即便不采取相同的方式，也会学着以某种形式攻击别人。

长期效果

行为型效果

10.训练行为：随着时间的推移，暴力视频游戏能教会人们成功使用暴力的技巧，并帮助他们更好地实践这些暴力行为。

生理型效果

11.生理习惯：建立或增加长期的生理耐受性。通过反复的"战或逃"反应，人体逐渐建立起对媒体暴力内容的抵抗力。

12.麻醉效应：随着时间的推移，习惯性地观看暴力画面会使我们的反应变迟钝，但有些人还会继续渴望从暴力画面中获得强烈的"兴奋刺激"。为了体验同样程度的兴奋，他们必须寻找更生动、更强烈的暴力画面。

情感型效果

13.脱敏：一些暴力画面经常出现，我们恐惧或厌恶的自然反应会减弱，慢慢地，我们的情感反应也会减少。

14.恐惧的培养：长期观看暴力和犯罪内容后，人们会产生一种不切实际的高度恐惧，害怕在日常生活中成为受害者。

态度型效果

15.态度/信仰的长期强化：由于媒体提供了大量暴力信息，而且这些信息通常在相同的情况下呈现，观众对暴力的态度会慢慢强化。

认知型效果

16.学习社会规范：如果人们长期接触使用暴力和侵略解决问题的内容，会让他们认为社会不仅允许这样的行为，甚至鼓励这样的行为。

社会效果

17.改变制度：如果暴力内容不断出现在各种节目中并渗透到各个媒体，它会给诸如刑事司法系统、教育系统、宗教和家庭等机构带来改变的压力。

如果人们在现实生活中没有接触过犯罪行为，他们怎么会认为犯罪是一个问题呢？从媒体方面来看，媒体不断报道有关犯罪的新闻。如有线电视频道、法庭电视，它们呈现了一个又一个引人注目的犯罪案例。此外，媒体通过不断地报道犯罪新闻，强化了这样一种印象：社会存在大量可怕的犯罪，这造成了对成为受害者的非理性高度恐惧（Romer, Jamieson, & Aday, 2003）。

当我们考虑接触媒体暴力内容可能带来的全面影响时，很明显，你也很可能受到这些影响。

然而，这并不意味着你真的会经历所有这些影响。你可以做很多事情来降低这些事情发生的概率。但最重要的是，你要采取提高媒介素养的方法来避免这些负面影响，忽视它们并不能保护你。

减少暴力内容

如果接触媒体暴力可能造成的伤害主要是基于接触媒体的频率，那么我们有理由认为，我们需要减少暴力内容出现的频率。然而，我们从几代人讲故事的经历中了解到，是故事的讲述方式传达了经验教训，并确立了意义——而不是故事的讲述次数。这也是大型媒介效果研究文献中一个明确的发现。正是媒体对暴力的描述方式向受众传达了暴力的含义，而这种含义将会对受众造成影响。因此，我们更应该关注背景信息，而不是频率。

为了说明这一点，我们来想想以下两个场景。在第一个场景中，有两个兄弟，他们自私、小气，而且长得很丑。他们都很孱弱，但他们都有枪，他们会向附近辛勤工作的"夫妻店"老板们勒索钱财,用手枪威胁他们。晚上,他们抢劫别人,打他们取乐。暴力受害者遭受着各种各样的伤害——恐惧、经济损失和身体上的痛苦。最终,这对兄弟被逮捕并关进监狱,在那里他们被更强大的罪犯殴打。他们被判处长期监禁,并通过刑事司法系统受到具体的惩罚。

在第二个场景中,兄弟俩都是聪明伶俐的年轻人。他们每天都在侵入私人数据库,寻找收取服务费过高的医生,以及骗取人们合法权益的保险调查人员。晚上,他们抓住目标,把他们带到秘密实验室,用高科技设备和尖端药物折磨他们,让他们承认自己的犯罪行为。虽然目标受到了折磨,但观众从未看到任何血迹。之后,他们秘密杀死了目标,并小心处理他们的尸体。他们最终被逮捕并接受审判,但是警察无法找到他们的犯罪证据,所以陪审团认定他们无罪。

第一个场景更接近于现实生活中发生的情况。兄弟俩的行为令人作呕,很可能会冒犯观众。观众几乎不可能认同兄弟俩,也不可能想要模仿他们的行为。此外,观众可能会认为,观看这些内容的其他人也不太可能想要实施暴力。因此,增加这种类型的内容可能会透露出忠实于既定社会道德准则的信息——不要这样做,因为这是令人厌恶的,你会受到严厉的惩罚。但是因为这种类型的内容可能会冒犯观众,所以媒体不太可能增加这种类型的内容。

相比之下,第二种场景更接近于媒体对暴力描述的典型模式,即对犯罪者进行美化,对暴力进行净化。看过这类内容的人更有可能相信暴力是解决问题的好方法,它是合理的,只有坏人才会受到伤害。因此,这种内容的增加对社会来说是一件坏事。正如你从这个论点中看到的,媒体暴力内容的增加可以产生亲社会或反社会的效果;这取决于暴力是如何呈现的。关键是内容的背景而不是被播放的频率。

暴力的呈现方式增加了各种负面影响的可能性。暴力的净化使受众对受害者的痛苦变得麻木不仁。暴力的美化使受众被暴力所吸引,随着时间的推移,他们对暴力行为的社会化抑制也会逐渐减弱。幽默的色彩淡化了暴力的内容,使受众相信施暴者受到惩罚的风险很小。如果暴力内容不是目前在电视上呈现的方式,而是在道德剧的背景下播出,那么,反复接触媒体暴力内容对社会来说将是一件积极的事情,因为这将使人们认识到暴力是不可接受的,犯罪者会受到各种各样的惩罚,这种行为是不正当的,而且会对受害者及其所爱的人造成长期严重的伤害。

小结

公众抱怨媒体中的暴力内容太多。然而,他们的抱怨太狭隘了,因为他们没有意识到暴力画面也会对他们产生负面影响,而不仅仅是对其他人。此外,公众严重低估了暴力画面的数量——尤其是那些对他们伤害最大的画面。

我们如何才能在媒体暴力问题上取得更好的进展?最简单的答案是减少暴力画面的数量。但这种回答过于肤浅,因为它忽略了媒介效果动态过程中的许多重要因素。它忽略了一个事实,即负面影响更多地取决于暴力的呈现方式,而不是呈现的频率。它忽略的另一个事实是,我们都容易受到各种各样的负面影响。而它同样忽略的就是我们在媒体上接触到的很多暴力内容并不被我们视为暴力,所以我们低估了媒体上暴力内容的数量。我们也低估了伤害的范围,低估了会受到这些内容影响的人的范围。

在你构建对媒体暴力的观点时,请检查你对媒体暴力和伤害的定义。如果这些都是错误的,那么你的观点也将是错误的。当你对暴力有一个更广泛的定义时,你将会在媒体上看到比过去更多的暴力。如果你意识到媒体中不断出现的暴力对你产生了负面影响,你会更加关注这个问题;伤害不仅仅发生在其他人身上。如果你意识到这些暴力内容给你和其他人带来的负面影响程度,你可以追溯到暴力的呈现背景,而不是频率,那么你就能控制这种影响发生的过程。

一旦你对媒体暴力形成了一种明智的看法,你很可能就会以一种非常不同的方式看待这个问题。更重要的是,你可能认为这个问题需要的解决方案与过去提出的解决方案截然不同。

◎ 深入阅读

Bushman, B. J., Huesmann, L. R., & Whitaker, J. L. (2009). Violent media effects. In R. L. Nabi & M. B. Oliver (Eds.), *Media processes and effects* (pp. 361-376). Thousand Oaks, CA: Sage.

本章对有关媒体暴力影响的实证文献进行了相对最新的回顾。作者着重从心理学角度,运用实验和调查的方法对其进行研究。

Cantor, J. (2009). Fright reactions to mass media. In J. Bryant & M. B. Oliver (Eds.), *Media effects: Advances in theory and research*（3rd ed., pp.287-303）. New York, NY: Routledge.

本章回顾了有关暴力和相关媒体内容如何在受众（尤其是儿童）中引发恐惧反应的文献。

Potter, W. J.（2003）. *The 11 myths of media violence.* Thousand Oaks, CA: Sage.（全书259页，包括索引）

本书从公众对媒体暴力的辩论现状开始，并以反思变革的前景结束。在这11章中，每一章都是关于媒体暴力的错误观点。综上所述，这些迷思将人们（普通大众、媒体工作人员、媒体监管机构和媒体研究人员）锁进了一个没有效率的思维迷宫。这些迷思包括以下错误的观念：电视上有太多的暴力；媒体只是对市场需求作出回应；减少媒体中的暴力内容会解决问题。

Sparks, G. G., Sparks, C. W., & Sparks, E. A.（2009）. Media violence. In J. Bryant & M. B. Oliver（Eds.）, *Media effects: Advances in theory and research*（3rd ed., pp. 269-286）. New York, NY: Routledge.

本章简要介绍了媒体暴力争议的历史，然后回顾了解释媒体暴力现象及其如何影响受众的研究。

应用媒介素养D.1

分析对媒体暴力的批评

形势：

我们可以用三句话来概括这个问题：

　　a.媒体上有很多暴力内容。

　　b.某些人容易受到媒体的影响。

　　c.因此，减少媒体暴力内容将减少对这些弱势群体的影响，使社会更加安全。

请注意，这三个语句运用了演绎的技巧。前两个是可以检验的前提。第三个陈述是由前两个前提推导出来的结论。因此，这是推断技巧的一个例子。

为了使推断的结论不出错，需要满足两个条件：

　　★首先，这两个前提本身不可能是错误的。

　　★其次，结论必须根据前提进行逻辑推理。

检查论证：

我们用以下三个步骤系统地评估这个推断中的结论。

1. 评估第一个前提的准确性：媒体中存在大量的暴力内容。这一前提已经有可信的事实依据，还是一种未经证实的观点？

   a. 分析暴力的学术定义。查看学术文献，看看关于媒体暴力的一些内容分析。

   学者们如何定义媒体暴力？

   他们在媒体上发现了多少暴力内容？

   b. 评估有关暴力的学术定义。

   你最喜欢哪个定义？为什么？

   你用这个定义发现了多少暴力内容？

   c. 分析公众如何定义暴力。（详见附录）

   d. 评估公众对暴力的定义。

   公众对暴力的定义相比于你选择的学术定义是更好还是更糟？

   e. 选择公众的定义或学术的定义，根据该定义，确定媒体中暴力内容的多少。

2. 评估第二个前提的准确性：某些类型的人容易受到媒介的影响。这一前提已经有可信的事实依据，还是一种未经证实的观点？

   a. 选择一种媒体暴力的特定影响（见表D.1）。

   你认为每个人都有受到这种影响的风险吗？

   有一个特定的群体特别容易受到这种影响？

   b. 选择媒体暴力内容的第二个影响（见表D.1）。

   你认为每个人都有受到这种影响的风险吗？

   有一个特定的群体特别容易受到这种影响？

   c. 你认为易受媒介影响的人群会随着不同类型的影响而变化吗？

   如果你认为不同群体的人容易受到的影响类型不同，那么你想要媒体行业在媒体暴力问题上做些什么呢？

   d. 选择一个你认为对人和社会最有害的影响。

   你认为造成这种影响的最主要的因素是什么？

   这些影响因素是影响暴力的呈现方式、暴力的描绘方式还是受众的特征？

3.检验一下如何用这两个前提得出结论：因此，减少媒体中的暴力内容将减少对这些弱势群体的影响，并使社会更加安全。

 a.阈值问题：你能选择一个数字来表示暴力内容应该减少的程度吗？

  媒体暴力是否可以接受？如果是的话，这个水平是多少？

 b.逻辑推理：结论是否自觉地遵循这两个前提？

 c.跳出思维定式：除了减少暴力之外，你还能想到其他结论吗？

知识测试答案

第一章
1. 错误 2. 错误 3. 错误 4. 错误

第二章
1. 正确 2. 错误 3. 正确 4. 错误

第三章
1. 正确 2. 错误 3. 错误 4. 错误

第四章
1. 正确 2. 错误 3. 错误 4. 正确

第五章
1. 错误 2. 错误 3. 正确 4. 正确

第六章
1. 错误 2. 错误 3. 正确 4. 错误

第七章
1. 正确 2. 正确 3. 正确 4. 错误

第八章
1. 错误 2. 正确 3. 正确 4. 错误

第九章
1. 错误 2. 正确 3. 正确 4. 错误

词汇表

Above-the-line employees（上层雇员）: People who are hired for their specific creative talents to make media messages (actors, directors, writers, composers, etc.)

Abstracting（抽象）: The skill of creating a brief, clear, and accurate description capturing the essence of a message in a smaller number of words (or images, sounds, etc.) than the message itself

Adaptation（调整阶段）: The fifth and last phase in the life cycle pattern of the development of a mass medium where the medium redefines itself in the media marketplace and provides different messages or services not provided by the other media

Analog coding（模拟编码）: Information that is stored in a form special to each medium, unlike digital coding, which is uniform across all media; with analog coding, musical information was stored as fluctuations in the grooves of a vinyl record and film information was stored as a series of still pictures on an acetate strip of film.

Analysis（分析）: The skill of breaking down a message into meaningful elements

App（应用）: Computer-based application program that can be downloaded from the Internet to a person's computer or mobile device

Attention（关注）: Exposure to a media message that takes place in the attentional state; conscious awareness of the media message

Attentional state（注意力状态）: The experience of being aware of a media message and actively processing its information while being exposed to the message

Attitudinal-type effect（态度型效果）: The media-influenced effect that is manifested as the acquisition of a new attitude or the triggering, alteration, or reinforcement of existing attitudes

Audience conditioning（受众调节）: A strategy used by media organizations to make their existing audience members want to continually expose themselves to their subsequent messages

Automatic routines（自觉程序）: Sequences of behaviors or thoughts that we learn from experience then apply again and again with little effort; think of these as computer programs that run in the back of our minds without us consciously paying attention to them.

Automatic state（自动状态）: The experience of being exposed to a media message without being aware of the message

Automaticity（自动筛选状态）: An exposure state where we put our minds on "automatic pilot" and filter out almost all message options.

Behavioral-type effect（行为型效果）: A type of media-influenced effect that is manifested as the triggering of actions in a person or over time of altering as well as reinforcing patterns of action

Belief-type effect（信仰型效果）: A type of media-influenced effect that is manifested as the acquiring of a belief or the long-term alteration as well as reinforcing of an existing belief

Beliefs（信任）: Faith in the existence or truth of things

Below-the-line employees(下层雇员): People who work in the media industries and exhibit skills that are not especially unique—that is, the skills required to do their jobs are widespread in the population

Blog(博客): Short for web log; Internet sites set up by individuals, businesses, and news organizations that are designed to attract the attention of as many visitors as possible with text, audio, and video

Cognitive-type effect(认知型效果): A type of media influenced effect that is manifested as the acquisition of information (factual or social) as well as the triggering, alteration, or reinforcement of a mental process

Competencies(能力): The ability to accomplish a task successfully, such as match the meaning of a media message element; in contrast to skills, competencies are categorical—that is, either you can perform the task successfully or you cannot.

Conceptual differentiation(概念差异化): The ability to classify objects into a large number of mutually exclusive categories

Conglomerates(集团企业): Very large companies that own and operate many businesses across different industries

Content analysis(内容分析): A social scientific research method that focuses on certain characteristics of media messages (such as the demographics of characters or the portrayals of violence) and counts how frequently those characteristics occur

Convergence(融合): The moving together over time of things that were separated into a common group; this is a powerful force on the mass media that has three manifestations: technological, business, and psychological

Cross-media promotion(跨媒体推广): Advertising your media message in another medium so as to attract people in that medium to try exposing themselves to your message

Cross-vehicle promotion(跨渠道推广): Advertising your media message in another vehicle so as to attract people in that medium to try exposing themselves to your message

Decline(衰退阶段): The fourth phase in the life cycle pattern of the development of a mass medium where the medium loses audience members and revenue due to competition from a newer medium that provides better messages or the same messages in a better way

Deduction(演绎): The skill of using general principles to explain particulars

Demographic segmentation(人口细分): Identifying a niche audience by their enduring characteristics, such as gender, ethnicity, etc.

Denoted meanings(标准含义): Standard meanings for symbols that are shared by all people; these are the dictionary-type meanings we memorize for words and symbols when we are in elementary school.

Desensitization(脱敏): A long-term emotional effect where the continual exposure to a certain kind of media message erodes the intensity of our emotional reaction—for example, repeated exposure to acts of aggression leads us to reduce our sympathy for victims of aggression

Developing news events(进展中的新闻事件): Newsworthy occurrences that change over the course of days or weeks; journalists continue to file updated stories realizing that each story is only partial and may contain inaccurate information

Digital coding(数字编码): Information that is stored a binary code so that it can be transported across all channels of distribution

Economies of scale(规模经济): The high costs of making the first copy of a media message are spread out over many copies; as additional copies are produced, the high cost of making the initial copy is averaged over a greater number of copies and the cost per copy is reduced

Economies of scope(范围经济): The high costs of making a media message spread out over different messages; when an original message is translated into similar messages and distributed through different media

Electromagnetic spectrum(电磁频谱): A range of frequencies that are used for broadcasting messages without wires; in the United States, the Federal Communications Commission (FCC) is in charge of assigning frequencies to individuals and businesses for transmission of radio, TV, and cell phone signals.

Electronic games(电子游戏): Platforms offering competitive experiences using electronic devices (video, computer, smartphone, etc.)

Emotional intelligence(情商): The ability to understand and control one's emotions

Emotional-type effect(情感型效果): The type of media-influenced effect that is manifested as the triggering of an emotional reaction or the altering of emotional patterns over time

Evaluation(评估): The skill of judging the value of an element; the judgment is made by comparing a message element to a standard

Exposure(接触): The condition of being in proximity (place and time) to a message as well as having the message occur within our perceptual abilities and leave some impression (however slight) in our minds. Thus, there are three hurdles for exposure: physical, perceptual, and psychological.

Exposure states(接触状态): Four qualitatively distinct psychological states people can be in when experiencing a media message; these four states are automatic, attentional, transported, and self-reflexive.

Factual information(事实信息): Discrete bits of information that can be confirmed by objective sources; examples include names (of people, places, characters, etc.), dates, titles, definitions of terms, formula, lists, and the like.

Federal Communications Commission/FCC(联邦通信委员会): Agency established by the U.S. Congress in the 1920s to regulate the new broadcasting industry and later the developing telecommunication industry; focuses primarily on establishing national standards for developing information technologies as well as regulating ownership of broadcasting and telecommunication businesses

Field independency(场景独立性): A natural ability to distinguish between the signal and the noise in any message where the noise is the chaos of symbols and images, while the signal is the information that emerges from the chaos

Filtering decisions(过滤决定): The information processing task where we continually make decisions about filtering out media messages (ignore them) or filtering them in (pay attention to them)

Flow(心流): When playing video games, the experience of being so focused on playing the game and achieving one's goals that the player loses track of time and place

Frame(框架): A set of experiences we use to interpret media messages; frames are composed of our beliefs, preferences, emotions, etc.

General entertainment story formula(通用娱乐叙事模式): The generic structure of all entertainment-type stories begins with a conflict or a problem, the conflict is heightened throughout the story as the main characters try to solve the problem, and the story is resolved in a climactic scene.

Genres(体裁): This refers to kinds of message and suggests that there are categories within which media messages can be organized; the most general genres of media messages are entertainment, news/information, and persuasive messages (such as commercial messages and public service announcements [PSAs]).

Geographic segmentation(地理细分): Identifying a niche audience by where its members live and shop

Grouping(分组/分类): The skill of determining which elements are alike in some way; determining how a group of elements are different from other groups of elements

Induction(归纳): The skill of inferring a pattern across a small set of elements, then generalizing the pattern to all elements in the set

Information processing tasks(信息处理任务): A sequence of tasks of filtering media messages, then matching meaning and meaning construction

Innovation(初创阶段): The first phase in the life cycle pattern of development of a mass medium; it is characterized by technological and marketing innovations

Interactive media(互动媒体): Media platforms allow—and typically require—their audiences to create the content either by themselves, in interaction with other audience members, or in interaction with employees of mass media organizations. Audience members are not paid for creating any of this content; to the contrary, audience members not only create the content for free but they often pay the interactive mass media companies for access to the content either through subscription fees (as with many games) or by agreeing to be exposed to advertising.

Internet service provider /ISP(网络服务供应商): Media company that offers users a way to connect to the Internet through wires or Wi-Fi

Knowledge structures(知识结构): Sets of organized information stored in a person's memory

Life cycle pattern(生命周期): A sequence of five stages of development typically followed by all mass media; the five stages are innovation, penetration, peak, decline, and adaptation

Long tail marketing(长尾营销): A strategy of identifying smaller niche audiences that have been ignored by other media companies; the "long tail" refers to the extreme ends on the bell curve and ignoring the fat middle where the majority is represented.

Lowest common denominator (LCD)(最小公分母): A programming principle where a media company tries to attract the largest audience possible by creating messages that will not offend anyone and thus appeal to a wide range of people

Macro-type effects(宏观效果): Types of media-influenced effects that are manifested as the gradual altering or reinforcing of processes in aggregates of individuals such as organizations, institutions, and society

Manifested media effects(显著性媒介效果): Media-influenced effects that can be observed and can be easily attributed to media influence

Marketing concept(营销概念): A practice among marketers that begins with research to identify audience needs, then creates the types of messages that can satisfy those particular needs

Marketing convergence（营销融合）: Using the advantages of technological convergence across channels of media to attract niche audiences for a particular message with as many platforms as possible

Marketing innovations（营销创新）: Essential characteristics of the innovation stage in the development of a mass medium where marketers attract new users to its medium …

Marketing orientation（营销导向）: A belief among managers of media companies that it is their job to identify existing needs in various …

Mass audience（大众受众）: The outdated conceptualization of the media audience as being a very large mass with no social organization or interaction among audience members, who are heterogeneous, anonymous, and interchangeable

Mass communication（大众传播）: The outdated conceptualization that media send messages to a mass audience in a one-way flow with no feedback

Massively multiplayer online role-playing games /MMORPGs（大型多人在线角色扮演游戏）: Internet-based platforms that attract thousands of game players from all over the world who want to create personas in a fantasy …

Meaning construction decisions（意义建构决策）: The information processing task where we engage in a process of creating our own meaning for a media message; this process is usually engaged when we have no denoted meaning already residing in our memory or when the denoted meaning does not satisfy our current needs.

Meaning matching decisions（意义匹配决策）: The information processing task where we engage in a process of recognizing elements (referents) in a media message and then …

Media literacy（媒介素养）: A set of perspectives that we actively use to expose ourselves to the mass media to interpret the meaning of the messages we encounter; media literacy is multidimensional, consisting of cognitive, emotional, aesthetic, and moral dimensions; and media literacy is a continuum, not a category.

Mental codes（心理代码）: Rules for decision making that we have learned through exposure to media messages; these codes are stored in our memory…

Messages（讯息）: The instruments that deliver information to us from the media

Net loser（净输家）: People and organizations who complete economic exchanges with resources of less value compared to the resources they gave up in the exchange

Net winner（净赢家）: People and organizations who complete economic exchanges with resources of greater value compared to the resources they gave up in the exchange

Next-step reality（进阶现实）: The idea that media messages must be based on real-world elements (recognizable characters, situations, etc.) so that audiences can relate to what happens in those messages but then the messages must also take a step away from pure reality by adding fantasy elements in order to capture and hold the audience's attention

Niche audience（利基受众/细分受众）: A relatively small audience that is defined by a shared interest or need

Peak（巅峰阶段）: The third phase in the life cycle pattern of development of a mass medium where the medium commands the most attention from the public and generates the most revenue compared to other media

Penetration（深化阶段）: The second phase in

the life cycle pattern of development of a mass medium where it continues to attract larger numbers of audience members of all kinds

Perceptual exposure(感官接触): The media message falls within human's bandwidth of visual and/or auditory perception

Personal locus(个人意愿): A person's plan for building knowledge structures about the media along with the psychic energy needed to execute the plan

Physical exposure(物理接触): The message and the person occupy the same physical space for some period of time

Physiological-type effect(生理型效果): The media-influenced effect is manifested as the triggering of an automatic bodily function, such as increasing blood pressure or heart rate

Process effects(过程性效果): Media-influenced effects that are continually occurring without being easily observed

Professional responsibility orientation(职业责任导向): A belief among some journalists that it is their responsibility to inform the public about the most important and significant events of the day so that people can use the information to make better decisions as citizens of that society

Profit(利润): The positive difference between a company's revenue and expenses; often used mistakenly as a synonym for revenue

Psychographic segmentation(心理细分): Identifying a niche audience by their psychological and lifestyle characteristics

Psychological convergence(心理融合): The breaking down of barriers between audiences and mass media organizations as well as the barriers separating audience members from one another due to geography or other social constraints

Puffery(吹嘘): A technique used by advertisers to use words in a way that it appears they are making claims for the superiority of their products when in fact they are not making any product claims that can be tested

Revenue streams(收入流/收入来源): Sources of income for a business

Self-reflexive state(自省状态): The experience of being exposed to a media message with a high degree of awareness of the media message as well as a high awareness of standing apart from the message while analyzing it

Simplified extended conflict/SEC(简化扩展冲突): A news story formula that tells journalists to look for some angle of conflict that appears very simple, then structure their stories to emphasize the simple conflict between two people or two points of view

Skills(技巧): Tools we use to build strong knowledge structures; the seven fundamental skills necessary with media literacy are analysis, evaluation, grouping, induction, deduction, abstraction, and synthesis

Social information(社会信息): A type of information that is characterized by rules and patterns about how individuals behave around other people; this information, which cannot be verified by authorities in the same way factual information can be, is typically inferred as individuals observing how people behave in social interactions and the consequences of those behaviors.

Social networking sites /SNSs(社交平台): A platform for individuals and businesses to create an identity on the Internet and provide information to friends and the public about themselves (e.g., Facebook, LinkedIn)

Socialization(社会化): Long-term effect where we use media messages to form our beliefs about how society works in the real world

Story formula(叙事模式): A guideline that producers of media messages use to attract audiences, hold their attention throughout the message, and condition them for repeat exposures; audiences use these guidelines to follow messages and make sense of them.

Synthesis(综合): The skill of assembling information elements into a new structure to reveal new relationships among the elements

Talent(天赋/才能): An economic resource of above-the-line media employees that refers to their ability to attract and condition audiences for repeat exposures

Technological convergence(技术融合): The breaking down of barriers that separated the different media channels of communication (such as print media, broadcast TV, film, computers, etc.) primarily due to the digitization of information so that a message could move seamlessly across all media channels of communication

Technological innovations(技术创新): Characteristics of the innovation stage in the development of a mass medium where inventors develop a new form of transmitting information

Telescoping(套合): The way electronic game players keep the big picture of the overall game in mind while focusing on the immediate objectives that face them at any one point in the game

Third-person effect(第三人称效应): The widespread belief in the public that exposure to media can harm other people (the third person) but not themselves personally

Timing of effects(效果的时间维度): Focuses on when a media influenced effect is manifested; it has two values of immediate (where the manifestation occurs during the media exposure or shortly after) and long term (where the manifestation does not occur until the person has experienced many exposures to media messages)

Tolerance for ambiguity(歧义容忍度): The willingness to follow situations into unfamiliar territory that goes beyond our preconceptions and takes us out of our comfort zone

Transported state(忘我状态): The experience of being exposed to a media message and being swept away by it into a different place and time such that you lose sense of your current physical surroundings and current point in time

Type of effect(效果类型): Refers to the form of the manifestation of the effect in individuals (cognitive, attitudinal, emotional, physiological, or behavioral) and in larger aggregates (macro-type effect)

Valence of effects(效果的价值取向): Refers to whether an effect is positive or negative

Vehicles(渠道): The means by which a media company sends its messages to audiences; for example, with TV, the vehicles are the programs.

参考文献

Adams, D., & Hamm, M. (2001). *Literacy in a multimedia age.* Norwood, MA: Christopher-Gordon.

Ader, D. R. (1995). A longitudinal study of agenda setting for the issue of environmental pollution. *Journalism & Mass Communication Quarterly, 72,* 300–311.

Albarran, A. B. (2010). *The media economy.* New York, NY: Taylor & Francis.

Altheide, D. L. (1976). *Creating reality: How TV news distorts events.* Beverly Hills, CA: Sage.

Anderson, C. (2006). *The long tail: Why the future of business is selling less of more.* New York, NY: Hyperion.

Badenhausen, K., Ozanian, M. K., & Settimi, C. (Eds.). (2013, January 23). The NBA's most valuable teams. Retrieved April 19, 2013, from http://www.forbes.com/nba-valuations

Bagdikian, B. (1992). *The media monopoly* (4th ed.). Boston, MA: Beacon.

Bagdikian, B. (2004). *The new media monopoly.* Boston, MA: Beacon.

Baker, C. (2003, August). Cracking the box office genome. *Wired,* p. 52.

Bartholomew, D. (2002, May 4). Bill would outlaw soda sales at schools. *Santa Barbara News-Press,* p. A3.

Baseball Player Salaries. (n.d.). Retrieved April 19, 2013, from http://baseballplayersalaries.com

Bauder, D. (2000, March 14). CBS to air two reality TV shows. *Tallahassee Democrat,* p. B1.

Bauer, R. A., & Bauer, A. (1960). America, mass society and mass media. *Journal of Social Issues, 10*(3), 3–66.

Beal, T. K. (2011). *The rise and fall of the Bible: The unexpected history of an accidental book.* New York, NY: Houghton Mifflin Harcourt.

Beam, R. A. (2003). Content difference between daily newspapers with strong and weak market orientations. *Journalism & Mass Communication Quarterly, 80,* 368–390.

Becker, L. B., Kosicki, G. M., & Jones, F. (1992). Racial differences in evaluation of the mass media. *Journalism Quarterly, 69,* 124–134.

Bellamy, R. V., Jr. (1998). The evolving television sports marketplace. In L. A. Wenner (Ed.), *MediaSport* (pp. 73–87). New York, NY: Routledge.

Bennett, W. L. (2003). *News: The politics of illusion* (5th ed.). New York, NY: Longman.

Bollier, D. (2008). *Viral spiral: How the commoners built a digital republic of their own.* New York, NY: The New Press.

British Broadcasting Corporation. (1972). *Violence on television: Programme content and viewer perceptions.* London, England: Author.

Brooks, D. (2011). *The social animal: The hidden sources of love, character, and achievement.* New York, NY: Random House.

Bruner, J. S., Goodnow, J., & Austin, G. A. (1956). *A study of thinking.* New York, NY: John Wiley.

BtoBonline. (2013, January 2). Media M&A activity in 2012 doubled. Retrieved April 17, 2013, from http://www.btobonline.com/article/20130102/MEDIABUSINESS10/301029996/media-m-a-activity-in-2012-doubled

Bushman, B. J., Huesmann, L. R., & Whitaker, J. L. (2009). Violent media effects. In R. L. Nabi & M. B. Oliver (Eds.), *Media processes and effects* (pp. 361–376). Thousand Oaks, CA: Sage.

Cantor, J. (2009). Fright reactions to mass media. In J. Bryant & M. B. Oliver (Eds.), *Media effects: Advances in theory and research* (3rd ed., pp. 287–303). New York, NY: Routledge.

Cantril, H. (1947). The invasion from Mars. In T. Newcomb & E. Hartley (Eds.), *Readings in social psychology* (pp. 619–628). New York, NY: Holt.

Castronova, E. (2005). *Synthetic worlds.* Chicago, IL: University of Chicago Press.

Chew, F., & Palmer, S. (1994). Interest, the knowledge gap, and television programming. *Journal of Broadcasting & Electronic Media, 38,* 271–287.

Chock, T. M. (2011). Is it seeing or believing? Exposure, perceived realism, and emerging adults' perceptions of their own and others' attitudes about relationships. *Media Psychology, 14,* 355–386.

Cloud, J. (2012, August 27). Gadgets go to class. *Time*, pp. 48–50.

Crider, D. (2012). A public sphere in decline: The state of localism in talk radio. *Journal of Broadcasting & Electronic Media, 56*, 225–244.

Csikszentmihalyi, M. (1988). The flow experience and its significance for human psychology. In M. Csikszentmihalyi & I. S. Csikszentmihalyi (Eds.), *Optimal experience: Psychological studies of flow in consciousness* (pp. 15–35). New York, NY: Cambridge University Press.

D'Alessio, D., & Allen, M. (2000). Media bias in presidential elections: A meta-analysis. *Journal of Communication, 50*, 133–156.

Davenport, T. H., & Beck, J. C. (2001). *The attention economy: Understanding the new currency of business*. Boston, MA: Harvard Business School Press.

de Kunder, M. (2013, February 2). The size of the World Wide Web (Internet). Retrieved from www.worldwidewebsize.com

Diener, E., & De Four, D. (1978). Does television violence enhance programme popularity? *Journal of Personality and Social Psychology, 36*, 333–341.

Diener, E., & Woody, L. W. (1981). TV violence and viewer liking. *Communication Research, 8*, 281–306.

Dill, K. E. (2009). *How fantasy becomes reality: Seeing through media influence*. New York, NY: Oxford University Press.

Doyle, G. (2002). *Understanding media economics*. Thousand Oaks, CA: Sage.

Eichelberger, C. (2013, January 30). NFL sees modes revenue growth as sponsors stay shy on economy. Retrieved April 20, 2013, from http://www.bloomberg.com/news/2013-01-30/nfl-sees-modest-revenue-growth-as-sponsors-stay-shaky-on-economy.html

Einstein, M. (2004). *Media diversity: Economics, ownership, and the FCC*. Mahwah, NJ: Lawrence Erlbaum.

Essany, M. (2008). *Reality check: The business and art of producing reality TV*. Burlington, MA: Focal Press.

Ferguson, D. A. (1992). Channel repertoire in the presence of remote control devices, VCRs, and cable television. *Journal of Broadcasting & Electronic Media, 36*, 83–91.

Fico, F., & Soffin, S. (1995). Fairness and balance of selected newspaper coverage of controversial national, state, and local issues. *Journalism & Mass Communication Quarterly, 72*, 621–633.

Fishman, J. M., & Marvin, C. (2003). Portrayals of violence and group difference in newspaper photographs: Nationalism and media. *Journal of Communication, 53*, 32–44.

Flanigan, J. (1999, July 30). There's no defense for NFL expecting more L.A. funds. *Los Angeles Times*, pp. C1, C2.

Flint, J. (2009, August 29). Appeals court sides with Comcast in market-share battle with FCC. *Los Angeles Times*, p. B2.

Foreman, J. (2009, June 6). Drug labels, ads at center of battle. *Los Angeles Times*, pp. E1, E5.

Frechette, J. D. (2002). *Developing media literacy in cyberspace: Pedagogy and critical learning for the twenty-first-century classroom*. New York, NY: Praeger.

Friedman, T. (1995). Making sense of software: Computer games and interactive textuality. In S. G. Jones (Ed.) *CyberSociety: Computer Mediated Communication and Community* (pp. 73–89). Thousand Oaks, CA: Sage.

Friedson, E. (1953). The relation of the social situation of contact to the media in mass communication. *Public Opinion Quarterly, 17*, 230–238.

Frosch, D. L. Krueger, P. M., Hornik, R. C., Cronholm, P. F., & Barg, F. K. (2007, March–April). Creating demand for prescription drugs: A content analysis of television direct-to-consumer advertising. *Annals of Family Medicine, 5*, 179.

Gardner, R. W. (1968). *Personality development at preadolescence*. Seattle: University of Washington Press.

Gibbs, N. (2012, August 27). Your life is fully mobile. *Time*, pp. 32–39.

Giddings, S., & Kennedy. H. W. (2006). Digital games as new media. In J. Rutter & J. Bryce (Eds.), *Understanding digital games* (pp. 129–147). Thousand Oaks, CA: Sage.

Good news is no news. (2011, June 4). *The Economist*, p. 36.

Greenberg, B. S., Edison, N., Korzenny, F., Fernandez-Collado, C., & Atkin, C. K. (1980). In B. S. Greenberg (Ed.), *Life on television: Content analysis of U.S. TV drama* (pp. 99–128). Norwood, NJ: Ablex.

Gunter, B. (1985). *Dimensions of television violence*. Aldershot, England: Gower.

Henry, N. (2007). *American carnival: Journalism under siege in an age of new media*. Berkeley: University of California Press.

Hofmeister, S. (2005, September 8). Study ties indecency to consolidation of media. *Los Angeles Times*, pp. C1, C11.

Ito, M., et al. (2009). *Living and learning with new media: Summary of findings from the Digital Youth Project*. Cambridge, MA: The MIT Press.

James, M. (2011, May 29). Redstone & Co. stand out. *Los Angeles Times*, pp. B1, B10–B11.

Jamieson, K. H., & Waldman, P. (2003). *The press effect: Politicians, journalists, and the stories that shape the political world*. New York, NY: Oxford University Press.

Jeffres, L. W. (1994). *Mass media processes* (2nd ed.). Prospect Heights, IL: Waveland.

Jenkins, H. (2006). *Convergence culture: Where old and new media collide*. New York: New York University Press.

Jenkins, H., Purushotma, R., Weigel, M., & Clinton, K. (2006). *Confronting the challenges of participatory culture: Media education for the 21st century*. Cambridge, MA: MIT Press.

Jensen, C. (1995). *Censored: The news that didn't make the news—and why*. New York, NY: Four Walls Eight Windows.

Jensen, C. (1997). *20 years of censored news*. New York, NY: Seven Stories Press.

Jensen, T. (2013, February 6). 4th annual TV news trust poll. Retrieved May 5, 2013, from http://www.publicpolicypolling.com/main/2013/02/4th-annual-tv-news-trust-poll.html

Johnson, S. (2006). *Everything bad is good for you*. New York, NY: Riverhead Books.

Jones, J. P. (2004). *Fables, fashions, and facts about advertising: A study of 28 enduring myths*. Thousand Oaks, CA: Sage.

Kaniss, P. (1996, December 19). Bad news: How electronic media muddle the message. *Philadelphia Inquirer*, p. A35.

Kepplinger, H. M., Geiss, S., & Siebert, S. (2012). Framing scandals: Cognitive and emotional media effects. *Journal of Communication, 62*, 659–681. doi:10.1111/j.1460-2466.2012.01653

Kerr, A. (2006). The business of making digital games. In J. Rutter & J. Bryce (Eds.), *Understanding digital games* (pp. 36–57). Thousand Oaks, CA: Sage.

Kinkema, K. M., & Harris, J. C. (1998). MediaSport studies: Key research and emerging issues. In L. A. Wenner (Ed.), *MediaSport* (pp. 27–54). New York, NY: Routledge.

Lacy, S., & Riffe, D. (1994). The impact of competition and group ownership on radio news. *Journalism & Mass Communication Quarterly, 71*, 583–593.

Lee, M., & Solomon, N. (1990). *Unreliable sources: A guide to detecting bias in news media*. New York, NY: Carol.

Lewis, M. (2004). *Moneyball: The art of winning an unfair game*. New York, NY: Norton.

Li, S. (2011, May 18). Maybe mister right is right over there. *Los Angeles Times*, pp. A1, A11.

Lih, A. (2009). *The Wikipedia revolution: How a bunch of nobodies created the world's greatest encyclopedia*. New York, NY: Hyperion.

Linthicum, K. (2009, June 5). Wikipedia limits Scientology access: The encyclopedia site shuts out computers from the church's Los Angeles headquarters. *Los Angeles Times*, p. B2.

Lowry, D. T., Nio, R. C. J., & Leitner, D. W. (2003). Setting the public fear agenda: A longitudinal analysis of network TV crime reporting, public perceptions of crime, and FBI crime statistics. *Journal of Communication, 53*, 61–73.

Luntz, F. (2000, March). Public to press: Cool it. *Brill's Content*, pp. 74–79.

Lussier, G. (2011, February 11). 2011 will break the all time record for movie sequels. Retrieved July 15, 2011, from http://www.slashfilm.com/2011-break-time-record-movie-sequels

Macedo, D. P., & Steinberg, S. R. (Eds.). (2007). *Media literacy: A reader*. New York, NY: Peter Lang.

Mackey, M. (2007). *Literacies across media* (2nd ed.). New York, NY: Routledge.

Maney, K. (1995). *Megamedia shakeout: The inside story of the leaders and the losers in the exploding communications industry*. New York, NY: John Wiley.

Mares, M-L., Braun, M. T., & Hernandez, P. (2012). Pessimism and anxiety: Effects of tween sitcoms on expectations and feelings about peer relationships in school. *Media Psychology 15*, 121–147.

Martins, N., & Wilson, B. J. (2012). Mean on the screen: Social aggression in programs popular with children. *Journal of Communication, 62*, 991–1009. doi:10.1111/j.1460-2466 .2012.01599

McChesney, R. W., Newman, R., & Scott, B. (Eds.). (2005). *The future of media: Resistance and reform in the 21st century*. New York, NY: Seven Stories Press.

McKnight, M. (2012). *The 50 highest-earning American athletes*. Retrieved April 19, 2013, from http://sportsillustrated.cnn.com/specials/fortunate50-2012

Medrich, E. A., Roizen, J. A., Rubin, V., & Buckley, S. (1982). *The serious business of growing up: A study of children's lives outside school*. Berkeley: University of California Press.

Metallinos, N. (1996). *Television aesthetics: Perceptual, cognitive, and compositional bases*. Mahwah, NJ: Lawrence Erlbaum.

Metropolitan Sports Facilities Commission. (n.d.). Next generation of sports facilities. Retrieved May 7, 2004, from http://www.msfc.com/nextgen.cfm

Mindich, T. Z. (2005). *Tuned out: Why Americans under 40 don't follow the news*. New York, NY: Oxford University Press.

Mitchell, A. (1983). *The nine American lifestyles: Who we are and where we're going*. New York, NY: Macmillan.

Mnookin, S. (2002, August 19). The tobacco sham. *Newsweek*, p. 33.

Nabi, R. L., & Oliver, M. B. (Eds.) (2009). *Media processes and effects*. Thousand Oaks, CA: Sage.

Napoli, P. M. (2011). *Audience evolution: New technologies and the transformation of media audiences*. New York, NY: Columbia University Press.

National Center for Educational Statistics. (2012). *Program for international student assessment*. Retrieved February 5, 2009, from http://nces.ed.gov/surveys/pisa/index.asp

National Football League 1999 salaries. (2000, May 23). *USA Today*, pp. 14C–15C.

NBA player salaries 2012–2013. Retrieved April 19, 2013, from http://espn.go.com/nba/salaries

Neuman, W. R. (1991). *The future of the mass audience*. New York, NY: Cambridge University Press.

Neuman, W. R. (Ed.). (2010). *Media, technology, and society: Theories of media evolution*. Ann Arbor: University of Michigan Press.

NFL teams dodge salary cap. (1996, January 2). *Santa Barbara News-Press*, p. B5.

Nielsenwire. (2012, December 3). The state of the media: The social media report 2012. Retrieved from http://blog.nielsen.com/nielsenwire/global/social-media-report-2012-social-media-comes-of-age

Ocasio, A. (2013). *Reality TV by the numbers*. Retrieved March 20, 2013, from http://screenrant.com/reality-tv-statistics-infographic-aco-149257

Ozanich, G. W., & Wirth, M. O. (1993). Media mergers and acquisitions: An overview. In A. Alexander, J. Owers, & R. Carveth (Eds.), *Media economics: Theory and practice* (pp. 115–133). Hillsdale, NJ: Lawrence Erlbaum.

Parenti, M. (1986). *Inventing reality: The politics of the mass media*. New York, NY: St. Martin's.

Pariser, E. (2011). *The filter bubble: How the new personalized web is changing what we read and how we think*. New York, NY: Penguin Books.

Paul, R. P., & Elder, L. (2006). *How to detect media bias & propaganda* (3rd ed.). Dillon Beach, CA: Foundation for Critical Thinking.

Petty, R. E., & Cacioppo, J. T. (1986). *Communication and persuasion: Central and peripheral routes to attitude change*. New York, NY: Springer-Verlag.

Picard, R. G., Winter, J. P., McCombs, M., & Lacy, S. (Eds.). (1988). *Press concentration and monopoly: New perspectives on newspaper ownership and operation*. Norwood, NJ: Ablex.

Pingdom (2014). Internet in numbers. Retrieved June 4, 2014, from http://royal.pingdom.com/2014/06/14/internet-2014-in-numbers

Pipher, M. (1996). *The shelter of each other.* New York, NY: Putnam.

Plack, C. J. (2005). Auditory perception. In K. Lamberts & R. I. Goldstone (Eds.), *Handbook of cognition* (pp. 71–104). Thousand Oaks, CA: Sage.

Plunkett Research. (2013). Entertainment & media industry market research. Retrieved April 20, 2013, from http://www.plunkettresearch.com/entertainment-media-publishing-market-research/industry-trends

Poniewozik, J. (2012, September 24). Check, please. Fact-checking has been good news in 2012, but it's only a start. *Time,* p. 68.

Postman, N., & Powers, S. (1992). *How to watch TV news.* New York, NY: Penguin.

Potter, W. J. (1987a). Does television viewing hinder academic achievement among adolescents? *Human Communication Research, 14,* 27–46.

Potter, W. J. (1999). *On media violence.* Thousand Oaks, CA: Sage.

Potter, W. J. (2003). *The 11 myths of media violence.* Thousand Oaks, CA: Sage.

Potter, W. J. (2005). *Becoming a strategic thinker: Developing skills for success.* Upper Saddle River, NJ: Prentice Hall.

Potter, W. J. (2012). *Media effects.* Thousand Oaks, CA: Sage.

Potter, W. J. (2013a). *Media literacy* (7th ed.). Thousand Oaks, CA: Sage.

Potter, W. J. (2013b). *The skills of media literacy.* Las Vegas, NV: Knowledge Assets, Inc.

Potter, W. J., & Vaughan, M. (1997). Aggression in television entertainment: Profiles and trends. *Communication Research Reports, 14,* 116–124.

Pozner, J. L. (2010). *Reality bites back: The troubling truth about guilty pleasure TV.* New York: Seal Press.

Pritchard, D. A. (1975). Leveling-sharpening revised. *Perceptual and Motor Skills, 40,* 111–117.

Raney, A. A. (2009). The effects of viewing televised sports. In R. L. Nabi & M. B. Oliver (Eds.), *Media processes and effects* (pp. 439–453). Thousand Oaks, CA: Sage.

Raney, A. A., & Bryant, J. (Eds.). (2006). *Handbook of sports and media.* Mahwah, NJ: Lawrence Erlbaum.

Rhodes, S., & Reibstein, L. (1996, July 1). Let him walk! *Newsweek,* pp. 44–45.

Roberts, D. F., & Foehr, U. G. (2008). Trends in media use. *Children and Electronic Media, 18.* Retrieved May 4, 2011, from http://futureofchildren.org/futureofchildren/publications/journals/article/index.xml?journalid=32&articleid=55&sectionid=233&submit

Robertson, L. (2001, March). Ethically challenged. *American Journalism Review,* pp. 20–29.

Romer, D., Jamieson, K. H., & Aday, S. (2003). Television news and the cultivation of fear of crime. *Journal of Communication, 53,* 88–104.

The Roper Organization. (1981). *Sex, profanity and violence: An opinion survey about seventeen television programs.* New York, NY: Information Office.

Sammy, S. (2012, July 18). The financial web of the Spiderman films. Retrieved May 3, 2013, from http://www.therichest.org/entertainment/financial-web-of-the-spider-man-films

Saporito, B. (2012, November 5). What's in a name? *Time,* pp. 54–55.

Schudson, M. (2003). *The sociology of news.* New York, NY: Norton.

Schumpeter, J. (2011, April 16). Fail often, fail well. *The Economist, 399,* p. 74.

Schwartz, B. (2004). *The paradox of choice: Why more is less.* New York, NY: HarperCollins.

Screenwerk. (2014). Local Online Ads Grow to $24.5B in 2013. Retrieved June 24, 2014, from http://screenwerk.com/2013/01/11/local-online-ads-grow-to-24-5b-in-2013

Second Life. (n.d.). What is second life? Retrieved June 29, 2011, from http://secondlife.com/whatis/?lang=en-US

Second Life Grid Survey. (2013, May 5). Retrieved May 5, 2013, from http://www.gridsurvey.com

Seguin, J., & Culver, S. H. (2012). *Media career guide: Preparing for jobs in the 21st century* (6th ed.). Boston, MA: Bedford/St. Martin's.

Shoemaker, P. J., & Reese, S. D. (1996). *Mediating the message: Theories of influences on mass media content* (2nd ed.). White Plains, NY: Longman.

Silver, N. (2012). *The signal and the noise: Why so many predictions *fail—but some don't.* New York, NY: Penguin Press.

Smith, C. (2013, March 23). How many people use the top social media, apps & services. Retrieved April 1, 2013, from http://expandedramblings.com/index.php/resource-how-many-people-use-the-top-social-media

Sparks, G. G., Sparks, C. W., & Sparks, E. A. (2009). Media violence. In J. Bryant & M. B. Oliver (Eds.), *Media effects: Advances in theory and research* (3rd ed., pp. 269–286). New York, NY: Routledge.

Sponder, M. (2012). *Social media analytics: Effective tools for building, interpreting, and using metrics.* New York, NY: McGraw-Hill.

Spotrac.com. (2012). NFL salaries. Retrieved April 19, 2013, from http://www.sportscity.com/nfl/salaries

Stampler, L. (2013, February 4). Here are all the super bowl 2013 ads in order. Retrieved April 20, 2013, from http://www.businessinsider.com/all-the-super-bowl-2013-ads-in-order-2013-2?op=1

Statista. (2014). Social media usage. Retrieved June 28, 2014, from http://www.statista.com/statistics/270229/usage-duration-of-social-networks-by-country

Steele, J. E. (1995). Experts and the operational bias of television news: The case of the Persian Gulf War. *Journalism & Mass Communication Quarterly, 72,* 799–812.

Stewart, L. (2004, March 24). Study criticizes school over diversity, graduation rates. *Los Angeles Times,* p. D5.

Sunstein, C. R. (2006). *Infotopia: How many minds produce knowledge.* New York, NY: Oxford University Press.

Sykes, J. (2006). A player-centred approach to digital game design. In J. Rutter & J. Bryce (Eds.), *Understanding digital games* (pp. 75–92). Thousand Oaks, CA: Sage.

The highest paid celebrities. (2012, August 27). Retrieved April 14, 2013, from www.forbes.com/pictures/mfl45lhfj/oprah-winfrey-21

Thompson, C. (2009, September). The new literacy. *Wired,* p. 48.

Top 15 most popular political websites. (2015, February). Retrieved February 14, 2015, from www.ebizmba.com/articles/political-websites

Tyner, K. Ed. (2010). *Media literacy: New agendas in communication.* New York, NY: Routledge.

Tyre, P. (2002, August 5). Fighting "big fat." *Newsweek,* pp. 38, 40.

Unkind unwind. (2011, March 19). *The Economist,* pp. 76–78.

USA Today salaries databases. (2013). *USA Today online.* Retrieved April 19, 2013, from http://content.usatoday.com/sportsdata

U.S. Bureau of the Census. (2012). *Country business patterns.* Retrieved from http://censtats.census.gov/cgi-bin/cbpnaic/cbpdetl.pl

U.S. Bureau of the Census. (2013). *Statistical abstract of the United States: 2012.* Washington, DC: Department of Commerce.

U.S. Bureau of Labor Statistics. (2011). *Occupational outlook handbook, 2010–11 edition.* Retrieved July 22, 2011, from http://www.bls.gov/oco/ocos320.htm#emply

U.S. Bureau of Labor Statistics. (2013a, January). *Media and information: Average wages, selected media-related occupation, May 2011.* Retrieved February 5, 2015, from http://www.bls.gov/spotlight/2013/media

U.S. Bureau of Labor Statistics. (2013b, January). *Media and information: Numeric and percent changes in projected employment, selected media-related occupations, 2010–2020.* Retrieved February 5, 2015, from http://www.bls.gov/spotlight/2013/media

Vogel, H. L. (2011). *Entertainment industry economics: A guide for financial analysis* (8th ed.). New York, NY: Cambridge University Press.

Wang, Z., & Tchernev, J. M. (2012). The "myth" of media multitasking: Reciprocal dynamics of media multitasking, personal needs, and gratifications. *Journal of Communication, 62,* 493–513. doi: 10.1111/j.1460-2466.2012.01641

Wenner, L. A. (Ed.). (1998). *MediaSport.* New York, NY: Routledge.

Whitman, D. (1996, December 16). I'm OK, you're not. *U.S. News & World Report,* pp. 24–30.

Whitman, D., & Loftus, M. (1996, December 16). Things are getting better? Who knew? *U.S. News & World Report*, pp. 30, 32.

Wikipedia Statistics. (2014). Retrieved June 28, 2014, from http://en.wikipedia.org/wiki/Wikipedia:Statistics

Witkin, H. A., & Goodenough, D. R. (1977). Field dependence and interpersonal behavior. *Psychological Bulletin, 84*, 661–689.

Wolff, M. (2003, May 26). Troubled times. *New York Magazine*, pp.18–21.

Wright, A. (2007). *Glut: Mastering information through the ages*. Washington, DC: Joseph Henry Press.

YouTube. (2009). Statistics. Retrieved from http://www.youtube.com/t/press_statistics

YouTube. (2014). Retrieved June 28, 2014, from www.youtube.com/yt/press/statistics.html

Zillmann, D. (1991). Television viewing and physiological arousal. In J. Bryant & Zillmann, D. (Eds.), *Responding to the screen: Reception and reaction processes* (pp. 103–133). Hillsdale, NJ: Lawrence Erlbaum.

索引

(所注页码为英文原书页码，即本书边码)

W. James Potter *Introduction to Media Literacy*

Abilities. *See* Natural abilities, and media literacy
Above-the-line employees, 63
Abstracting, 20 (figure), 23, 29–30
Access, limitations on, 201, 204–207
Adaptation, 36
Adaptation stage, of mass media development, 38
Advertising, 50, 61–62, 118–119
Ambiguity, tolerance for, 101, 103–104
Analog coding, 41
Analysis, 20 (figure), 23, 25
App, 153
Athletes. *See* Professional athletes, excess pay for
Attention, 87, 90
Attentional state, of exposure, 90, 92
Attention Economy, The (Davenport and Beck), 78
Attitudinal-type effect, 148–149
Audience(s)
　attracting, 78–81
　conditioning, 67, 81
　constructing, 65–67
　mass, 34, 75 (photo)
　niche, 57, 65–67, 74, 75 (photo)
　perspective, of mass media content, 114–115
　segment, identifying your own, 82
　segmentation schemes, 74–78
　standards, for news, 228
Automaticity, 4, 79
Automatic routines, 3–6
　advantages and disadvantages, 4–6
　programming, 6
Automatic state, of exposure, 90–92

Behavioral-type effect, 150
Behaviors, changing, 171–172
Beliefs, 15, 25–30
Belief-type effect, 148

Below-the-line employees, 63
Bezos, Jeff, 196 (photo)
Bias, avoiding in news, 219–222
Bieber, Justin, 58
Blair, Jason, 219
Blog, 130
Bohr, Niels, 99
Broadcasting rights, for sports, 186
Bryant, Kobe, 182

Censored (Jensen), 221
Clayton, Sue, 120
Cognitive-type effect, 147–148
Competencies, 97
Complete story, and news quality, 224–225
Conceptual differentiation, 101–102
Conglomerates, 199
Content analysis, 137
Convergence, 41–45, 51
　marketing, 43–44
　psychological, 45
　technological, 41–43
Critical thinking, 18, 19 (box)
Cross-channel comparisons, 172–173
Cross-media and cross-vehicle promotion, 78, 80–81
Culture, message-saturated, 1–3
Cunningham, Ward, 131
Cyrus, Miley, 58

Dating, and social contact, 130
Deadlines, and news, 214–215
Decisions
　analyzing, 104–107
　filtering, 93
　meaning construction, 93
　meaning matching, 93
Decline, 36
Decline stage, of mass media development, 38
Deduction, 20 (figure), 23, 29
Deer Hunter, The, 145
Demographic patterns, of the mass media workforce, 49

Demographic segmentation, of the mass media audience, 75–76
Denoted meanings, 97
Desensitization, 149
Developing news events, 214
Digital coding, 41
Documentary-style subgenre, of reality TV, 123 (table)
Drives, 20 (figure)

Earnest, Josh, 223 (photo)
Economic game. *See* Mass media industries, the economic game
Economies of scale, 63–64
Economies of scope, 63–65
Effects
　intentionality of, 153–154
　timing of, 146–147
　type of, 147–152
　valence of, 152–153
　See also Mass media effects
Efficiency, value of, 198–200
Electromagnetic spectrum, 197
Electronic games, 111, 124–128, 137–138
　analyzing, 128
　designing, 125–127
　experience of playing, 127–128
Emotional intelligence, 101, 103
Emotional-type effect, 149–150
Employees, media. *See* Mass media workforce, profile of
Entertaining narratives, 119–124
　general story formula, 120
　reality programming, 122–123
　traditional genres, 120–122
Evaluation, 20 (figure), 23, 25–27
Expenses, minimizing, 63–65
Experientials, 77
Exposure, 87–90
　decisions during, 93–100
　developing an accurate awareness of, 167
　perceptual criterion of, 88–89
　physical criterion of, 88
　psychological criterion of, 89–90
　to media, 2–3

Exposure states, 90–93
　attentional, 90, 92
　automatic, 90–92
　self-reflective, 90, 93
　transported, 90, 92–93

Fabrication, avoiding in news, 218–219
Facebook, 35, 61 (image), 175–176
Factual information, 118
Fanning, Shawn, 132
Fans (sports), and high athlete salaries, 190. *See also* Professional athletes, excess pay for
Faulty beliefs and reasoning, 25–30
Federal Communications Commission (FCC), 197
Field independency, 101–102
Filtering decisions, 93–96
Flow, 127
Frame, 98
Friendship, and social contact, 129
Full context, and news quality, 225–227

General entertainment story formula, 120
Genres, 111, 120–122
Geographic segmentation, of the mass media audience, 75
Goals, 20 (figure)
Google, 1–3, 5, 104
Google Glass, 2 (photo)
Grouping, 20 (figure), 23, 27
Gunter, Barrie, 236

Habits
　media exposure, 7
　product buying, 7–9, 10
Hidden camera subgenre, of reality TV, 123 (table)
Hoax subgenre, of reality TV, 123 (table)

Imbalance, avoiding in news, 224
Induction, 20 (figure), 23, 27–29
Information, sharing, 131–132
Information processing tasks, 21, 94 (table)
Informing narratives, 116–118
Infotopia (Sunstein), 132
Innovation, 36

Innovation stage, of mass media development, 36
Intelligence, emotional, 101, 103
Intentionality, of effects, 153–154
Interactive media, 79
Interactive message platforms, 129–133, 137–138
　analyzing, 134
　sharing, 130–133
　social contact, 129–130
Internet service provider (ISP), 173

James, LeBron, 183
Jordan, Michael, 182, 186, 189
Journalism, and the mass media workforce, 49–50
Journalist standards, for news, 227–228

Karim, Jawed, 132
Kjellberg, Felix (PewDiePie), 125 (photo)
Knowledge, acquiring a broad base of useful, 168
Knowledge structures, 17, 20 (figure), 21–23, 24, 135–136, 169

Levels of media literacy, 174–176
　Facebook page, 175–176
　reality series on TV, 174–175
Life cycle pattern, of mass media industries, 36, 39–40
Lifestyles, twelve American, 76–77
Living, and social contact, 130
Localism, value of, 197–198
Long tail marketing, 44, 66
Lowest common denominator (LCD), 44
Lunsford, Andrea, 16

Macro-type effect, 150–152
Manifested media effects, 144
Marketing concept, 67
Marketing convergence, 43–44
Marketing innovations, 36
Marketing orientation, 216
Mass audience, 34, 75 (photo)
Mass communication, 34, 75 (photo)
Massively multiplayer online role-playing games (MMORPGs), 125–126

Mass media audience, individual perspective, 87–108
　analyzing decisions, 104–107
　attention, 87, 90
　decisions during exposure, 93–100
　exposure, 87–90
　exposure states, 90–93
　natural abilities, 100–104
Mass media audience, industry perspective, 73–84
　attracting audiences, 78–81
　conditioning audiences, 81
　identifying opportunities, 73–78
Mass media content, 111–141
　electronic games, 111, 124–128
　interactive message platforms, 129–133
　message formulas and genres, 111–112
　narratives, 116–124
　next-step reality, 113–116
Mass media effects, 143–162
　constantly occurring nature of, 143–146
　factors influencing, 155
　four dimensions of, 146–154
　immediate, recognizing, 158
　long-term, recognizing, 159
　thinking about, 157
Mass media industries, historical perspective, 33–53
　current picture, 39–50
　development of mass media, 35–38
　pre-mass media, 33–35
Mass media industries, the economic game, 55–71
　media game, 55–62
　strategies, 62–68
Mass media message formulas, 111–112, 133–134. *See also* Messages
Mass media workforce, profile of, 45–50
Meaning construction decisions, 93, 97–100
Meaning matching decisions, 93, 96–97
Media
　culture, 160
　exposure habits, 7
　fun with, and media literacy, 17
　harmful, 16–17
　money spent on, estimating, 56
　time spent with, 8

See also Mass media audience, individual perspective; Mass media audience, industry perspective; Mass media content; Mass media effects; Mass media industries, historical perspective; Mass media industries, the economic game; Media issues, analyzing; Media literacy; Violence, in the media

Media company ownership, 195–212
   change in content, 207–208
   concentration of power, 196–200
   consolidation of ownership, 195
   criticism of, 210–212
   limitations on access, 201, 204–207
   reduction of competition, 200–205
   spread of enrichment, 208

Media game, the, 55–62
   advertising and, 61–62
   goal of, 58–61
   players, 56–58

Media issues, analyzing, 179–246
   concentration of media company ownership, 195–212
   objectivity in the news, 213–232
   pay for professional athletes, 181–194
   violence in the media, 233–246

Media literacy, 15–30
   as a special skill, 18
   components of, 20 (figure), 21–30
   definition, 6, 19–21
   effort needed for, 18
   fact memorization and, 17–18
   faulty beliefs about, 15–18
   levels of, 174–176
   media fun and, 17
   skills of, 20 (figure)
   See also Mass media audience, individual perspective; Mass media audience, industry perspective; Mass media content; Mass media effects; Mass media industries, historical perspective; Mass media industries, the economic game; Media issues, analyzing

Media literacy, applying
   audience segment, identifying your own, 82
   electronic games, analyzing, 128
   interactive message platforms, analyzing, 134
   knowledge structures, assessing your, 24
   knowledge structures, testing awareness of your, 169–170
   mass media industries, convergence in, 51
   media culture, 160
   media effects, immediate, 158
   media effects, long-term, 159
   media effects, thinking about, 157
   media ownership, analyzing criticism of, 210–212
   media violence, analyzing criticism of, 245–246
   money spent on media, estimating, 56
   narratives, analyzing, 124
   news, analyzing criticism of, 231–232
   personalized search results, 105
   product buying habits, 10
   sports, analyzing criticism of, 192–194
   time spent with media, 8

Media literacy, developing a strategy for, 165–174
   levels of media literacy, 174–176
   twelve guidelines for, 166–174

Media literacy, increasing, 19–30, 50–51, 68–70, 81–83, 100–107, 133–138, 155–159
   automatic routines, 3–6
   decisions, analyzing, 104–107
   electronic games and interactive message platforms, 137–138
   knowledge structures, about the real world, 135–136
   mass media message formulas, 133–134
   media exposure habits, 7
   message-saturated culture, 1–3
   natural abilities, 100–104
   needs, 9–11, 137
   product buying habits, 7–9
   reasons for, 1–12
   skills, 134–135

Media managers, salaries of, 60 (table)

Media messages. *See* Messages

Media ownership
   analyzing criticism of, 210–212
   consolidation of, 195–196

Media-related occupations, wages and growth in, 47–48
Mental codes, 11, 171
Messages
  accelerating growth of, 1–2
  definition, 1
  designing, 134–135, 173
  formulas and genres, 111–112, 133–134
Message-saturated culture, 1–3
  accelerating growth of, 1–2
  coping with, 3
  exposure to, 2–3
Mitchell, Arnold, 77
Moneyball (Lewis), 189
Most general formula (next-step reality), 113–116
Murdoch, Rupert, 206
Music, sharing, 132

Napster, 132
Narratives, 116–124
  analyzing, 124
  entertaining, 119–124
  informing, 116–118
  persuading, 118–119
Natural abilities, and media literacy, 100–104
  conceptual differentiation, 102
  emotional intelligence, 103
  field independency, 101–102
  tolerance for ambiguity, 103–104
Needs, 9–11, 78–79, 137
Net loser, 58
Net winner, 58
Newhouse, Neil, 219
News, 213–232
  as a construction, 213–218
  criticism of, analyzing, 231–232
  objectivity, analyzing, 213–218
  perspective, 215–218
  quality in, analyzing, 218–227
  standards for, 227–228
Next-step reality, 113–116
  audience's perspective, 114–115
  programmer's perspective, 115–116
Niche audience, 57, 65–67, 74, 75 (photo)

Nine American Lifestyles (Mitchell), 77
Non-sustainability, of athletes' salaries, 184–188

Obama, Barack, 219
Objectivity in the news, analyzing, 213–218. *See also* News
Opinions
  examining your, 171
  sharing, 130–131
Owners (sports), and high athlete salaries, 189–190. *See also* Professional athletes, excess pay for
Ownership access, and limitations on, 201–205

Peak stage, of mass media development, 36, 37–38, 40
Penetration, 36
Penetration stage, of mass media development, 37
Perceptual criterion, of exposure, 88–89
Perceptual exposure, 88
Personalized search results, 105
Personal locus, 18, 20 (figure), 21, 166–167
Personal responsibility, 174
Personal usefulness, as a goal, 167
Persuading narratives, 118–119
PewDiePie (Felix Kjellberg), 125 (photo)
Physical criterion, of exposure, 88
Physical exposure, 88
Physiological-type effect, 150
Players (athletes), and high salaries, 189. *See also* Professional athletes, excess pay for
Political views in news, bias toward, 221–222
Pottermore, 43 (image)
Privacy, taking for granted, 173–174
Process effects, 144
Product buying habits, 7–9, 10
Professional athletes, excess pay for, 181–194
  non-sustainability, 184–188
  pay increase, 181–183
  pay level, current, 184
  ruining the games, 189–190
  sports and, criticism of, 192–194
Professional responsibility orientation, 217
Profit, 60

Profits, maximizing, 62–65
    increasing revenue streams, 62–63
    minimizing expenses, 63–65
Programmer's perspective, of mass media content, 115–116
Programming automatic routines, 6
Project Censored, 220
Promotion, cross-media and cross-vehicle, 78, 80–81
Psychographics, 76, 77 (photo)
Psychographic segmentation, of the mass media audience, 76–78
    twelve American lifestyles, 76–77
    VALS typology, 77–78
Psychological convergence, 45
Psychological criterion, of exposure, 89–90
Puffery, 118–119

Quality in the news, analyzing, 218–227

Reality competition/game show subgenre, of reality TV, 123 (table)
Reality-fantasy continuum, 168–171
Reality-legal subgenre, of reality TV, 123 (table)
Reality TV genre
    levels of literacy, 174–175
    programming, 122–123
    subgenres of, 123 (table)
Real world, the, 20 (figure)
Recording Industry Association of America (RIAA), 132
Resource limitations, and news, 215
Revenue streams, 62–63
Risk, reducing, 67–68
Robertson, Lori, 218
Rodriguez, Alex, 181
Rose, Derrick, 183
Routines, automatic, 3–6
Rowling, J. K., 43 (image)

Sabathia, CC, 181
Search engines, 4 (photo), 5. *See also* Google
Search results, personalized, 105
Self-improvement/makeover subgenre, of reality TV, 123 (table)

Self-reflexive state, of exposure, 90, 93
Sharing, 130–133
    information, 131–132
    music, 132
    opinions, 130–131
    videos, 132–133
Simplified extended conflict (SEC), 117
Skills, 18, 20 (figure), 23–30, 134–135
Snyder, Daniel, 187
Social contact, 129–130
    dating, 130
    friendship, 129
    living, 130
Social experiment subgenre, of reality TV, 123 (table)
Social information, 147
Socialization, 6
Social media, 3, 110, 129
Social networking sites (SNSs), 45
Sources, for news, 222–224
Standards, for news, 227–228
Stanford Research Institute, 77
Staples Center, 187 (image)
Status, and the mass media workforce, 50
Stewart, Larry, 226
Story formula, 117
Strategies, of mass media industries, 62–68
    constructing audiences, 65–67
    maximizing profits, 62–65
    reducing risk, 67–68
Sunstein, Cass, 132
Supernatural/paranormal subgenre, of reality TV, 123 (table)
Sutherland, John, 16
Swift, Taylor, 58 (photo)
Synthesis, 20 (figure), 23, 29

Tagliabue, Paul, 188
Talent, 58
Technological convergence, 41–43
Technological innovations, 34
Technology, and media literacy, 2, 17 (photo), 36
Telecommunications Act, 199
Telescoping, 127
Television. *See* Reality TV genre
Third-person effect, 238–239

Tolerance for ambiguity, 101, 103–104
Traditional genres, of entertaining narratives, 120–122
Transported state, of exposure, 90, 92–93
Twelve American lifestyles, 76–77

Unreliable Sources (Lee and Solomon), 223

Valence, of effects, 152–153
VALS typology, 77–78
Vehicles, media, 57
Videos, sharing, 132–133
Violence, in the media, 233–246
   amount of, 233–238
   cartoons and, 235–236
   criticism of, analyzing, 245–246
   definitions of, 234 (box)
   effects of, 240–241 (table)
   reducing, 242–243
   vulnerability to, 238–243
Voice access, limitations on, 206–207

Wells, William, 76
Wiki, 131
Wikipedia, 131
Williams, Ted, 181, 182 (photo)
Winfrey, Oprah, 80 (photo)
Workforce, mass media, 45–50
   advertising, 50
   demographic patterns, 49
   journalism, 49–50
   women in, 50

YouTube, 132–133

Zuckerberg, Mark, 35, 129, 130 (photo)

图书在版编目(CIP)数据

媒介素养导论／（美）W.詹姆斯·波特（W.James Potter）著；叶明睿译. -- 北京：中国传媒大学出版社，2023.5
（中国传媒大学青年学者译丛／段鹏主编.新闻传播学）
书名原文：Introduction to Media Literacy
ISBN 978-7-5657-2757-3

Ⅰ.①媒… Ⅱ.①W… ②叶… Ⅲ.①传播媒介—研究 Ⅳ.①G206.2

中国版本图书馆 CIP 数据核字（2020）第 166016 号

Introduction to Media Literacy © 2016 by W. James Potter
All rights reserved. No part of this book may be reproduced or utilized in any form or by any means, electronic or mechanical, including photocopying, recording, or by any information storage and retrieval system, without permission in writing from the publisher.
ISBN 978-1-4833-7958-6
本书简体中文版专有出版权由 SAGE Publications, Inc.授予中国传媒大学出版社，在中国大陆销售。未经出版者书面许可，不得以任何形式抄袭、复制或节录本书的任何部分。
北京市版权局著作权合同登记号 图字:01-2017-0257

媒介素养导论
MEIJIE SUYANG DAOLUN

主　　编	段　鹏
著　　者	［美］W.詹姆斯·波特（W.James Potter）
译　　者	叶明睿
责任编辑	欧丽娜
责任印制	阳金洲
封面设计	运平设计
出版发行	中国传媒大学出版社
社　　址	北京市朝阳区定福庄东街1号　　邮　　编　100024
电　　话	86-10-65450528　65450532　　传　　真　65779405
网　　址	http://cucp.cuc.edu.cn
经　　销	全国新华书店
印　　刷	唐山玺诚印务有限公司
开　　本	787mm×1092mm　1/16
印　　张	18.25
字　　数	346 千字
版　　次	2023 年 5 月第 1 版
印　　次	2023 年 5 月第 1 次印刷
书　　号	ISBN 978-7-5657-2757-3/G·2757　　定　　价　98.00 元

本社法律顾问:北京嘉润律师事务所　　郭建平